这里是戏剧者的
精神家园

田 汉
中国现代戏剧奠基者
中华人民共和国国歌作者
中国戏剧出版社首任社长

弦歌不辍

中国戏剧出版社60年·总书目（1957-2017）

中国戏剧出版社 编

图书在版编目（CIP）数据

弦歌不辍：中国戏剧出版社 60 年 . 总书目 : 1957—2017 /
中国戏剧出版社编 . -- 北京 : 中国戏剧出版社，2017.6
ISBN 978-7-104-04524-3

Ⅰ . ①弦… Ⅱ . ①中… Ⅲ . ①出版社—概况—北京②出版社
—图书目录—北京— 1957-2017 Ⅳ . ① G239.22 ② Z852.7

中国版本图书馆 CIP 数据核字 (2017) 第 127652 号

弦歌不辍：中国戏剧出版社 60 年·总书目 : 1957—2017

责任编辑： 王松林
项目统筹： 杨晨叶
责任印制： 冯志强

出版发行：中国戏剧出版社
出 版 人：樊国宾
社　　址：北京市西城区天宁寺前街 2 号国家音乐产业基地 L 座
邮　　编：100055
网　　址：www.theatrebook.cn
电　　话：010-63381560（发行部）010-63385980（总编室）
传　　真：010-63383910（发行部）

读者服务：010-63387610
邮购地址：北京市西城区天宁寺前街 2 号国家音乐产业基地 L 座

印　　刷：三河市兴国印务有限公司
开　　本：880mm×1230mm　1/32
印　　张：11.75
字　　数：560千字
版　　次：2017年6月　北京第1版第1次印刷
书　　号：ISBN 978-7-104-04524-3
定　　价：60.00元

版权专有，违者必究；如有质量问题，请与出版社联系调换。

前 言

底蕴沉毅的一个社。
社里的舞台。
舞台上的一群人。
一群人永恒的弦歌与记忆。

60年,时间的巨流河不过是背景,光阴永远记得的是一本本丰繁敦厚的著作,一张张明灭生动的面孔,一座座专业伟岸的丰碑。

莎士比亚说:时间会刺破青春表面的彩绘,会在美人的额上掘出深沟浅槽,会吃掉稀世之珍、天生丽质,什么都逃不过他那横扫的镰刀。
60年来,中国戏剧出版社却在酿造玫瑰色梦想的同时也收获了金黄色的麦田。
甲子轮回时,岁月留下了多少历史转角处衣袂飘飘的背影。

60年,世间苍茫连广宇,时局霜重闻鼓寒,我们的舞台弦歌不辍,我们的演出从未落幕。

下一个60年,我们将与读者、与戏剧界、与祖国、与人民、与人类更多地夤缘彼此的风云际会,圆满这一场恢弘慷慨的大戏。

愿中国戏剧出版社艺坛巍峨,根深叶茂!

樊国宾
2017年1月1日

目录

书评	第 001 页
社庆专题	第 050 页
精品推荐	第 052 页
中国戏曲艺术大系	第 063 页
专业图书	第 083 页
畅销教材	第 111 页
大众读物	第 128 页
总书目	第 133 页

中国戏剧出版社旗下专业杂志
《戏剧与影视评论》

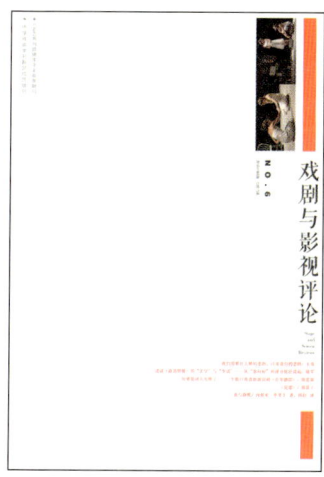

在这个众声喧哗的时代，很多人指责舞台上缺少好戏，无论是在实践领域还是批评领域都缺乏良好的氛围，但这并不意味着我们没有使命去记录和评判，去发出自己的声音。我们虽然不敢自比于莱辛，但这并不意味着我们要放弃戏剧人的责任。

出版单位：中国戏剧出版社

国际标准刊号：ISSN 2095 － 8617

国内统一刊号：CN 10-1338/J

国内发行：中国邮政集团公司北京市报刊发行局

邮发代号：80-589

定价：18.00 元

2017 年 第 1 期 目录

◎ 理论研讨
  戏剧空间——从狄德罗、布莱希特到阿尔托 / 麻文琦 / 006
  剧场艺术与文化转向 / 李亦男 / 014

◎ 前沿剧评
  婺剧《穆桂英》：身体存现的光辉 / 织工 文，浙江婺剧艺术研究院 提供剧照 / 021
  一厢情愿——看新编昆剧《春江花月夜》 / 温方伊 / 026
  淮剧《小镇》：反向滑落的《老妇还乡》 / 穆海亮 / 030
  个人性、艺术性与集体化、政治化的博弈——对第 11 届中国艺术节的一种印象 / 陈晶晶 / 036

◎ 晨子看戏
  昆曲 vs.《哈姆雷特》 / 郭晨子 / 042

◎ 影视评论
  《比利·林恩的中场战事》：当战争成为私人叙事 / 涂俊仪 / 045
  碰撞与出路：当李安的东方智慧遭遇西方的"正义"困境——《比利·林恩的中场战事》中的价值观解读 / 王人凡 / 051
  艺术的逼真与逼真的艺术——《比利·林恩的中场战事》的美学与政治 / 许仁豪 / 055
  现实还原电影——评《我不是潘金莲》 / 陈军 / 060
  哪有那么多好戏，别逗了！ / 二姐 / 064

◎ 剧场 / 片场调研
  艺术还是生意？——中国戏剧生态观察 / 水晶 / 068

◎ 剧本推介
  当"话语"成为戏剧的素材——《秦国喜剧》创作谈 / 李静 / 072
  秦国喜剧 / 李静 / 075

红伶残稿，可留真香
——荀慧生与《小留香馆日记》

● 傅谨

一

很难想象，出生在贫寒家庭，从小就被卖到梆子戏班里学戏且一辈子以演戏为生的荀慧生，从青年时代起就开始记日记，且持续数十年而不辍。他斋名小留香馆，故日记题名为《小留香馆日记》。

从一九二五到一九六六年的四十多年里，《小留香馆日记》累积多达四十四本（一说四十五本）。更令人惊奇的是，这批日记历经劫难，在社会剧烈动荡和政权几度更迭的数十年里得以保持全貌。"文化大革命"中荀慧生受到冲击，包括日记在内的大量财物均于抄家时被掳走，"文革"结束后家产被发还，珠宝失落不少，这批日记居然完璧归赵。悲剧总在意想不到的时候发生，荀慧生的《小留香馆日记》没有毁于战火和乱离，甚至都没有毁在红卫兵手里，却在荀家其后的析产过程中失落了大部分，至今不知所终，令人扼腕叹息。现在我们找到的，只是残存的六册，其中又包括两部分，一为二十世纪二十年代后期到三十年代初，一为四十年代，中间有多年的间断。不过，这六册日记录的恰好是荀慧生艺术上最辉煌的年代。前一阶段，恰逢他从一位初获声名的演员成长为名家的重要转折点；后一阶段，更是他人生的顶点，是他一生中享誉最盛的时期。越是在这样的时期，他所遭遇的各类纷扰越多。因为无从预见全璧，我们很难武断地判定其他部分是更精彩抑或较乏味，但仅从这一部分看。

日记的整理者宝堂兄邀我为这部日记写篇序，我第一次完整阅读了这部分残存的日记，心情十分复杂。我想我不能说"先睹为快"，用"震惊"都不足以描述我的感受。这里所说的"震惊"，首先是震惊于日记的主人居然将他的真实生活内容如此赤裸裸地呈现在我们面前；其次，这些未经粉饰的内容，和我们以往所知的荀慧生的形象，实有太大反差。仅就这六册日记而言，荀慧生当年的生活状况，完全超出了我此前对这位名伶生活的想象与理解的极限。我不知道当这部日记面世之后，是不是很快就会有人依据这些可靠的一手资料，为荀慧生写一部更接近人物本真面貌的传记；但有一点是肯定的，那些曾经给荀慧生写过传记的作者们，面对这些日记大约会有些郁闷，因为通过这些日记，我们突然发现，坊间任何一部有关荀慧生的人物传记或其他记录性文字，都离真相太远。

荀慧生有一部完整的《小留香馆日记》存世，在京剧界并不是什么惊天秘密。二十多年前，某戏剧杂志上就刊登了荀慧生晚年日记里的一些片段，读来很符合官媒与官媒养成的社会公众对这位京剧大师的定义与期待，理智、阳光，并且有很多关于京剧表演艺术的闪亮格言。然而细细辨析，其中的文字显然经过了程度不等的修饰与变动。整理者之所以要在日记公开发表时做这些改动，固有多种考虑，即使不愿认同其良苦用心，也无须轻率指责。但毕竟从文献的角度看，这样的修改遮蔽了日记的本色，恐怕也与艺术家撰写日记的初衷有悖。我不知道我们将要看到的版本能够在多大程度上还原历史，据我所知，这个由和宝堂等人悉心整理的版本，出于极端无奈的心情，也将做最小限度的删节。但我也同样深信，这个版本将会努力以最接近于日记原初样貌的形态出现在世人面前。

我相信让荀慧生日记以这种近乎本真的方式面世，更是一种对历史负责的态度。

二

当我们面对《小留香馆日记》的原文时，才能切身体会到，长期以来我们对名伶的日常生活样貌并无多少了解。无论是在民国年间还是二十世纪五十年代之后，各类报刊上有关他们的诸多报道与评论，几乎从未真正揭示他们的生活真相。坊间偶尔也有以伶人为主角的小说问世，其中毕竟夹杂或多或少的虚构成分，一般读者也不会将其当信史读；至于各类名伶传记，撇开为传主讳言的成分，作者纵算和伶人们再接近，也不可能完全了解他们的私生活和真实的情感世界，更难以奢望其切入如此深的生活细部和情感角落。现在我们拥有了荀慧生的《小留香馆日记》，总算有机会获得一个记述现代社会中京剧名伶日常生活最有价值也最可信的文本。

在荀慧生的日记里，我们看到他的艺术与人生，同时也看到当时的社会百态。荀慧生以演戏为生，在通常情况下他生活也以表演为中心的天地里，社会上所发生的种种变化，只要对他的演艺生涯没有形成直接影响，大致不会引起他多少关注。但我们在这部日记里看到一个例外，那就是日本军国主义发动的侵占东三省的"九一八事变"。荀慧生在日记里极为罕见地完整摘抄了当天北京《晨报》的标题新闻，其震惊与愤懑之情力透纸背。他这样强烈的反应似乎出于本能，因为在这之后的一段时间里，"国难"这个词就频频出现在日记里，不仅充分展示了这场变故对中华民族的巨大冲击，通过伶人们的相互交谈，也可以看到这场变故是如此强烈地影响了包括荀慧生在内的普通国民。而且，随着时间推移，这个词出现的场合与内容，更渐次发生种种微妙的变化。其中固然有各界人士积极组织和参与的救亡活动，有主人公参加各类义务演出的记录，但是，透过荀慧生的记载，我们还看到"国难"被不同人用不同方式消费，因而衍化出林林总总的众生相。其中不乏打着"爱国"旗号的离谱表演，他们对荀慧生和他的同行以及社会各界造成的困扰，实不能全然无视。荀慧生似有先见之明地洞察了这样的结果，他这六册日记所涉的时间段，中国社会的动荡与变化并不少见，却唯有"九一八事变"在日记里留下浓重的笔痕，恐怕并非偶然。

在这部残存的日记里，恰好记录了现代京剧史上的一些重大事件，有关荀慧生创作演出的许多事实，则可以从中得到最为可靠的第一手资料的印证。比如一九三一年杜家祠堂落成的盛会，尽管当年的《梨园公报》印有特刊，

但直接参与表演的当事者的记录，这却是独一份。且正因日记有出自主人公的独特视角，一些有趣的细节，是从未在其他记录中看到过的。比如第一天他的《鸿鸾禧》是和姜妙香合演的，与通常史料所载有异，但日记无疑更加可靠。还有，我们看到，为了这场演出，不仅主人杜月笙接送招待的礼数十分周到，道上的朋友们也无不倾力相助。日记里写道，头天戏毕之后，"张师以自卧之床相让，而自睡于门口床上"，实不失为一桩美谈——这里所说的"张师"，就是与杜月笙、黄金荣差不多齐名的海上闻人张啸林。荀慧生曾经很正式地拜在张啸林门下，所以有很长一段时间，他在日记里言必称"张师"，而且看来，张也确实很眷顾他。

当然，荀慧生也记下了他"与小云、兰芳、艳秋合演《四五花洞》"这场难得一见的演出，若非杜家天大的面子，要让他们四人合演一折戏，简直是天方夜谭。提到合演《四五花洞》，不能不提梅、尚、程、荀四大名旦同灌《四五花洞》唱片的过程。说是一张唱片，其中四大名旦每人只有一句唱，许多人对他们四个人谁唱哪一句的争端，言之凿凿，仿佛真是一件大事似的，但荀慧生的日记对此并未特别交代，只是轻描淡写几笔带过。而杜家祠堂表演《四五花洞》时为拍了电影这件日记里突出描述的更重要的史实，反倒不太听到人们提及。

京剧史上，有很多对八卦感兴趣的人们津津乐道却又语焉不详的掌故，有这份日记作为旁证，某些细节算是可以坐实了，而另一些近乎文学想象的揣测之辞，总算可以消停。

荀慧生虽然是京剧史上屈指可数的名家，与社会上三教九流都要打交道，但他日常交往的对象，仍是以同行为多。余叔岩之"健谈"，梅兰芳之"滑稽"，都与外行的印象大相径庭。由于是私家日记，他日记里提到各位同行时，评价有时不免过于"坦率"，屡屡提到某人"营业不佳"时，竟有种无法掩饰的幸灾乐祸。然而，这也正应了《增广贤文》里那句老话——谁人背后无人说，哪个人前不说人？

其中，荀慧生和四大名旦中其他三位的关系，是日记里颇有看点的部分。相对而言，他似乎和程砚秋的交情最深，而对梅兰芳则颇有微词。毕竟江湖风波险恶，尤其在激烈的市场竞争中，即使以梅兰芳做人的周到，也难免有些磕磕碰碰，不过说到底也没有什么大事。其中最有意思的一段，是一九四三年底他和程砚

秋的一段对话："程砚秋来访谈，并送各友扇面互相写画，谈伊本身为人，晚年老叫以务农为生，不再出演。现常至海淀农场施行农人生活，服装甚为俭朴，养性之乐。现余四人思想各不相同，梅之思想欲垂后世；尚仍以演剧为宗旨；程性好清静，以务农终其余年；余则以商业为求今后道路，想大不相同。"这时已经是抗战后期，程砚秋已经隐退至北京郊区务农，而梅兰芳从抗战开始后就谢绝舞台，这就是他们所说的"欲垂后世"——话说梅兰芳也确实因此获得很高的社会声誉，成为民族的偶像，这点他们算是看对了。其中最不靠谱的是荀慧生对自己"以商业为求今后道路"的安排与评价，从日记看，荀慧生貌似很有商业头脑，可惜的是他在这方面真是志大才疏。日记里用很大篇幅记录他不同阶段参与的各类与商业相关的活动，尤其是开办留香饭店，这些计划每项都曾经给他无限憧憬和希望，但是他最终不仅没有获得期待中的收益，还给他带来多少不等的亏累，更使他不得不陷入大量纠纷中，牵扯了许多精力。民国十年后直到抗战期间，荀慧生在艺术上一路顺风顺水，确实赚了很多钱，他一心以为可以通过经商让财富增值，也不断有人围在他身边，给他出各种主意，然而种种投资几乎全以失败告终，临了还是得靠演戏。如此说来，四大名旦里，他其实是最糊涂的一位。

三

荀慧生是艺人，但《小留香馆日记》并不是一部"艺事日记"。作为一位伟大的表演艺术家，日记里和京剧艺术相关的部分自然是有的。比如某日荀慧生记道，他"归与菱仙师谈论唱腔，予谓腔之美，贵乎能运用。老腔固感不合时宜，然过于雕琢，亦嫌矫枉。鄙意只须就老腔稍微损变化便可，似不必故弄狡狯，使人不易捉摸，以贻不通大路之诮。能于新旧之间得一中庸之道，斯为可贵"。这样的认识，既实际又深刻。

然而，荀慧生的日记不是为艺术史家或理论家写的，上述那些具有独特史料价值的、与艺术活动相关的内容，只是日记里很不起眼的部分，散落在大量琐碎的其他记载里。日记中最主要的内容，都是舞台下的生活事件。

在阅读这批日记之前，我从未想象过像荀慧生这样的名伶的生活是如此丰富和复杂，尤其是他一直被毒瘾和病痛所折磨，就心理状态而言，他一直处在精神崩溃的边缘。从这部日记的前几页起，我们就看到一个既沉溺于毒品，又时刻想摆脱毒品对身心的控制的荀慧生。清代以来鸦片泛滥，社会各阶层都出现大量瘾君子，伶界也不例外。进入民国后鸦片逐渐失势，但是又出现了新的替代品，这些更具刺激性的毒品，有更强的依赖性，更难戒断。我不想说荀慧生的毒瘾完全是为应对繁重演出的巨大压力而不得不为之的，尽管有时他们会看到，演出压力确实是他不得不加大毒品注射量的原因；实际上他也一直希望彻底戒毒，并且为之经历了外人难以想象的痛苦，花费了许多钱财，其中也包括很多冤枉钱。他的吸毒史几乎就等同于戒毒史，反过来说也成立，但这些努力却最终付之东流，令人唏嘘。我们只看到他在舞台上创造的卓越的艺术形象，他永远把最光鲜亮丽的一面展现在舞台上，而作为观众和欣赏者的普通观众，在崇敬与欢娱之时，无从得知他在搏命演出时要忍受怎样的痛楚，在创造精美的艺术作品时，需要付出的是什么代价。

从《小留香馆日记》的记载看，麻将在荀慧生日常生活中的分量真不算轻。他酷爱麻将，这既是他的娱乐方式，也不失为一种交际手段。那些他身边的文人墨客进得门来，通常是"手谈""竹戏"，同行和其他客人来访，也经常打上几圈。演出之后，吃过点心，也经常来上四圈或八圈麻将，甚至通宵达旦。有好几个阶段，麻将几乎是他每天的必修课。状态不好时他输得很惨，这时就会在日记里留下一些抱怨，不过多数时他并不计较输赢。

当然，日记里也少不了荀慧生和朋友，尤其是报界朋友花街柳巷的冶游。招妓侑酒，在他那个年代，大约还上升不到私德不彰的高度，比较可议的，反倒是他和众多女友的交往。这样的交往与荀慧生对家庭、对发妻子女的责任感和深厚情感并行不悖地贯穿在这部残缺的日记之始终，虽然比不上麻将那么频繁，但也不失为日记里一项重要内容。从日记里很难完全分辨这些和荀慧生往来的女性的社会身份——有女学生，似乎也有职业化或半职业化的交际花，她们和荀慧生的往来中看不到金钱买卖的痕迹（按日记的风格，若有较大笔的开支，主人公不大会一点不提）。所以，说她们是荀慧生的追慕者，大约不会离真相太远。尽管日记里多半用"秘谈""畅谈"之类隐语描述其交往过程，但她们与主人公之间经常性的肌肤之亲，显然无须讳言。大抵从前后文看，这些非正式的关系之开端，未见得是荀慧生本人招蜂引蝶，然而坦白地说，面对这些女性投怀送抱时，在多数场合也看不出荀慧生曾经表现出过某种程度的犹豫和矜持。他似乎很享受且很娴熟地与这些女性周旋，有时甚至要赶场；偶尔也会表现出一点不满，尤其是他和一位名为易阿莉的女性持续很多年的时断时续的关系，荀慧生甚至因为被她传染上性病而在日记里痛骂她不检点，然而只要阿莉一通电话，又重续旧情。只有一次荀慧生断然拒绝了一位女性的追逐，他在日记里写道："九时阖家到中国戏院，演《扬州梦》。有一胖妇追余，其意求欢，约有六七年之久寓北京。余去岁往济南演剧，伊亦至济南。今余来津，伊亦来津。来寓赠余面速力达及手帕，原物退还。伊每见余必丑态百出，毫不顾廉耻，只得命少亭婉言赶出，似觉可笑！又至后台以购戏票为名缠绵不决。戏毕余即归寓。伊不欢而去。"这样的追求者已经不能称"戏迷"，简直是"戏痴"，不过这也让我们看到像荀慧生这样的红伶的一个重要生活侧面。当年的荀慧生要处理的麻烦，今日的明星们同样需要处理。

四

当荀慧生日常生活的这些内容展现在我们面前时，也为我们完整、准确地评价荀慧生出了一道难题。坦白地说，这些私人记述中所记录的生活内容，包括他在日记里对同行和社会各界人士的品评，未必都能够为读者所接受和首肯，尤其是站在今人的立场上。留给我们的问题就是，抱着怎样的心态阅读《小留香馆日记》，如何评价日记中所记录的那个荀慧生，如何理解伶人的艺术、生活和人格。

无论从吸毒与戒毒还是从沉迷于麻将、周旋于众多女性之间，还是从他经营留香饭店的经历看，在荀慧生的性格中，都有他自己未必清醒意识到的种种缺陷。他因敏感而多疑，因软弱而无法摆脱对外物的心理依赖，他既是名伶，也是有着各种性格缺陷的凡人。

最后，人们或许还会疑惑，荀慧生何以要如此坦诚且用心地在日记里详尽地描述他舞台下大量显然会招人物议的生活细节。首先可以肯定的一点是，这部日记是纯粹的私人记述；留下这些日记的荀慧生，绝非有意要把他生活所有细节都记录在案，来让后人指戳评点的。

个人记日记的动机五花八门，我无法对荀慧生妄加揣测。这是不是由于他身边的文人影响的结果？很有可能。众所周知，从清末民初始，京剧名伶身边就开始有文人环绕，二十出头就大红大紫、跻身一流名伶之列的荀慧生也不例外。不仅荀慧生如此，梅兰芳等京剧大师留下的文字，多数都有人代笔。其实，《小留香馆日记》一直是由荀慧生和他身边的文人们共同书写的，其中有部分则先由他自己记下当天各类事项，或由他草拟后，再请人整理抄录。在不同时期，先后有数人担当了和荀慧生一起书写日记的角色，仅以这六册日记看，前后文体、文笔与叙述内容及重心之不一致，多少可间接地说明日记里其他参与者所起的作用。但所有参与写作和整理都无法改变的，是日记内容均出于荀慧生生活实况这一事实。因而，至少可以说，当时的荀慧生是如此坦然地面对自己，面对自己这样的生活和当时的生活方式的。

至于今人，我们要感谢荀慧生留下这样一份珍贵文献，让我们有可能通过《小留香馆日记》，闯入这个此前从未为外界所知的领地，真切触摸到那个年代一位伟大的艺人有质感的私人生活。我们看到了荀慧生艺术巅峰时期的经历，既有他的坚强也有他的脆弱，既关乎民族大节也不乏儿女私情，既有他和三教九流的交往，也有他商业上屡屡失败的投资经过。当然，还要感谢荀家慨然允许将这批日记公之于世，对于京剧研究乃至中国现代史研究，真相具有无可比拟的价值。

《小留香馆日记》荀慧生著，和宝堂编订

《梅兰芳全集》序

● 梅葆玖

　　《梅兰芳全集》集先父生前著述、发言、诗稿、书信近二百多万字，洋洋大观，举世无双，不胜感叹，先父及"缀玉轩"友人地下有知，当含笑颔首。

　　关于梅兰芳的艺术见解与理论的全面阐述和印证，在20世纪上半叶没有条件做。缀玉轩群贤毕至，十余名干将，均为来自不同领域的文人墨客，他们戮力同心，抛除己见，与梅兰芳一道构成磁石的两极，相互成就。但他们各有工作，没有组织，无人领导，"缀玉轩"不是一个实体，是当年无量大人胡同归居之名。在梅兰芳精力最旺盛的年代，他们就开始规划、思考、准备做这件事，却因社会制度的错失，误失良机。20世纪50年代之后，有了组织，有了研究院，然而大家都忙，也还没有充分意识到出一部《梅兰芳全集》对继承发扬民族传统艺术有多重要。今天，中国戏曲学院傅谨教授率他的团队，花费多年心血做成了这件功在千秋的大事，算是"中国梦"中的一瞬间，精彩的瞬间小梦。

《梅兰芳全集》

　　梅兰芳的第一出古装歌舞剧《嫦娥奔月》开创了京剧新的表演形式，在京剧史中是重要的一笔。"缀玉轩"不规则的分工是：齐如山列提纲，李释戡写剧本，冯幼伟提供了排戏和表演给外国人看的场所，舒石文管服装，吴震修研究服饰花纹，徐兰沅设计唱腔，身段、舞蹈梅兰芳自己设计，大伙儿出主意。从20世纪40年代开始，我父亲和许姬传先生一起写的《舞台生活四十年》，描述了整部戏的成型过程，没有系统的理论阐述，做了不这件大事。多年来，傅谨教授一直强调《舞台生活四十年》的理论价值，我想他是明白这个道理的。

　　我出生时，"缀玉轩"已经成为历史，上海思南路87号的"梅华诗屋"延续了"缀玉轩"的一部分功能，已经没有条件和必要搞似"缀玉轩"的规模了。我开始学戏、演戏的"梅华诗屋"年代，《生死恨》要拍电影了，也基本上是我父亲统管了，许姬传、许源来帮了做些文字工作，连《生死恨》戏的名字也是我母亲亲自取的，我父亲原来从《易鞋记》改编过来时，戏名为《生死梦》，我母亲说《生死恨》更贴题，于是就定为《生死恨》了。场子、服装都由我父亲定了，唱腔方面王少卿先生也出了不少力。这样班子可以出好戏，但是要做成《全集》，也是不可能的。50年代以后，"缀玉轩"的宿将已成名老人，冯耿光、李释戡、吴震修虽常来我家，已经不是工作状态的人了。当年的吴迎小朋友，就是李释戡先生向杨畹农先生推荐学戏的，六十多年过去，吴迎能帮我做些事了，写我的传记了。

　　傅谨先生是一位很具独立思考精神的戏曲理论家。为了写这篇短序，吴迎提供了傅谨先生廿余篇有关梅兰芳的著作和论文，包括《文汇报》和《北京青年报》上刊登的访谈《"梅兰芳时代"能否重现？》《重新解读梅兰芳，提供一种不同的视角》，其中提出"选择重新梳理大师留给今人的文化思索"和"梅兰芳是中国文化传统血脉延续的标志性人物，也是中国文化成功地向世界传播的标志性人物"，"血脉延续"和"世界传播"都会是中国梦的精彩片段。所以傅谨先生来做先父的全集，我很高兴，梅氏家族都感谢他。

　　诚然，我父亲这一辈子，演戏后面的故事，书信来往等有所疏漏是难免的，错讹之处，也不会没有。做学问，可以不断的补充，甚至一代一代的人去补充。

"波兰性"与波兰戏剧

十一月起义被镇压后,瓜分国当局不再以"波兰性"伪装自己了,而是加强了审查和警察控制,无情地、始终如一地铲除一切民族性和民主倾向的表现。在这种情况下,波兰舞台不得不在更大的程度上使用影射的手法和形象,只是偶尔故意冒险使用一下被禁止的姿态或语言。警察的控制收得越紧,从前未曾发现的细节就越具有意义。"在戏剧里连颜色、手势和旋律都有作用,甚至一个意会的眼神都算数,有时用眼神传递被禁的思想和概念,这都是警察所使然。"

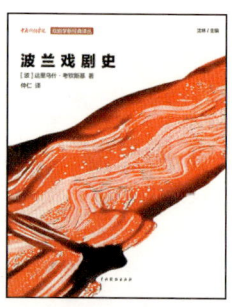

《波兰戏剧史》 达里乌什·考钦斯基 著

在波兰剧院里,这个原则不仅在被瓜分时期起作用,而且在二十世纪也被遵循着。警察的控制和迫害在根本没有实行警察控制的地方也制造出了政治意义,在这一方面,起义后的华沙戏剧与战时状态下的华沙戏剧没有实质性的差别……

苏联占领区的情况则不同。红军进入波兰第二共和国东部领土后,消灭了那里存在的所有剧院的演出剧团,利沃夫、维尔纽斯和格罗德诺最大的剧团都被夺走了舞台,新建了三个波兰国家话剧团取而代之,分别位于利沃夫的雅盖沃街、维尔纽斯的"赫利俄斯(太阳神)"电影院旧址和比亚威斯托克。每个剧团都由一个由苏联当局任命的行政院长领导,然而艺术指导则控制在波兰艺术家手中。这些剧院的舞台相对较少强迫上演明显宣传性的或反波的剧目(最有名的例外是在利沃夫曾上演万达·华西列夫斯卡的《巴尔托什·格沃伐斯基的故事》)。不过,当局对上演的剧目有严格的规定,其中,除苏联现代戏(如符谢伏洛德·维舍涅夫斯基的《乐观的悲剧》,该剧由文盖尔科在比亚维斯托克精彩地搬上舞台)外,还上演过波兰的反市民的戏剧(利沃夫上演了加布里埃拉·扎波尔斯卡的《马丽切夫斯卡小姐》),以及世界经典剧目(在维尔纽斯上演了莎士比亚的《第十二夜》、在格罗诺德上演了席勒的《阴谋与爱情》)。

看来,苏联占领区的波兰艺术家对审查制度得心应手地玩起了他们熟知的游戏,一个名为《亚当·密茨凯维奇的书》(1940年11月,利沃夫)的纪念晚会就是这种游戏的例证。晚会前有一个例行的讲座,介绍了《先人祭》的作者,称他"灵魂深处是苏联的诗人"。晚会上让密茨凯维奇的作品复活了。晚会结束时,长期与警察周旋并在其下与观众建立沟通的万达·谢马什科朗娃朗诵了《塔杜施先生》的片段("哦,那一年"),她认为这是爱国举动。

本文节选自波兰作家达里乌什·考钦斯基《波兰戏剧史》

经典记忆,记忆经典——《北京人艺老戏单》

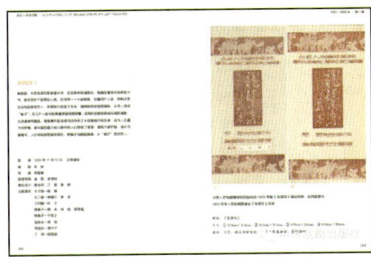

《龙须沟》的各版戏单

《龙须沟》的各版戏单

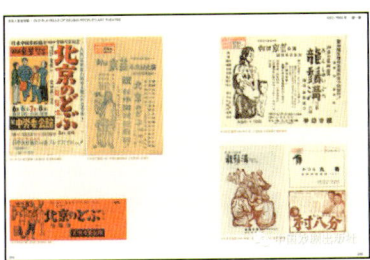

《龙须沟》的各版戏单

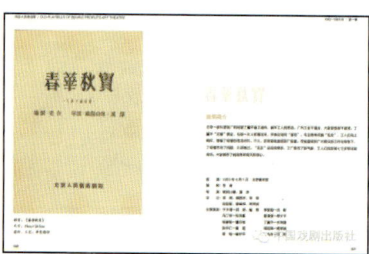

《春华秋实》戏单

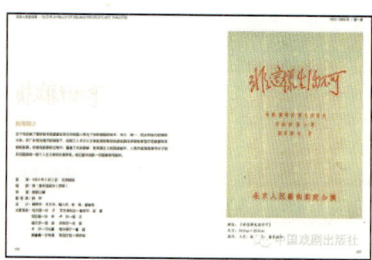

《非这样生活不可》戏单

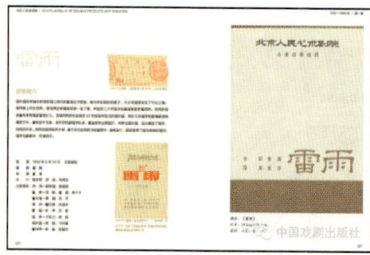

《雷雨》戏单

戏单，旧时称谓，今天的观众常习惯称呼为说明书。其实戏单的叫法古来有之，自有皮黄喧器于舞台，戏园子为让观剧者在看戏前对所演出的戏有个大致了解，比如挂头牌的是杨小楼还是谭鑫培？上演本剧的戏班是"四喜班"还是"富连成"？甚至明确标明时间地点，如"宣统二年正月初十日""前门外大栅栏西头路北广德楼"等，差不多都需先备下简单的文字示人，天长日久便有了"戏单"的概念，这也成为了观众预先了解一出戏时不可缺少的内容，更有众多票友养成了积攒收藏戏单的习惯，甚至成为嗜好，从中享受精神文化的乐趣。旧时梨园界的戏单很是简朴，不定是什么颜色的纸，单张单面，以铅字排版印制，工艺颇为原始，质量很是粗糙，但内容一目了然，实用。

《北京人艺老戏单》
主编：刘章春 定价：68元
中国戏剧出版社 2016年8月出版

戏单具有较强的文化属性。随着印刷技术的进步，戏单的内容也变得更为繁杂，它将演员出场阵容、剧情梗概、故事发生的时间地点以及导演阐述、背景资料等，浓缩于方寸间。千人千面，一戏一格。每个戏单也如此，它简直是在美术创意上的一次微观展示，在对戏单的构思上，设计者们奇思妙想，千姿百态，独树一格，都在努力传达戏剧风格和设计者的审美意趣。

戏单具有收藏价值。在我们的生活中，收藏物件的种类洋洋大观，千奇百怪，收藏戏单者也同样是成千盈百，数不胜数。尤为可贵的是，许多观众独钟北京人艺，看戏60年，收藏60载，为寻觅一张戏单，风来雨去，辛苦淘换。有朋来访，主人翻出一堆纸片儿，奇品共赏，触摸历史年华，人物风情、轶闻掌故、津津乐道，如数家珍，可谓乐在其中。故收藏戏单，也是人生之大雅。

戏单于北京人民艺术剧院而言，乃是一部长长的历史和一串足迹，清晰可见，触手可及。它从另一侧面最直观地勾勒出演出剧目的历程，呈现出不同时代的美术设计风格和特点。由于年代的变迁，政治风向的变换，戏单看上去更像是风向标，如在"文革"期间，戏单面孔单调，白纸红字，表达了特定时期浓厚的政治味道。它毕竟是历史的一部分。

有观众或读者要问，剧院这些戏单的设计出自何人之手？在北京人艺历史上有一传统，戏单往往是由该剧的舞台布景设计师来完成的，其中原则是力求做到舞台美术与戏单在表达内涵上的一致性。此传统约定俗成，沿袭达半世纪之久。

本书所收录在册的戏单自1952年北京人民艺术剧院建院始，依照时代特征、设计风格特点及名人剧作等因素加以考虑，共涉及137部剧，遴选出128张戏单。按说北京人艺对本院戏单的收藏应该是最权威的，但未必理想，由于各种原因，建院初期以及"文革"中有若干个小戏的戏单并没有制作和印刷。而北京人艺在这方面的收藏又确实是最权威的，本书所编录的戏单不乏精品甚至是绝品，坊间也极少见到。

北京人民艺术剧院的老戏单是一道独特风景。编辑此书，真切地希望读者和收藏者能够喜欢。

刘章春

2016年6月

一本传说中的戏剧教育神书来了

《表演艺术120节戏剧活动课》为台湾艺术大学戏剧系教授张晓华先生教育戏剧相关著作在大陆首次出版的简体字版本。本书是鉴于创作性戏剧是学习表演的一般艺术教学法,台湾主编教师团队在体认到艺术与人文学习领域教学现场教师们的迫切需要,经长期密切合作,采用系统取向的教学设计模式,配合教学现场的实际需要,共同研发设计出来的表演艺术戏剧教学活动课程。

本书作者:张晓华
台湾艺术大学戏剧系教授、台湾艺术与人文领域辅导委员、台湾九年一贯教育课程纲要艺术与人文领域表演艺术召集人、台湾高中(职)课程纲要艺术生活科召集人。

任教专长:创作性戏剧、教育戏剧、儿童剧场、戏剧治疗

中国戏剧出版社 2016 年 10 月出版

教学时数的安排,由一年级到六年级,共六学年120节的戏剧活动课,是将每学期 20 周,每周 1 小时的表演课程,以 10 节课规划为活动教学课程。课程内容是将创作性戏剧初阶的专注、肢体动作、身心放松、游戏、想象,进阶的角色扮演、默剧、即兴表演、说故事剧场、偶戏与面具,以及戏剧扮演的表演教学与赏析课程包含在内。教学内容皆经过教学分析,参照课程纲要之能力指标,发展教学策略及选择教材,设计并进行形成性评鉴的过程,逐项进行修正,最后再作设计并进行总结性评鉴。

本书之计划执行,曾先后向台湾的教育部门及台湾文艺基金会申请了专案补助,并由非戏剧科背景的教师来担任课程实验教学,在经过前后 3 年时间的规划、实地现场教学与再修正后,提出教学建议予以完成。本书教学内容可作为教师们在教室内进行的戏剧教学活动,是学制内中小学表演艺术课程教学参考、应用与执行的工具手册。

北京市国际学校中文教师
使用本书开展戏剧培训活动

书中所有的教案,都是经过了一般教师在教学现场的实验与应用,并经摄影、记录、逐项修正与再执行的试教历程。试教的老师在开始阶段虽然感到陌生,但在教学相长的效应下,经历了实际与学生互动的过程以后,师生关系变得更融洽,教师对自己的教学越来越感到有乐趣,进行起来就越来越显得顺畅,每回在下课之后,总有一份信心与成就感。这些实验的教学,证明了系统取向的教学设计教案,确实已在教学现场有了卓著的效果。也使本书的教学团队因执行本书之教学示例,先后获得了台湾"标杆一百跨校团队"及教学卓越"金质奖"等奖项,而备受肯定!

台词该怎样说——表演训练的世界级教学高度

"一个优秀的演员,永远都需要做好两方面的准备。一方面是技术的准备,一方面就是把自己和台词联系在一起,经历台词,感受台词,拥有台词,使其完全成为自己的话。"——帕西·罗登博格

帕西·罗登博格(PATSY RODENBURG)是谁?

帕西·罗登博格生于1953年。她是英国著名的演员台词训练大师、莎士比亚戏剧专家和导演,现任伦敦市政厅音乐与戏剧学校的声音总监,曾担任英国皇家国家剧院和英国皇家莎士比亚剧团的声音总监。

她曾训练过英国许多出色的演员,妮可基德曼、休杰克曼、娜塔莉褒曼、朱迪丹奇和最新版007詹姆斯邦德的扮演者丹尼尔·克雷格等著名演员都是她的学生。

《演员台词训练》

从英国中央戏剧与演讲学院毕业后,她曾做过一段时间的演员,随后投身教学。1981年她创办了英国皇家莎士比亚剧团的声音部门,并主持声音指导工作9年。此外,她还担任过莫斯科艺术剧院、法兰西喜剧院、默契剧团、亲密剧团等世界各地剧院的声音指导工作。

1990年帕西创立了北美皇家国家剧院的声音部门,并在美国得克萨斯州达拉斯南卫理工会大学及纽约迈克·霍华德演员工作室教授专业演员训练课程。与此同时,她也帮助创办了伦敦的"声音和演讲中心",并进行授课。

帕西·罗登博格的著作有《正确的表达》(The Right to speak)、《言语的重要》(The Need of Words)、《演员的表达》(The ActorSpeaks)、《第二圈》(The Second Circle)、《莎士比亚台词表达》(Speaking Shakespeare)、《演员与亚历山大技术》(The Actor and Alexander Technique)等。同时还制作了教学视频《你自己的声音》(A Voice of Your Own),由英国诺维奇的 Vanguard Production 制作公司提供。其中著作《正确的表达》(The Right to speak)也录制了音频卡带。

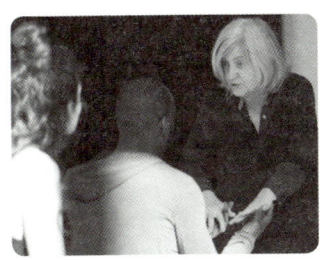

图为帕西正在给学生上课 摄影佐伊·劳(Zoé Law)

2005年帕西获得由英国女王颁发的大不列颠帝国勋章。2010年被英国《泰晤士报》评为"戏剧界最有影响力的50人"之一,并被英国声音与语音培训协会授予"终身杰出会员"称号。

帕西训练理念与方法

身体

"当我们说话时,身体的每一个原子都会发挥作用,就像一只咆哮着的狗。"

帕西认为身体是一切行动的来源:呼吸来自于身体、声音来自于身体、情感来自于身体。所以演员从热身到最后的台词表达都是从身体出发,并借由身体经历着台词和表达着台词。

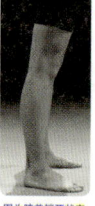
图为膝盖锁死状态

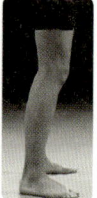
图为膝盖打开状态

帕西非常重视身体的打开和释放。她认为只有身体完全释放紧张,找到每一个部位本来应该在的位置,才能最大可能地释放出身体内的能量。
在西方的表演专业训练课程中,关于身体的训练被细分成亚历山大(Alexander)训练、瑜伽、杂耍、热身等很多独立的训练课程,绝不是像我们只有形体课如此简单。帕西的身体训练方法,很大程度上吸收了亚历山大训练的理念和方法—帮助演员释放身体紧张,回归松弛、自然、正确的身体习惯。

呼吸

"每一个角色都有自己特有的呼吸方式,这是我们把握角色性格的关键。"

帕西认为呼吸不但影响着演员的声音,还会影响着角色性格的体现。因为呼吸既是演员声音的动力所在,又是演员情感的源泉。帕西不仅在训练最初会强调呼吸支持对声音的作用,还会在节奏训练中明确呼吸的改变对台词节奏的影响。在情感表达阶段,帕西会强调呼吸与情感的关系。帕西告诉学生,当你呼吸不深的时候,你的感受也一定是不深的。到了角色台词处理阶段,帕西会告诉演员,每个角色的呼吸状态是不一样的,要从对角色的呼吸研究开始把握角色的言语特征。在第二圈的能量交流中,帕西也强调了要与焦点建立深入的呼吸联系,才能真正与焦点在第二圈里交流。

图为平躺式双手抱膝呼吸练习

图为平躺式双脚踩地呼吸练习

经历

"以第一人称的视角,亲身经历每一句台词的具体信息,才足以表达真挚的情感,将台词转化成真正属于演员的台词。"

帕西非常强调演员对台词的拥有。她说演员必须要把台词变成自己此时此刻真正需要说的话,而不是我该说的话。所以必须要在骨盆深处经历到台词深处的具体,不要在台词的表面溜冰。所谓"经历",是指自己亲身做过、见过、遭遇过的事。所以帕西认为当我们说台词时,要以第一人称的视角对台词内在地具体,不管是外部形象还是内部感受都要完全亲身经历到,而且这种经历很深很深,只有这样我们才能感受并表达出台词真挚的情感。让观众相信从演员嘴里说出的台词是属于演员的,而不是剧作家。

我印象非常深,帕西曾经举过这样一个有关演员经历台词的例子。她说曾经有一名男演员在说到莎士比亚戏剧中的某段独白时,因台词提及了"匕首"一词,这位男演员便特意到大英博物馆找到了戏中同时期的匕首陈列品。认真"经历"和体会与戏中道具的互动。从此这位男演员说到独白中有关匕首的台词时,他的内心视像非常具体,心里再也不会觉得空了。但是这位男演员觉得还是不够满意,他说,要是有机会能让他亲手握一下那把匕首,他会感受得更具体,会把那段台词说得更好。

图为学生正在剧场完成第二圈能量练习

第二圈能量

"当能量集中在某个特定对象或目标上,既给予对方又接受对方的能量,角色间才会形成真实有机的台词交流,才能令台词中的情感与能量深入人心。"

帕西将人的能量分为三个圈。她认为第一圈能量是朝向自己的,不与其他人沟通和交流,注意力只在自己身上。第三圈的能量是将能量尽力向外散发,且根本不管对方的感受,只是强迫对方接受。表面看上去好像是在与对方交流,但其实只是装腔作势。

只有在第二圈能量里,能量才会集中在某个特定的对象或目标上,既给予对方又接受对方的能量,和对方有深入、真正的沟通与交流。而这正是演员在表演中需要的:此时此刻与对手、观众之间真实专注的感受与交流。在第二圈能量交流中,角色之间会形成真实有机的台词交流,并把台词中的情感与能量深入地"放进"对手和观众的身心中。

帕西在她的训练中要求从始至终贯穿第二圈能量的训练,她会要求所有学生必须掌握第二圈能量的台词表达。

要了解更多关于帕西的训练体系,请阅读由中国戏剧出版社近期出版的《演员台词训练》一书。

玄奘的戏剧家朋友是个印度国王

说起玄奘法师,在中国可谓妇孺皆知,即使一时想不起来的人,一说起《西游记》中的唐僧,也都能说出个子丑寅卯来。玄奘法师求取"真经",对中国佛教发展的贡献,可谓居功至伟,其对中印两国的文化交流与促进,更是独树一帜。印度本国的历史记录是不连续的,许多印度的历史学家探寻古印度的历史仍要借助玄奘法师的《大唐西域记》。

玄奘法师(602-664),唐代著名高僧

然而,今天戏剧王不是要赘述玄奘法师的西游经历,而是要介绍他的一位戏剧家朋友,一位古印度国王,一位伟大的剧作家——戒日王。

戒日王(590-647) 古印度国王兼戏剧家

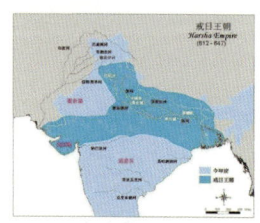

戒日王小传

戒日王在位的年代(公元606年—647年),大致相当于中国的隋末唐初。他即位后用六年时间征服了印度河流域诸国,确立了在北印度的霸主地位,历史上将公元612年作为戒日王朝的开端。六年之后,李唐王朝建立,结束了隋末的战乱,采取兼容并蓄、民族融合的政策,不筑长城,积极开展对外交流,成为中国历史上最强盛开放的朝代。戒日王朝的兴起平息了七世纪初印度北部的政治分裂,为北印度赢得了"兵戈不起,政教和平"的局面。玄奘游学印度之时,正是戒日王朝的鼎盛时期,百姓安居乐业,欣欣向荣。戒日王作为盟主,尊重宗教信仰、推崇文学艺术、广纳贤士。此时正值唐朝贞观年间,唐太宗的文治武功享誉海内外,都城长安成为世界政治、经济、文化的中心。戒日王朝与唐朝同时兴盛的局面为中印两国之间的交流创造了非常有利的条件。中印两位有作为的君主虽素未谋面,但都持开放的心态,积极保护并推动两国间的商贸宗教文化交流,使中印之间陆路与海路的交通皆趋于繁盛。特别是戒日王首次遣使访唐,叩开了中印官方交往的大门,此后两国开始互派使节,开展官方交流,为增进相互了解,扩大彼此影响起到了积极的作用。

戒日王的文艺情怀

公元640年,戒日王见到玄奘之时,得知玄奘来自"摩诃至那"国,便问起秦王天子以及《秦王破阵乐》,并言到"闻其雅颂,于兹久矣"。《秦王破阵乐》是唐初的一种乐舞,相传为李世民所制,在其为秦王之时(公元618—626年)便流行于世,以颂扬他的卓越武功,贞观七年(公元633年)改称《七德舞》,但民间仍用旧名。戒日王在会见玄奘之时已早有所闻,足见唐初中印之间往来频繁,信息传递便捷,更可见戒日王的艺术修养与博学。

戒日王同时也是一位出色的剧作家,他有三部梵语戏剧行于世,分别是《龙喜记》《妙容传》和《璎珞传》(璎珞:原为古代印度佛像颈间的一种装饰,由世间众宝所成,寓意为"无量光明"。)是梵语戏剧史或者说梵语文学史上一位比较重要的作家。

作为戏剧家的戒日王,在创作中展现了出色的想象力、创造力和驾驭情节的能力。他在三部剧作中成功地刻画了优填王和云乘太子等艺术形象,生动地演绎了他们的爱情故事和舍己救人的高尚行为。戏剧在古代印度是上层贵族和下层百姓共同欣赏的一种艺术形式,戏剧的叙事结构亦使其能承载更多当时社会生活的信息。尽管戒日王剧作中的主人公均为传说中的国君王子,剧情或为宫廷艳史,或为宗教神迹,但从剧中的情节仍能窥探到当时印度

《龙喜记》戒日王/著 吴晓铃/译 人民文学出版社 1956年版

的社会生活。剧中赞美大自然中的鲜花、夕阳、明月,描绘节日狂欢的欢乐,再现宫廷中的娱乐活动,展现音乐、绘画与印度人生活的息息相关,美好而充满情趣,千年前印度人生活的场景跃然眼前。《璎珞传》第一幕中描写憍赏弥城欢庆洒红节的场景,无论男女老幼都尽情歌舞游乐,泼水撒红,全城弥漫着欢乐的气氛。《妙容传》第三幕剧中剧的演出情形,反映出戒日王时代戏剧演出之盛行,将国王王后的爱情故事搬上舞台被普遍接受。凡此种种,不一而足。透过剧本的字里行间,戒日王时代印度人的习俗、风气和娱乐活动清晰地呈现在读者眼前。

《戒日王戏剧论》
王彤 著

从你不知道的关羽说起

故事的经过是这样的,话说关羽闻知刘备在袁绍处,随即挂印封金,保护二位皇嫂离开许都,径往河北寻兄。曹操闻知,赶来送金赠袍。告别之后,关羽却不见了二位皇嫂,原来小校护送二皇嫂前行,被占山为王之杜远与廖化掠上山去,欲分娶之,当廖化询知二女为刘备夫人后,力主还送,杜远不依,廖化杀之,恭送二位夫人下山。关羽接着,谢辞廖化,夜宿偏村致仕侍郎胡华家。胡甚

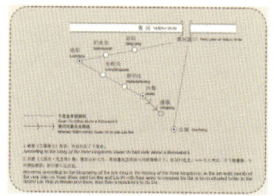

关羽重归刘备所行路线正误对照示意图

敬重羽,胡子班在荥阳太守王植处任部将,明日早行,胡托羽为子带信一封。至东岭关,守将孔秀以羽无过关文凭,不放行,羽拔剑杀之;至洛阳,太守韩福与部将孟坦设计欲杀关羽,反被关羽同时杀死;至沂水关,守将卞喜,佯为热情接待,送往镇国寺安歇,实欲于寺中杀之。普净禅师与羽有旧,一见面,即示意羽要提防,羽乃于酒筵间杀卞喜;至荥阳,太守王植遣部将胡班夜间至关羽住处放火,胡班见羽容颜,叹为天人。羽询知是胡班,即将其父之信转交,胡班随将王植阴谋告羽,催羽速行,然后放火。王植得悉走脱了关羽,领兵来追,反被关羽所杀;至黄河渡口,守将秦琪,不准羽行,复为关羽杀死。

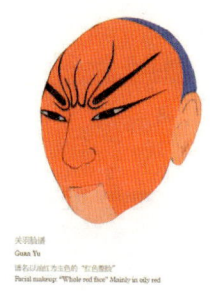

关羽脸谱
Guan Yu
请名以红红为主色的"红净脸谱"
Facial makeup: "Whole red face" Mainly in only red

关羽在小说中、戏剧舞台上和广大的民间,他都是最受推崇的古代英雄之一。《三国演义》中对他的描述是"身长九尺,髯长二尺;面如重枣,唇若涂脂,丹凤眼,卧蚕眉,相貌堂堂,威风凛凛。"可以说这就是对他的脸谱的最好诠释,"红脸关公"也成了忠勇、义气、赤胆忠心、威严庄重的代名词,他的脸谱是戏剧舞台上"红净戏"的创始脸谱。其后凡是忠勇、义气、赤胆忠心、威严庄重的角色,便都被勾成了红色的整脸,如姜维、秦英、马芳、颍考叔、赵匡胤等等,而且甚至连红色也成了演员化妆的首选颜色,旧戏班中以致曾有不准旦角先动朱笔的规矩,关羽实在是被人为地神化了。

关羽生平

关羽,字云长,本字长生,今山西解县人。亡命奔涿郡。黄巾起,刘备于乡里合徒众,关羽、张飞相继来投,备与二人,寝则同床,恩若兄弟,刘备以战功为平原相,备以羽、飞为别部司马,分统部曲。

建安四年(公元199年)末,刘备袭杀徐州刺史车胄,使羽守下邳,行太守事。五年正月,操东征备,备败奔袁绍,操获备妻子。复攻下邳,羽降,拜为偏将军。

袁绍遣大将颜良攻东郡太守刘延于白马,操遣张辽、关羽救延,羽策马刺良于万众

之中，绍诸将莫能当者，白马围解，操表封羽汉寿亭侯。同年七月，关羽知刘备与黄巾余党刘辟相连进略许下，遂拜书辞操，奔归刘备。至则与刘备共赴汝南，与黄巾余党龚都相合。又明年，与备共依荆州刺史刘表。

表卒，操兵大至，刘备由樊城南走，别遣羽乘船数百会江陵，途中复合共至夏口。孙、刘联兵，击走曹操，刘备收江南四郡，以羽为襄阳太守，荡寇将军，驻江陵。刘备西定益州，拜羽董督荆州事。

二十四年（公元219年）七月，刘备为汉中王，拜羽为前将军、假节钺。八月，羽攻曹仁于樊城，操遣于禁援仁，遇大雨，汉水溢，禁所督七军皆没，禁降羽，羽斩魏将庞德。梁郏、陆浑等地群盗咸遥受羽印号为之支党。操欲徙许都以避其锋。

此前，孙权曾为子求婚羽女，羽辱权使而拒

杨小楼饰演的关羽

之，权大怒；又南郡太守糜芳在江陵，将军傅士仁屯公安，素为羽所轻，羽出军，芳、仁供给军资不悉相及，羽声言："还当治之！"芳、仁怀惧不安。权知之，乃诱芳、仁降。而操亦复遣徐晃援曹仁，羽不能克，又闻江陵破，引军退还，权已入据江陵，尽虏关羽士众妻小。

羽自知孤穷，乃西保麦城（今湖北当阳市东北）。权遣使诱降，羽伪应。立幡旗为象人于城上，因遁去，兵皆散走，随者仅十余骑。十二月，吴将潘璋司马马忠获关羽及其子关平于临沮，俱斩之。

魏元帝景元四年（公元263年）钟会、邓艾率军大举伐蜀，庞德之子庞会随军作战，蜀破，尽灭关氏家。

羽与飞，共为世称万人敌，为虎臣，羽尤好《左氏传》，讽诵略皆上口。然性刚愎，善待卒伍而骄于士大夫，卒至糜芳、士仁惊惧降吴，已无退身之地，兵败麦城，父子授首！后主景耀三年追谥羽壮缪侯。

辩述

"过五关，斩六将"，成为中国人常用的一句口头语，用它来形容那些只夸自己功劳多大，却看不到自己不足的人。其实《过五关》一剧所编的情节，从始至终都是没有的事儿。完全是根据《三国演义》第27、28两回的描述杜撰的。《演义》作者的意图大约是：一、曹操既然擒了关羽又掳去了刘备妻子，那么关于去找刘备时，是不会丢下二位皇嫂的；二、关羽以书辞操，毕竟是没有拿到操的过关文牒，若要过关，必然打斗，关老爷自然不会打败，在这个基础上，设计描写过五关、斩六将就太容易让人相信，也太动人了，所以过五关、斩六将就成了《三国演义》中最易为人乐道的篇章。

但是，既然曹操掳去刘备妻子史书上有记载，那么关羽保着刘备妻子千里赴河北，史书上何以竟无一字记载呢？要知道，这在刘、关、张三人的关系史上是极其重要的一件事，各有关人物的传记中都无一字记载，那么答案只有一个：关羽不曾护送"二位皇嫂"赴河北。其次，从过五关的路线来看，关羽既是离开许都要赴袁绍所驻的邺地（今河南临漳西）那么，他应向东北方向经陈留，过大梁，径渡黄河才对；但《演义》中却引着羽公朝相反的西北方向走，先过东岭关（无迹可查），然后到洛阳，再折回头向东，经沂水，过荥阳，才到黄河渡口，转了一百三十度的大弯，白白冤走了近千里路，而此前，关羽曾在白马坡和绍军作战，斩过袁绍的大将颜良，这条近道他是很熟悉的，现在要保护皇嫂去找刘大哥时，他却连自己曾走过的白马坡也找不到了，这当然是不可能的事。事实上，当时袁绍"遣先主将兵与辟等略许下。关羽亡归先主"（《三国志·先主传》），就是说，关羽去找刘备，就在许都附近，不过百里左右，只一二日路程。《演义》在这里露出了既缺乏地理常识又忽略了《三国志》的记述的大漏洞，一般读者不留神，也就被他蒙蔽了。过五关，斩六将——实无其事！

高盛麟饰演的关羽

长期以来，在相当一部分观众的心目中，有意无意地把一些艺术形象和历史真实混为一体，真伪莫辨了。就是在演艺界中，也不乏将艺术与历史等同起来，或者唯知刻意追求艺术，而并不深刻了解形象之所由来，导致了艺术实践中不可避免地在塑造人物形象时，单纯模仿和复述，而很少有严格的继承与创新。

《中国京剧人物形象》正是从这个基础入手，通过对一批京剧著名剧目内容的详细介绍，对各类行当人物的脸谱与扮相的艺术含义进行阐释，同时，依照二十五史顺序，每个朝代都选了一些名剧，对剧中的主要人物，依照正史及其它可靠史料，进行翔实的介绍与考辨。而对于以神话故事或民间传说为题材的戏剧，我们也介绍了它的产生与嬗变，意在从艺术与历史两个方面给读者提供一个清晰的分野，同时也为演艺人员提供一些剧中人物的真实历史资料，以资其在塑造艺术形象时参考。庶几为振兴京剧走向世界略献绵薄。

《中国京剧人物形象》
胡国珍 施妮娜 著 李直 译

荒诞犹如阿尔比

爱德华·阿尔比（1928—2016），美国著名剧作家，三次获得普利策奖，两次获得托尼奖。

阿尔比是谁？

爱德华·阿尔比（Edward Albee，1928—2016），美国剧作家，生于华盛顿。出生两星期后为富家收养，养祖父拥有多家剧院，因此，阿尔比在童年时期就时常接触剧坛名流。他年纪很小就开始显露出文学创作的兴趣，12 岁开始写诗，接着写剧本。他在三一大学就读一年，期间演过麦克斯韦尔·安德森的戏，因此，熟悉了剧坛名流以外的另一面。

1958 年阿尔比写成《动物园的故事》，送到纽约多家剧团，未被接受，后来由朋友送到欧洲，1959 年 9 月在柏林首演，接着在德国许多城市上演，1960 年在普罗文斯剧场上演，此剧使他名声鹊起，但也招来不少批评。1962 年，《谁害怕弗吉尼亚·伍尔夫？》使他大获成功，获纽约剧评奖，并被评为该演出季的最佳戏剧，后来又成功地改编成电影，被公认为阿尔比最杰出的剧作。

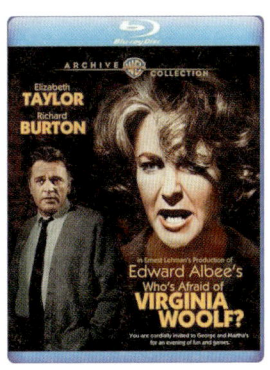

电影《谁害怕弗吉尼亚·伍尔夫？》海报
（又译：《灵欲春宵》）

阿尔比是第二次世界大战后美国重要的先锋戏剧家，其在美国文学史上的地位堪与尤金·奥尼尔、田纳西·威廉斯、阿瑟·米勒媲美，是美国荒诞派戏剧的代表剧作家，具有重要地位和影响力。阿尔比初露锋芒时尤金·奥尼尔已经早逝，田纳西·威廉斯和阿瑟·米勒创造力明显衰竭，鲜有能引起戏剧界轰动的作品问世。阿尔比在美国戏剧界濒临崩溃之际，将欧洲荒诞派戏剧写作技巧引入美国，以其旺盛的创作力，强烈的社会责任感,多面独到的写作风格、创作技巧,迅速承担起挽救美国戏剧危机局面的重任,成为美国60年代新崛起的青年一代著名剧作家。

阿尔比的戏剧创作生涯超过半个世纪,他创作的戏剧作品多达30余部,他因为《微妙的平衡》(1966)、《海景》(1975)和《三个高个子女人》(1994)三次获得普利策奖,两次获得托尼最佳戏剧奖。对于这样一位有影响、有地位、有价值的当代美国戏剧家,我们研究则颇不尽人意。迄今为止,阿尔比的戏剧作品仅9部被翻译到中国(《动物园的故事》《美国梦》《沙箱》《谁害怕弗吉尼亚·沃尔夫》《贝西·史密斯之死》《欲望花园》《三个高个子女人》《山羊或谁是西尔维娅》《在家,在动物园》,仅为阿尔比全部剧作的三分之一),除了零星分散的研究论文外,没有专门研究阿尔比的著作问世。

阿尔比的戏剧观

阿尔比认为戏剧有两项任务:一个是剧作家应该尽量不去粉饰现状,而要尽力改变社会,承担起作为人的社会责任;另一个是剧作家必须更新戏剧形式,承担起拯救戏剧危机的责任。

阿尔比认为剧作家的任务:"其一,使观众对自己的社会环境有所认识(即对人类状况做出某种说明,变革社会);其二,对他使用的艺术形式做出某种说明和改革"。

话剧《欲望花园》海报

爱德华·阿尔比

阿尔比的戏剧创作

阿尔比的戏剧集中描绘的是美国中产阶级的生活方式,他对这种生活方式感到悲观,但还没有完全绝望。他的作品写的就是失落,是人的价值的失落、亲情的失落,还有人的机能的衰退、家庭的破碎。这一切正如他的一部剧作的标题:《都结束了》(1971)。

阿尔比在其作品集前言中将自己2003年之前创作的全部作品分为:早期作品主要是1958—1965年创作的作品,中早期作品主要以1966—1977年间创作的作品为主,中晚期主要是1978—2003年间的创作。

1. 早期戏剧创作（1958—1965 年）

20 世纪 50 年代末期到 60 年代中期是阿尔比早期戏剧创作时期，此时期阿尔比大胆反叛美国传统写书主义戏剧创作手法，引进反戏剧的欧洲荒诞派创作技巧，通过表现美国中产阶级的家庭暴力、家庭伦理扭曲表现美国社会内部的腐化和没落，反映现代社会人与人间的隔膜，人的孤独、异化，现代社会人类存在的荒诞感、痛苦感。阿尔比早期创作从题材上讲主要以家庭婚姻题材为主，如《美国梦》《沙箱》《小爱丽丝》《谁害怕弗吉尼亚·沃尔夫》；从创作手法上讲主要以荒诞剧创作风格为主，如《动物园的故事》《美国梦》《沙箱》等。尽管《贝西·史密斯之死》《法姆和扎姆》（此剧后被阿尔比抛弃）有写实主义的痕迹，并且取材于现实，但整体写作风格依然是荒诞剧创作特色。

英国著名剧评家马丁·埃斯林在其著名理论著作《荒诞派戏剧》中认为阿尔比的《美国梦》"是美国对于荒诞派戏剧做出的首次贡献"。而阿尔比坦诚《美国梦》是对尤奈斯库的模仿，没有尤奈斯库的戏剧，阿尔比不可能创作出荒诞风格的《美国梦》。阿尔比认为《美国梦》的异化程度远超越尤奈斯库的《秃头歌女》等短剧，《沙箱》则是对贝克特情节结构风格的模仿。

《伤心咖啡馆之歌》海报

此时期阿尔比戏剧的重要代表作品是《谁害怕弗吉尼亚·沃尔夫》，该剧是阿尔比首部三幕剧，体现出阿尔比戏剧创作的总体特征，从主题和创作手法两个方面继续阿尔比美国荒诞剧的创作特色。该剧在形式上戏仿宗教仪式，即是对宗教仪式的嘲讽，同时也是对人们精神灵魂上的一次洗礼；在内容上通过一次午夜狂欢聚会，围绕两对大学教授夫妇相互指责、相互攻击、相互暴露隐私而展开剧情，表现出婚姻关系、真实与虚幻之间的关系、物质文明与精神文明之间的关系等方面的矛盾现实，揭开美国社会普遍的婚姻、民主、文明等方面虚伪的面纱。

阿尔比早期戏剧在美国戏剧界影响很大：一方面，阿尔比将荒诞派戏剧引入美国，打破了美国现实主义戏剧的传统；另一方面，阿尔比革新了美国百老汇演出商业剧的娱乐化、庸俗化倾向。

2. 中期戏剧创作（1966—1976 年）

20 世纪 60 年代中期到 70 年代中期是阿尔比戏剧创作的中期阶段。此时期阿尔比的戏剧创作以荒诞派、现实主义、实验手法交织并存的先锋剧创作为主。此时期阿尔比戏剧加强形式上的实验倾向，导致作品晦涩难懂，观众和剧评界对阿尔比戏剧形式实验风格十分不满，尤其是作品《小爱丽丝》的神秘、费解，以及从形式到内容流露出的实验性倾向导致演出失败，美国戏剧界对阿尔比的热情骤减，标志着阿尔比惊动人心的早期戏剧时期的结束。尽管如此，阿尔比却在该剧演出失败和被抵制的过程中，逐渐意识到自我固定的戏剧模式：主题上主要以家庭伦理主题为主，形式上固有的荒诞剧创作形式，戏剧人物主要是二元对立固定模式。阿尔比并不指望通过创作观众习惯并喜爱的阿尔比戏剧模式讨好观众，开始尝试着突破自己固定的戏剧模式，不断强化其戏剧创作中的实验倾向。阿尔比创作了从形式到内容实验性更强的《马尔科姆》，该剧标志着阿尔比中期戏剧创作的开始。

3. 晚期戏剧创作（1980- ）

20 世纪 80 年代是阿尔比戏剧创作生涯中第三个阶段。在这期间，阿尔比开始逐渐重建自己的生活和在戏剧舞台上的声誉。阿尔比晚年如同奥尼尔，非常高产，极有创造力，但 80 年代初期批评对他有了更多的恨意。在观看了阿尔比 70 年代中期到 80 年代早期的戏剧之后，大部分批评家认为阿尔比戏剧形式的创新是失败的，不少剧本形式创新，内容却毫无新意，甚至肤浅。尽管阿尔比在戏剧界的重要地位毋庸置疑，但此时期没有剧本可以超越其早期戏剧的表现力度。阿尔比本人也很苦恼，不断在尝试突破，不断被批评界攻击，此时期创作的戏剧演出多以失败告人终。此后十多年间，阿尔比在纽约都是不受欢迎的剧作家，直到 1993 年《三个高个子女人》获得好评后，阿尔比才在批评界和观众那里重新获得声誉。

爱德华·阿尔比 摄影 邓伟

阿尔比与荒诞派戏剧

二战后的美国剧作家不可能不受奥尼尔的影响，但对阿尔比戏剧影响最大的还是欧洲荒诞派戏剧。阿尔比是美国戏剧界继阿瑟·密勒和田纳西·威廉斯之后最有影响的人物，其戏剧创作风格多样化，美国剧评界有人认为他是现实主义剧作家，有人认为他是存在主义剧作家，也有人将他归为荒诞派剧作家，阿尔比本人认为自己是折衷主义者。

阿尔比给荒诞派的定义是：

让我来对荒诞剧派下个定义。据我看，荒诞剧派是对某些存在主义和存在主义后时代哲学概念的艺术吸收。这些概念主要涉及人在一个毫无意义的世界里试图为其毫无意义的存在找出意义来的努力。这世界之所以毫无意义，是因为人为了自己的"幻想"而建立起来的道德、宗教、政治和社会的种种结构都已经崩溃了。

《爱德华·阿尔比戏剧研究》

樊晓君 著

村村建"庙"为哪般？

村落的布局看似凌乱，实则与村落的地理环境、宗教信仰、风俗习惯等具有重要关联，村落的选址及村中神庙、民居等建筑的布局无不考虑到地质、地貌、日照、水文、气候、风向、景观等各方面因素影响，如何合理安排各种建筑的布局结构，这其中深刻体现出中国传统文化中宇宙观、自然观、审美观在民间村落的实践化。人们通过长期的生活、生产实践，不断总结经验，逐渐总结出一套夹杂着迷信思想的"风水学"，民间称之为"堪舆学"，为人与自然之间和谐相处提供了参考，架起了一道桥梁。

朱岸林《传统聚落建筑的审美文化特征及其现实意义》中指出"聚落是由居住的自然环境、建筑实体和具有特定社会文化习俗的人所构成的有机整合体"。西李门村与良户村均属多种姓氏血缘关系杂居的聚落形态，是中原地区农耕社会杂姓聚居的典型代表，均体现出传统的"以农为本，以商为末，以仕为宗"的"耕读传家"理念，其村落布局无不体现出传统的"风水"观念。

上党地区各县区示意图

一、民间村落"风水学"中"补风接脉"观念根深蒂固

早在明代上党地区村落对神庙"补风接脉"的功能就已非常重视，黎城县西柏峪村观音堂明隆庆元年（1567）《新建观音堂记》云"潞安府古黎西百谷村信士男善士李文强见得本村釐祀贱范，风水不顺，谨发虔心久，同本村众善人等同共商议，喜舍资财，起建观音堂一所，保佑本村众善人民平安如意，风调雨顺，永远吉祥，万民康泰，增福延寿"。迨至清，"补风接脉"之风有增无减，壶关县集店乡土河村乾隆三十六年（1771）《修南北阁碑记》载："语所谓地灵人杰者，讵可概为抹却？特不可全恃风脉之说，委挪人事于隔外尔。……今北阁移置下冲，以补西缺"；高平市原村乡下马游玉皇庙道光二十三年《禁止开窑盗树碑记》载："重新整理庙貌，开设神道，通顺气脉，周转一方人等，祈福保安。……止窑添宝，地脉宝而灵机生焉，培植天地之灵气，是以若波灌溉也。果能同心合德，效法郭老之遗风，饮且食兮寿而康，无不兮树有望，大则能以藏风，小则能以聚气，何常地之无树焉"，主张补风接脉，藏风聚气，且与自然环境和谐相处，追求"天人合一"的理想境界，西李

平顺县九天圣母庙俏舞亭（舞楼）

门村与良户村皆为"背山面水"的理想格局就是这一观念的直接体现。关于神庙在村落中的布局，也多有镇位功能，西李门村西玄帝庙康熙五十五年《重修玄帝庙记》载："爰是西顶社首牛腾霄等，夙夜旦服，辗转反侧，不觉跃然以起群相兴曰：'帝出乎震，齐乎巽，相见乎离，镇位乎坎。庙宇颓败，何堪至此？'"。以庙宇的修缮来达到对村落风水的修整。良户村大王庙道光十八年（1838）《大王庙创修前院碑记》载："位居离宫，大河临其前，不诚巍巍然也哉！"民国十七年（1928）《大王庙补修碑记》亦载："镇位离宫，负山带水"。可见在村落东南隅水口倒座方位上建立大王庙，也是出于镇位功能的思考。所以，村落庙宇及民居的布局安排不是杂乱无章的，是依据村落具体地理环境、宗教信仰等因素所决定的，在"风水学"大规则下各村落都具有因地制宜的特殊布局。

高平市神农镇中庙村（下台村）炎帝中庙金元

二、神庙布局与治安防范密切关联

村落神庙格局除讲究风水外，还与治安防范密切关联。姚春敏女士《清代华北乡村庙宇与社会组织》中指出"在泽州，几乎所有的阁都起着村落治安防范的功能"。如良户村蟠龙寨东南隅的蟠龙阁，是当年田驭远、田逢吉父子为抵御流寇入侵而专门修建的防御式阁楼。阁楼高三层，一层出门洞外全部砌封，二层四面各辟一窗，用于瞭望，三层南北向各辟窗三孔，门额题曰"接霄汉"，是良户村乃至蟠龙寨的最高建筑。从实用功能看，一村多庙，分布村内多处，如晚间神庙内不熄照明，均有专人守庙，可大大提升社众安全感。

三、一村多庙与泛神信仰的盛行密切关联

造成明清之际村落中神庙广泛分布的主要原因是民间信仰传承的保守性、层积性以及民间"泛神信仰"扩张的功利性所致。充分体现出明清两际村落宗教信仰多元化的倾向，体现出儒、佛、道三教信仰在村落中和谐共处，相容相生的历史面貌。其实三教融合早在唐宋时期已经出现，只是越到后期，其民间化程度越高，正如余英时先生所言"唐代中后期兴起的新禅宗、宋代出现的新儒学（理学）和两宋之际兴起的新道教鼎立而三，都代表着中国平民文化的新发展，并取代了

高平市西李门村二仙庙金正隆三年（1158）"献楼"基座

唐代贵族文化的位置"。所以，民间村落宗教信仰并非泾渭分明，广大社众往往遇仙便求，逢神即供，见佛则拜，只要

神灵"有求必应"即可，这恐怕是村落内神庙林立主要原因。西李门与良户村的神庙分布便是上党村落多神信仰的最好注脚，两村中都有佛教寺院或庵堂，如西李门村中部有风华寺，村南有观音堂，良户村蟠龙寨有佛堂，村南有观音堂。道教宫观也早已驻守两村落之中，西李门村南真泽宫，至迟金代创建，村中还分布有玉皇庙、玄帝庙等道教神灵庙宇；良户村玉虚观亦为金元时期道观，村北亦有玄帝庙一座。儒教是否为宗教，至今尚有争议，但儒教思想则早已渗透在民间村落的各个角落，其忠孝节义、礼乐秩序理念体现在民众生活的方方面面，西李门村现存一座文庙，较为罕见，此庙实为旧时乡学。

高平市寺庄镇王报村二郎庙平面示意图 王潞伟绘

缘于宋时程颢任晋城县令兴学遗风所致，后世官员多有借程颢之迹兴办乡学传统，西李门文庙便是在原乡学基础上建立起来的，无不体现出儒家以教化为核心，重视科第，积极入世的思想。良户村仅田氏家族，就培养出田逢吉顺治十二年进士（1655）、田光复康熙三十六年进士（1697）、田长文康熙五十一年进士（1712）三位贡进士和多位举人。就高平地区而言，清代便有三位阁老，除良户村田逢吉外，有伯方村毕振姬顺治三年进士（1646），孝义村祁贡嘉庆元年进士（1798），可见当地重教兴学、入仕建功之风盛行。再者，儒家奉行"天地君亲师"的礼节秩序，其中"祭祖"仪式在民间最为盛行，且村落之中纷纷建立家庙宗祠，南方江浙、闽湘地区更为盛行，北方氏族宗祠相对薄弱，但也有少量遗存，如西李门村现有史家宗祠，仅存正堂三楹，良户村田氏宗祠"室接青云"，整体布局为四个三合院组合而成的"田"字格局，东侧为宗祠，分前后两院，西侧两院为书院。另外，还有一些民间俗神庙宇分布于村落之中，如良户村九子母庙、白爷宫、奶奶庙等，多与社众生活密切相关，且出于功利目的所建的俗神庙宇。

数十座神庙分布于村落的格局，与长期以来村落民众"守故纳新"的信仰观念密切相关。仔细梳理我们便知，村落中数十座庙宇并非一时所建，而是随着时代的变迁、各种宗教神灵信仰的盛行，逐步在乡村社会普及渗透的结果，所表现的地域性也比较明显，如早在宋元时期，西李门村社众与周边民众均以村南二仙岭上的真泽宫为主要祭拜之地，村落内部还未曾出现较大规模的神庙建筑。同样，良户村则以村西松蓬庙（早期为汤王庙）以及金元时期创建的玉虚观为主要祭拜之地。至明清村落内玉皇庙、关帝庙、玄帝庙、文庙、魁星阁，甚至佛堂寺院、观音堂等纷纷兴建于村落之中，体现出一种多神崇拜的思想理念。于此同时，神庙剧场作为民众敬神演剧的重要载体，成为一些神庙建制的礼制配置，纷纷创建，廖奔先生认为"中国神庙的演戏功能在晚期竟然成为它的主要功能之一，神庙建筑结构也和剧场结构形成不可分离的一体，这在世界上也是独一无二的"10。王萍女士《明清以来甘肃神庙戏场考察》中指出"戏场与神庙一起建构了民间祭祀空间，无疑拓展、丰富了民间表达情感的途径，对民众日常生活产生了深刻影响"。所以说，从神庙剧场创建缘由角度分析，一些神灵信仰在民间的普及与物化（神庙创建）以及敬神演剧的客观需求是神庙剧场广泛分布于广大城乡村落的主要原因之一。在神庙剧场这个特殊的祭祀空间中，人与神之间通过神庙、剧场、祭拜演剧等媒介得以巧妙的沟通，高平市寺庄镇贾村炎帝庙道光四年(1824)《建修舞楼碑》载："今而后有斯舞楼，玉振金声，清歌雅韵，神之听之，终和且平，是所祈于神之默佑兹土于万世者"，所谓"神依人而血食，人敬神而知礼，神人之相须久矣"。可见神庙剧场作为祭祀活动的特定空间，在祭拜演剧活动中向神灵表达敬仰膜拜之情，王萍女士认为敬神演剧是沟通人、神的一种不可或缺的方式，这种祭拜礼仪与敬神演剧活动直接参与了神圣叙事的构建，"正是在这个特殊空间里，表演与祭祀仪式、表演与神庙相互依存，互利共生的叙事形态埋怩地表征着民间神庙戏场合法存在的价值和意义"。以致神庙剧场这一公共空间成为村落内集信仰崇拜、宗教祭祀、承办社事、制定社规、节令狂欢等多重事项的多功能场所，极富传统民俗文化意蕴。这种专门用于献演戏曲的祭祀空间的开辟以及神庙演剧习俗的传承，为村落戏班的组建与发展提供了良好的土壤，这也是上党地区多数村落组建有"自乐班"重要原因之一。西李门村便有村落戏班，其创建年代，不可考。据村主任张勇跃讲述，自迟清代末期便有村社戏班，民国时期以及解放后还有演出，主要成员为牛明德、焦土福、牛小根、毕小根、王全胜、司红肉、张和平等，共计五十余人，演出剧目多为上党梆子、上党落子剧目，"文化大革命"时期也曾排演过样板戏。而良户村王家在民国时期也组建过戏班，上党梆子著名须生郭金顺曾在此班谋生。由于郭金顺父亲郭生生是旦角演员，郭金顺从小就对上党梆子耳濡目染，后师从赵清海，演艺水平大步提升。出师后先后效力于"常关班"、苏庄村永顺班、伞盖村公益班、三乐意班、靖居村万亿班、王教村三义班、壶关三乐班等，成为上党小有名气的角儿。高平市石末乡晁山村兴龙山白龙庙剧场有民国期间舞台题记曰"民□二十四年 (1935) 二月初六□，万亿班与公顺班对担的行头，□□□白驴对个平和"，栗守田先生据此考证万亿班与公顺班在此演对台戏，公顺班"白驴"当为靳伯庐，其对手当为万亿班郭金顺。

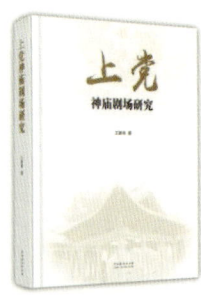

通俗的讲，一些神庙在祭祀过程中往往将戏曲演出作为礼节程序中重要"祭品"，敬献神灵，故多数庙宇都配制了固定的演出场所，成为神庙格局的一种礼制形态表现，并得以广泛推广。

《上党神庙剧场研究》 王潞伟 著

名叫"死"的伟大演员——塔杜施·康铎

"这些都是我的武器:想象力、童年的记忆、贫穷、孤独与一位不时萦绕在头顶,名叫'死'的伟大演员以及她的竞争对手——'爱'。"

塔杜施·康铎(Tadeusz Kantor,又译塔德乌什·康托尔,1915-1990),是波兰著名艺术家。他涉足多个艺术领域,兼具导演、编剧、演员、戏剧理论家、舞台设计师、画家、偶发剧/艺术实践家、视觉艺术家等多重身份。

康铎也被公认为是20世纪戏剧界的旗手与先锋艺术的领军人物。有人甚至将其与斯坦尼斯拉夫斯基、格洛托夫斯基、梅耶荷德等戏剧表演理论大师相提并论。

若想比较准确地理解康铎作品的精神内核,我们一定先要了解他的成长经历及其所处的历史背景。

康铎出生在"一战"最前沿的维罗波利小镇,当时被奥匈帝国占领,直至波兰独立,才重又归波兰管辖。而他的父亲自参军后就再也未归,祖国、民族、故乡、家庭的际遇都对幼小的康铎产生了深远的影响,这在其成年后的创作中都有所体现。

杜尚在战后成为了康铎的偶像,他赞成艺术作品应具有"不可分割性",提出"戏剧是最精致的美术,因为它处于艺术与生活两者之间"。为整合不同门类的艺术,康铎绝不同意将戏剧置于绘画的末流,他认为"戏剧必须懂得如何从永不枯竭的激进主义绘画中汲取养分"。

康铎所说:"在(我的)戏剧中,只有观众是活着的唯一生物。"

基于"死亡戏剧"这一观点中,康铎主张人偶比演员更加可靠,尤其是在体现舞台的现场感方面。他写道:"只有死者才是值得注意的。为了拯救戏剧,它必须被破坏掉。所有不能表现(舞台)艺术的男女演员必须罹患瘟疫而死去。"这与戈登·克雷的"超级人偶"以及梅特林克的戏剧思想不谋而合,但康铎与两者又有明显的相异之处。因为康铎从不追求逼真,也就不必为达到逼真而做出妥协。康铎相信,只有通过死亡之路,才能在艺术作品中把握生命的意义,并在其戏剧道路上看到"去物质化"的过程。而偶人,并非随意之作,在《落汤鸡》、《鞋匠》中,偶人是形而上的延伸——仿佛演员长出了额外的器官,而这些器官又成为了他的主宰。与之相反,比如《巴拉蒂娜》中的人偶因存在的完整性获得了高级意识,此时偶人带有明显的死亡印记。

康铎逐渐形成了自己独特的"死亡戏剧"风格,以《死人班级》为代表,《维罗波利,维罗波利》、《让艺术家去死吧》、《我永远不会回来》、《昨年旧雪今何在?》均为他赢得了巨大的声誉。

Tadeusz Kantor, Kantor's chair

除"不可能戏剧"外,康铎还构思了"不可能雕像":一把巨大的椅子,一件纪念碑式的雕塑作品——去除一切审美价值的雕塑。康铎将此作品分别在南斯拉夫维拉卢卡和奥斯陆艺术中心博物馆进行室外展出,用以表现自己的艺术主张。及至1995年康铎去世5周年时,《椅子》在波兰第三次展出,它才终于回到了作者的故乡。

《邂逅康铎》
(波)克利史托弗·密克拉谢夫斯基 著 黄觉 译

浓墨重彩，如意昇平

如意馆是从乾隆元年以绘画供奉于皇室的机构，它所辖的是以绘画为主的画家们，顾又名"内廷作坊"。康雍乾三朝隶属皇帝管理，而随着清朝日渐衰落，同治、光绪朝始，如意馆隶属于内务府造办处。

清 佚名 《万国来朝图》

按照齐如山先生的话来说，在康乾盛世，如意馆其意思几乎是与翰林院并重的。翰林院乃为国家储备学问人才的衙门，如意馆自然不能比拟。但若按照书法说，实在是可以相提并论的，翰林院是个提倡书法的地方，如意馆是个提倡画法的地方。

清 郎世宁 《百骏图》

如意馆画师的入宫主要通过举荐和考试两种途径，其职责是以绘画为内廷皇族及各处行宫服务，其创作的主要是御容像及用于室内或消遣观赏的绘画；晚清宫掖画家入宫主要是通过地方官员举荐的形式，其职责是向慈禧传授画艺和为慈禧代笔，其创作主要是一些具有寓意的花卉鸟禽。郎世宁、禹之鼎、戴恒、邹文玉、唐岱等宫廷画师，均是出自如意馆。

在宫廷中供职的画家，绝大部分为来自民间的职业画家，另外还有若干欧洲来华的传教士画家。画家无专门职称，康熙、雍正时称为"南匠"，乾隆时改称"画画人"。画家分派在各宫殿作画，称为"某某宫"画画人，见于记载的有"慈宁宫画画人"、"咸安宫画画人""礼器馆画画人""春雨舒和画画人"等。

纪实绘画是清代宫廷绘画创作的一个重要种类。纪实绘画中的人物肖像、服饰、武备、仪仗、阵势、舟车等的描绘具体写实。具有极高的史料价值。部分山水、花鸟往往描绘塞外景物，在题材上有新的开拓。随着明末清初的"西学东渐"之风，一些欧洲画家开始在清代宫廷供奉；欧洲传教士画家带来的西方绘画技法，中西合璧的画风，在传统画风之外，别具风格。

然而清代宫廷绘画作品与过去各代画院绘画作品一样，宫廷富贵气息浓厚，用笔细密繁琐，色彩浮华艳丽，格式严整少有变化，这些均是它的弱点。

康雍乾时，宫廷画家们以纪实手法创造了大量帝后御容像以及反应战争、民族交往、宫廷观赏物、藩国朝贡物等方面的画作。而同、光时期，纪实绘画远不如前朝兴盛，其

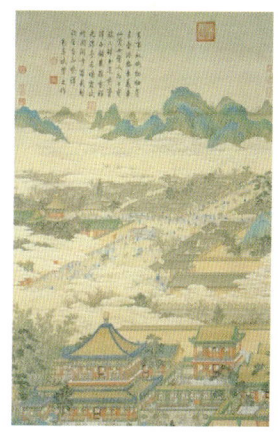

清丁观鹏 《太簇始和图》

创作主要集中在御容像、宫廷观赏物、得胜战图和戏曲画等方面。而清昇平署戏曲人物扮相谱，是清末如意馆供赏玩画作的典型代表。

昇平署扮相谱中，一幅幅浓墨重彩的画样皆无画师的题字落款，这也正是宫廷奉旨作画的一大特点。

与如今天马行空的艺术家不同，宫廷中供职的画家决不能随心所欲地按照自己的意愿、趣味和想法进行绘画创作，处处需遵守皇帝之命。如意馆画师画什么，由谁画，画的尺寸大小、质地以及落款的格式等等都要由皇室通过太监直接指定。

从画法与风格上考证，《昇平署戏曲人物扮相谱》原是光绪年间，命如意馆制来给慈禧太后赏玩用的。数量在五百余幅，皆是从庚子之变至溥仪出宫前这段时间从宫内流散出去。曾先后被国家图书馆、首都博物馆、梅兰芳先生、傅惜华先生等，及京、沪私家先后收藏。

还有个有趣儿的地方。这些戏画中的剧中人物的名字常有写错者。如《艳阳楼》中的秦仁，在册页中写成了"青任"，《樊城》中武城黑写作"乌成黑"，这很可能由于画师中有不是京师人者，仅求音似；还有时画师对戏文或历史不甚熟悉，故才将剧中人物名字写错。例如《庆阳图》李广误作"李虎"；而有时的错写则是有意避讳，如《牧羊卷》"指羊为马"作《牧马卷》，只因慈禧太后生肖属羊，应为写字人所避讳；再则古今语言文字的写法本身已发生变化，如"拏嗟"即是哪吒。在中国戏剧出版社出版的《清昇平署戏曲人物扮相谱》中，戏曲人物的扮相说明，均按今通行写法，详尽地呈现在赏作人眼前。

《清昇平署戏曲人物扮相谱》 定军山

《清昇平署戏曲人物扮相谱》 贾家楼

这些精美绝伦的乱弹戏画，凝结着众多无名画师的心血，不仅是清代宫廷画卷中绚烂的一笔，从现代的研究看，更是史料价值与艺术价值兼具的档案资料，是当今宫廷乱弹史料最直观的一组文献。

从"凤头、猪肚、豹尾"看两代人的剧本创作

业内有一种说法：有的剧本拿起来一看，就知道编剧是谁谁谁。这一方面说明这个编剧是有成就的，他的作品有着鲜明的风格。另一方面，这又可能成为一种桎梏。

电影《归来》宣传照

张艺谋的电影《归来》首映时，张与莫言有一个对谈。谈起《归来》与《红高粱》的比较，莫言说："《红高粱》艺术技巧上有遗憾，但是有青春朝气、火一样的精神，在《归来》找不到了。《归来》是静水深流，一切都压到底下去了。看《红高粱》，你可以翘着脚看，《归来》得安安静静用心看。很怀念《红高粱》那样不成熟却很张扬的东西，但是一个大师的发展都是慢慢由张扬到内敛、由外到内的。"

电影《红高粱》宣传照

动辄给人一种风格定式、发展定式，并不符合实际情况，张艺谋后来的《三枪拍案惊奇》也是很张扬的。给人画像容易，说他不是这个样子、就是那个样子往往就错了。

电影《三枪拍案惊奇》宣传照

大师可以很高深，也可以很广阔。很多艺术家包括张艺谋也总是在努力地突破自己，真正高超的艺术追求，是要能够根据不同题材的需要，采取不同的风格且都能创作出精彩的作品。

编剧不要用任何风格来束缚自己，要向风格要自由，放任自己在风格上的想象与狂野。当你考虑作品风格的时候，不要追逐前人的或你自己的风格，要追求作品的风格，追求这一部剧本这一个故事的风格。作品成功了，作品风格就是编剧的风格。好剧本的标准可以很多，最基本的，是好看，具有意义与价值，而不是风格突出。

(以上内容摘选自《凤头、猪肚、豹尾——影视剧本与小说创作入门》)

本书全面介绍这些经验、规律和技巧，告诉你什么是剧本，什么是好剧本什么是差剧本，怎样写剧本，写什么剧本，怎样写好剧本，带你走进影视编剧看似神秘的庭堂。与此同时，本书介绍的经验、规律和技巧，大部分与小说创作血脉相通，帮助你成为剧本、小说两栖作家。

作品的风格是多种多样的，那么在进行剧本创作时，又有哪些讲究呢？其实无论是写古文、写小说，还是写剧本，老前辈们总结出一个大致的写作规律，建议文章要写出"豹头、熊腰、凤尾"。下面我们来看看焦菊隐先生对写作规律是如何理解的。

关于文章的写作，各地流传的说法不一样，有的说是"凤头、龙尾、猪肚子"，有的说是"龙头、猪腰、豹尾"，意思都差不多。不过我觉得还是"豹头、熊腰、凤尾"的说法较为准确。

焦菊隐（1905—1975），我国导演艺术家、戏剧理论家、翻译家，北京人民艺术剧院的奠基者之一。

怎样写"豹头"

先写一个"由头",让观众知道这出戏里要接触的是什么问题。把全部局势交待清楚,故事情节无论是怎样发展,也无论发展到多么复杂的地步,都能使观众明白。观众也能在剧情发展过程中,随时都感到兴趣。

《三国演义》一开始就写道:"话说天下大势,分久必合,合久必分。"这就是作者提出的由头。我们现在姑且不去批判这种思想的正确与否,但这个由头确在指导着作者全部小说的写法,也在指导着读者的读法。

怎样写"熊腰"

剧情的发展,最好能一环套一环、一扣套一扣,像个九连环。作家用合乎生活情理的偶然事件与必然事件,把故事编织起来,在这中间,又把主要的事件突出强调起来,就能吸引观众。现代西方剧作家,喜欢罗列富有戏剧性的现象,使观众自己去寻找它们的内在联系,寻找它们的逻辑性。我国戏曲作家,善于写出合乎生活逻辑的故事情节来,使观众感觉到它们的意义,因而也感到它们的戏剧性。

京剧《四进士》剧照

《四进士》的情节安排就是这样。从杨春买妻,引出杨素贞与他的矛盾,遇上毛朋私访,发现了冤情,替素贞写状。杨春撕毁了婚书,与素贞结为兄妹,愿意帮助她去申冤告状。路上兄妹分散,素贞遇上流氓,流氓又遇上爱打抱不平的宋士杰……这样发展下去,事件越来越复杂,人物越牵涉越多,矛盾越来越大……"豹头"于是便自然而然地发展成为"熊腰"了。

怎样写"凤尾"

　　文章讲究前后呼应,戏剧也要首尾呼应。"豹头"提出单一而醒目的题目,"凤尾"也要使"熊腰"复杂错综的线索,重归于单一,再一次使观众醒目,给由头做个交代,并且把由头的思想性大大提高一步。

京剧《四进士》剧照

　　《四进士》开头提出了一个反对贪官污吏的问题,结尾处除了交代了贪官污吏的下场以外,还把提倡"公正廉明"的题目,引领到不畏强权、为正义而斗争的思想。这就使得全剧的结束,像凤尾一样翘然挺立。

(以上内容摘选自《焦菊隐戏剧散论》中《豹头·熊腰·凤尾》一文)

焦菊隐先生是北京人艺艺术风格的探索者,也是创始者。本书编辑收录了焦先生有关戏剧著作中最为精粹的部分,详细论述了话剧与戏曲之间的关系、关于对他本人导演的几部戏的阐释、有关涉及演员的表演问题以及怎样去理解和运用斯坦尼演剧体系。

　　老前辈们传授的文章要写出"豹头、熊腰、凤尾",是从我国传统文学作品中总结出来的写作规律,同时也说明,这个规律的形成也是由于广大群众的欣赏习惯提出了这种要求。

　　好的故事和人物,不是通过技巧产生的,只是通过技巧完成的。编剧的任务,就是把某些突出的生活片断、某些事件、某个理念、某个人物,用丰富的想象力连接起来,成为一个完整的、感人的、充满矛盾冲突的、表现了深刻生活本质与人物丰富内心世界的故事。

焦菊隐：演员如何创造角色

焦菊隐（1905—1975），我国导演艺术家、戏剧理论家、翻译家，北京人民艺术剧院的奠基者之一。原名焦承志，笔名居颖、居尹、亮俦，艺名菊影，后自改为菊隐。生于天津，1928 年毕业于燕京大学。后曾任北平第二中学校长，1930 年创办北平中华戏曲学校，为京剧界培养了一大批表演艺术家。1937 年获巴黎大学文科博士学位，期间博览欧洲戏剧，对东西方戏剧进行了集中的研究与比较，为他后来的戏剧主张奠定了坚实的基础。回国后历任广西大学、广西教育研究所、国立戏剧专科学校、重庆社会教育学院、西北师范学院、北平师范大学教授，北京师范大学文学院院长，北京人民艺术剧院副院长、总导演。全国第二、三、四届政协委员。代表作有：《龙须沟》、《虎符》、《茶馆》、《智取威虎山》、《蔡文姬》、《胆剑篇》、《武则天》、《关汉卿》等名剧。

焦菊隐先生

我想谈谈演员接到剧本后如何做准备工作以及在创造过程中演员需要注意的几个问题。我是爱作为一个普通观众来看戏的，人家悲我也悲，人家笑我也跟着笑，可是我看第二遍时就不是在享受，而是"鸡蛋里挑骨头"了。

我看了两遍你们演的《钗头凤》，觉得你们演得很好，演员的分寸准确极了。斯坦尼斯拉夫斯基说过，话剧是一门科学，是需要准确的。但是如果不管演多少遍，也都是一丝不差，那就存在一个问题：缺少应该与同台演员交流的各种适应。

关于如何分析剧本的问题，有这样一种情况：导演和演员虽然在排演前都做了分析，可是所分析的东西往往在排演场用不上。导演忘了，演员也忘了。排戏和最初的分析不一样了。从一九五八年后，全国普遍存在这样一种情况，有些人反对演员写自传，于是就都不写了。这是不对的。当然，有些人写自传，把祖宗三代都写上，这是没有必要的。可是像了解陆游的祖辈是干什么的，对演陆游还是有用的。对静因就没必要这么写了。前几年我在北京市文代会上说过：戏曲界演宫女的也写起自传来了，这对表演有什么用呢？同样，像《钗头凤》最后一场演小吏的写自传有什么用？

焦菊隐 1951 年导演的《龙须沟》

桌面工作还是很重要，问题是桌面工作不能只做一次。因为你不可能在拿到剧本的一个星期，对人物的认识就完全清楚了，必须是在排演过程中才能逐渐理解的。你如果关着门创造陆游，那势必就导致演主观规定的东西，用身体来模仿你所规定的东西。你必须要在排演场上证实一下你所分析的东西，哪些准确，哪些错误；哪些深刻，哪些肤浅；然后回过头来再作分析。因此，要桌面——排练——再桌面——再排练，如此往复循环的过程，就能发现在未排演前的最初分析有许多不足，甚至是错误，再创造就会有新的东西了。因为只作一次分析，你不可能十分了解剧本，你没有在排演场和人物发生关系，一切全凭主观想象，怎么能够那么准确呢？

写自传对演员创造人物还是有用的，问题在于你怎样写。必须根据剧本来写，根据你对剧本的理解，比如在历史上有哪一件事影响了角色目前所以这样做，找出它的历史根据，把它合理化。自传要经常修改，因为在排演场上同其他人物交流后就会感到自传又有些不对头，通过排演实践再反复修改。

在排戏过程中，演员创造人物的过程可以分成以下几个阶段：
在内心要有人物的内心形象；
在内心要有人物的外在形象；
以自己的内心去体验人物的内心形象；
以自己的躯体去体验人物的外在形象；
把自己的体验传达给观众。

说相声的演员模仿某个人，他必须先得去了解那个人的精神面貌，琢磨那个人的心情状态和神态，才能达到模仿。因此，最基本的是要从生活出发，理解体验那个人的精神状态，不要先从外形和坐立姿势上去找，那是舍本求末的。

焦菊隐1958年导演的《茶馆》

  马超演的陆游和刁光覃演的陆游绝对不会一样，因为他们二人对陆游的理解不会完全相同[①]。演员所创造的人物既是现实生活中可能有的又是剧本虚构的。画家画陆游，也有他自己头脑中所认识的陆游形象。因此，演员所创造出来的人物必然带有演员本身的东西，这并不需要排斥它，只要把人物思想感情中最基本的东西掌握住就对了。如果演员想演成和自己完全不同的一个人，那是唯心主义。正确的说应该是"演员——角色"。

  形体动作也是一样。有些演员总想排斥掉自己身上所有的东西，于是从上场一直设计到下场，结果形成了肌肉紧张，什么也不像了。

  我感到现在有些谈论表演的文章，写得不够清楚。是指在排演场中还是在演出中？因为这实际是两个阶段。我每次排戏总是在开始时号召演员把所有的东西全拿出来，让演员把自己"百宝囊"中的东西都抖露出来，哪怕你装的都是干草，只要有根嫩芽我也要把它拣出来，更何况你们装的并不是干草，因为在实际生活中有很多东西是优点和缺点掺在一起的。如果你不全抖露出来，我怎么选择呢？我的意思是说演员在创造过程中，开始时不要怕不进戏，不要怕和人物不接近。想刚排一两天戏就把握住一条不断的内心的线，这是不可能的。断就断，出戏就出戏，渐渐地再把它连起来。演员创造角色总是要往返于不进戏、进戏、客观分析、进入理解、再体验，然后体现出来。

[①] 刁光覃，北京人民艺术剧院演员。他并未演过陆游，这里是比喻。

焦菊隐 1958 年导演的《智取威虎山》

在排演场，遇到演员出戏的时候，我总是马马虎虎让他过去或是当时提醒他一下，而不是责难演员。我认为在排演过程中要面对现实，不进戏、线断了都是正常情况。我这样做并不是封闭体验的门。如果当时就要求演员进戏，要求把线连起来，那反而是封闭了体验的门。这也就是我前面所说的排演和演出是有区别的，等同起来是不可能的。

我常常鼓励演员在排演场排完戏后自己复习一遍，什么地方出戏了？什么地方线断了？什么地方体验到了一些？什么地方还没体验到？这对准备下一步工作重要极了。当然，一个演员也可能到上演时还没有体验到人物。

我就主张导演计划应该在戏排成后发表，因为导演关着门作的计划都是脑子里最理想的，最理想的演员达到最理想的表演水平等等。实际上是应该根据演员的可能性去思考。演员也同样，所谓动作三要素：做什么？为什么做？怎样做？我是只同意思考前两个，看一些有关表演的理论文章对实践有指导作用，不能说没有用，但也存在问题。"怎样做"是无法在家里准备好一套动作的，而且这样准备也是错误的。到了排演场，人物之间发生关系后，在交流中自然而然地就会产生了具体的动作。

很多演员准备角色时不去研究别人的台词，这是一个很大的缺点。

演员上了台，要忘掉以后发生的一切，不要尽想着下面的东西，有时，你不叫它它就会来的；有时，你就是怎样叫它它也不会来。产生下意识的小动作很要紧，而下意识的小动作总是由意识的准备而产生的。

焦菊隐 1959 年导演的《蔡文姬》

　　我感到《钗头凤》存在的是交流问题,有很多东西看得出来是事先准备好的。斯坦尼斯拉夫斯基说杂技演员练习空中翻跟头时,要注意到周身每个环节的动作的准备性,要下苦功;可是上了台就要完全忘掉自身上哪个环节的动作是否有了准备,到了舞台就得全部交给"命运"。平时下的功夫越深,台上"命运"交得越精彩。我们话剧演员也应该如此,在排演场要认真地去体验,上了台就不要总用脑子在那里拼命地体验了。

　　有的同志提出自己在屋里读剧本时,有时也流出眼泪来,这算不算体验?我认为这种体验还是属于分析人物范畴的体验,以"读者——演员"的成分还是不少的。演员在排演场的体验首先要有上场目的和动机,带着强烈的愿望上场是很重要的。我不喜欢导演一开始就给演员把地位调度固定下来。愿望是来自你对人物的认识和分析,愿望越强,动作也越强。人总是要改变对方,几时你不想改变对方了,你也就没戏了,表演也就停止了。自从苏联专家来我国讲学,就流行这么个说法:真听真看。我认为不要绝对论,这不是目的,必须加上"真想",要有思想,体验必须在交流中才能产生,而不是挤出来的。也只有通过交流,才能产生动作。

　　《钗头凤》这个戏是在什么时代?当时南宋处在非常动荡的国家存亡年代,如果满台人都在谈爱情,这就脱离了时代,使戏单薄了。因此分析这个剧本要有两条线:政治社会背景的线和陆游与唐蕙仙爱情生活的线。关于《钗头凤》,我总的不满足之处就在于这两条线未能扭得很好,处理得简单化就容易忽略了政治线;两条线处理得好,就容易找到贯穿动作,否则,大块儿吞是吞不下去的。

戏的规定情境首先要把舞台表演区推广引申到社会上去。通过屋子里发生的事情，使观众感觉到，类似这样的事情社会其他角落里也会发生。比如岳飞的死和即将亡国的苦难要紧紧地笼罩在每个人头顶上。要求人物要在这个规定情境里生活。演员如果有了这个规定情境，就有了"第二计划"。每个人物都有两条线：一条是生活线，即第一计划；一条是政治线，即第二计划。实际上是第二计划支配第一计划；总的规定情境支配着人物的行动。

导演把每幕戏分成几段有好处，一是容易体现主题思想。主题思想永远在排戏中作为主导思想。如果不分段，就很难检查主题思想体现得如何。每段的命名一定要用动词，这样既与贯穿动作有关系，也与演员创造角色有关系。二是容易配备演员的角色，便于确定哪段戏里哪个人物是主角。强调主角的戏仍是为了突出主题。像《钗头凤》如果强调了政治背景，演员也就敢于演爱情了。

《焦菊隐戏剧散论》 主编：刘章春

我谈一下关于演员的再创造和保留剧目的提高问题。一个好演员要每次演出都重新生活一遍，需要演员培养在演出中的新鲜感觉，不去记昨天演出的"壳子"，要你重新生活，对几秒钟后即将发生的事情要通通忘掉。导演每次重新排戏时，都要再检查主题思想，看看体现得够不够，主题思想的挖掘很重要，提高就在于此。要突出人物，就要使矛盾尖锐化。重排时要检查人物是否表面化、片面化和简单化。比如《钗头凤》第一幕第一场的陆游不仅是个年轻人，更主要的是诗人，他不仅有缠绵细腻的爱情，也有强烈的爱国主义思想。

最后，我提几个问题留给同志们去思考：

一、陆游的爱国主义思想和背景中岳飞的事迹，如何与恋爱悲剧扭结一起？

二、爱情悲剧的主要的根本原因是什么？

三、唐蕙仙和陆游为什么相爱，又爱得这么深？是因为唐是美女才子，还是因陆是名士世家？有没有和乱世相连之处？

四、全剧的罪人是谁？

五、陆母、静茵是压迫人的，还是受压迫的？陆母的性格如何统一？

六、陆、唐最后为什么还结合不了？是什么原因？是因陆母阻拦，还是因陆游心灰绝望？

七、赵士程和唐蕙仙怎样结合的？二人心情如何？感情深不深？

八、第一幕第一场结尾结在"红酥手，黄藤酒"上好，还是结在"怒发冲冠凭栏处"上好？

《演员如何创造角色》，摘自中国戏剧出版社《焦菊隐戏剧散论》一书，本文根据焦菊隐1962年1月21日在天津友谊俱乐部对天津人民艺术剧院导演、演员、舞台美术设计者所作的报告整理。

满园春色,谁为花王?

这个题目,应该算是应时应景之作。南方虽已入夏,京城正值万紫千红春光大好,标题中这个花王不是我们的国花牡丹,而是一位被称作"花王"的民国时期人物!民国时期!?美人可真叫不少!无论第一夫人宋庆龄、学者林徽因,还是"生怕情多累美人"的女主王映霞,或者如"谁娶了她们都会幸福一辈子"的张氏姐妹,亦或如上官云珠、胡蝶,相信读者诸君一定瞬间脑补了很多名媛的芳名,也一定会冒出到底哪个好的疑问。

正确答案是:此花王非美女,而是戏曲界与四大名旦比肩齐名的于连泉,艺名小翠花,后尊为筱翠花。

四大名旦合影

于连泉(1900-1967)扮相照
"筱派"艺术创始人

先生原名于桂森,号绍卿,初入郭际湘(即老水仙花)创办的鸣盛和科班,习梆子花旦,艺名"小牡丹花"。因其藉演《三疑记》之丫鬟翠花得以入富连成,萧长华老即以"小翠花"为其艺名。排连字科,改名于连泉。其卓绝的艺术风格,世称"筱派"(不称少派,犹周信芳"麒派"不称周派)。据许姬传《一代花王筱翠花》文,称于连泉曾被唐大郎(云旌)誉为花王,民国报刊也常有"第一花衫"之誉。若论行当,从正宗青衣戏与花旦戏的角度细分来看,于连泉与梅兰芳、程砚秋等能分庭抗礼,"第一花衫"乃至"花王"当属实至名归。

好吧,就让我们领略一下当时戏曲界之大家对其的评价吧。

于绍卿(即于连泉)的花旦,可称今日祭酒。
——沙游天:《小翠花之介绍》

小翠花,梨园后起之秀,工二黄花旦,一时誉噪京华,艺名与梅畹华、尚小云、程砚秋、韩世昌、荀慧生相等。
——杨尘因:《余之翠花观》

于连泉在《双铃记》（即《马思远》）中扮演赵玉儿　　于连泉演《遗翠花》

《于连泉花旦表演艺术》　主编：和宝堂

小翠花的做、表，与念白互为表里，相得益彰，纤细处不爽毫发。例如阎惜姣发现宋江遗落的招文袋，先摸出一锭金子，一般演员都是面露笑容地念一句"留着给三郎买果子吃"，小翠花则在"留着给我们三郎"处一顿，抬眼远望，如见秋水伊人，然后嫣然一笑，念"买果子吃"。如此做表，孰信惜姣可畏？然惜姣的双重心情，已昭然若揭。演《打杠子》则一味泼悍。全从"女拨子"的生活中体验得来。"女拨子"是晚清时横行街市，抢漕米贩私酒的畸形妇女，北京四九城各有首领，最著名的是北城的"小佛爷"。小翠花就是以"小佛爷"为模特儿，把打闷棍的刘二混反而剥个精光，令人可信。但是他演《醉酒》、《战宛城》、《凤仪亭》、《得意缘》等，却又能把贵妃、贵妇、智婢、娇女表演的仪态万方。从"女拨子"式的《打杠子》到娘娘式的《贵妃醉酒》，身份判若天渊，而小翠花能以精细的做表，展现出各个阶层妇女的身份、风貌、举止、神情，真是"千面人"而现"亿万身"了。

——翁偶虹：《称绝一时的小翠花》

戏剧空间的奥秘——斯沃博达回忆录

　　捷克舞台美术家约瑟夫·斯沃博达是 20 世纪舞台设计领域最重要和最有影响的人物之一，他以卓越的创作赢得了"灯光与舞台空间的魔术师"、"阿披亚、克雷和包豪斯的继承人"等美誉。斯沃博达的自传体著作《空间的奥秘》写于他六十多岁的时候，是在他的行政助理马琳娜·洪兹柯瓦教授协助下，1987 年至 1988 年完成。这部"描写他崇高职业的史诗"，以引言和八个章节的篇幅，集中展示了有关斯氏本人作品自我分析的第一手材料，他关于舞台设计前提、技术手段和内涵的理论性阐述，以及他成长的心路历程。

本书从作者的少年时代，20 世纪 30 年代讲起。二战前的欧洲大陆，平静、优美，充满着艺术与人文的气息。生长于捷克小城恰斯拉夫的约瑟夫·斯沃博达与生俱来的具有浓厚的艺术气质与天赋。他对造型、空间、色彩都十分迷恋，并向往着像前辈大师们一样具有驾驭这一切的杰出能力。为此，他毅然违背了父亲的意愿坚定而执着地走上了学习造型艺术的求学之路。

从艺术学院的青年学生，到崭露头角的设计新秀，再到成绩卓著的著名设计大师，最终成为蜚声国际的现代设计潮流的引领者之一。斯沃博达带给我们不仅是精彩的故事和成功的设计案例，更让我们看到了一个在时代转折中做出杰出贡献的真正的"艺术家的生涯"。

书评

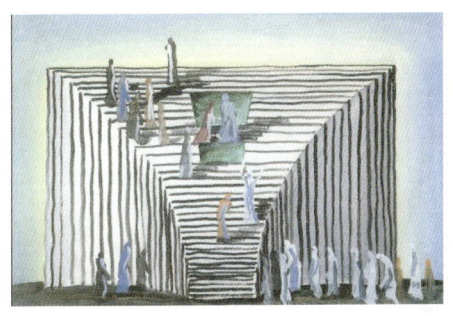

《戏剧空间的奥秘》

本书的译者刘杏林是中央戏剧学院舞美系的资深教授，是中国舞美设计界的著名大师。刘杏林曾在中国及世界许多著名舞美设计评比中获得过大奖，在中国的戏剧舞台上更是佳作频出、成绩卓著。同时，他还是一位桃李满天下的杰出教授，他的学生很多也是舞美设计界的杰出人士。

田汉雕像落成仪式举行
中国戏剧出版社建社 60 周年纪念活动启幕

2016 年 12 月 9 日上午，由中国戏剧出版社主办的田汉雕像落成仪式在京举行。

各位领导、嘉宾为田汉像揭幕

田汉先生是我国杰出的剧作家、文艺活动家、中国现代戏剧三大奠基人之一，中华人民共和国国歌《义勇军进行曲》的词作者，同时也是中国戏剧出版社的创办者、首任社长。

创社初期，新中国也刚建立七八年，条件之艰辛可想而知。但田汉先生凭借其渊博的知识、专业影响力以及独特的个人魅力，吸引了一大批著名作家、表演艺术家聚集到戏剧出版社。

在田汉先生的主持下，我社出版了诸如《舞台生活四十年》《曹禺剧作论》《中国古典戏曲论著集成》《中国地方戏曲集成》《郝寿臣脸谱集》《中国戏剧通论》等戏剧经典著作，奠定了中国戏剧出版社在专业出版领域的权威地位。

中国戏剧出版社社长樊国宾表示，田汉先生不仅是众所周知的大戏剧家，同时还是一位贡献卓著的大出版家。出版社在 60 周年社庆之际，以塑像的方式纪念田汉，是为了凝聚和传承这位前辈不畏困难的乐观精神、不激不随的风骨精神以及志存高远的国家精神。戏剧出版社的后来者将秉持"田汉精神"，守正出新，再创辉煌。

中国戏剧出版社成立于 1957 年元旦，本次活动正式拉开了建社 60 周年社庆系列活动的序幕。揭幕仪式后，还举行了主题为"田汉与中国戏剧出版社"座谈会，中国田汉研究会相关领导，田汉先生亲属代表田钢、欧阳维、邢华等出席了此次活动。

曹禺先生曾评价："田汉的一生就是一部中国话剧发展史。他是中国话剧运动的卓越的组织者和领导者；是一位中国戏剧史上具有开拓性的剧作家和中国话剧诗化现实主义艺术传统的缔造者。"夏衍先生更将田汉比作是"现代的关汉卿"。

哪些出版社是各学科出版的权威？

2017年1月7日，《中国学术期刊（光盘版）》电子杂志社有限公司（以下简称CNKI）在北京组织召开了中国图书学术影响力评价专家研讨会。会上，发布了由中国科学文献计量评价研究中心（以下简称评价中心）研制的《中国高被引图书年报》(2016版)，同时发布了各学科的核心出版单位名单。在各学科权威出版社名单中，"戏剧与影视学"专业中国戏剧出版社跃居全国第一名。

各学科核心出版单位名单

学科	出版单位	被引图书数量	总被引频次	学科出版单位h指数
马克思主义、列宁主义、毛泽东思想、邓小平理论	人民出版社	621	291859	81
	中央文献出版社	248	15889	33
	中国人民大学出版社	121	4646	32
哲学	商务印书馆	676	104645	131
	中华书局	582	120283	128
	人民出版社	955	45459	97
中国文学	中华书局	1260	145285	161
	上海古籍出版社	1765	104501	157
	人民文学出版社	2636	114787	136
世界文学	上海译文出版社	1138	22885	69
	人民文学出版社	1193	20301	65
	译林出版社	665	12005	53
戏剧戏曲学	中国戏剧出版社	463	8430	44
	文化艺术出版社	157	2605	30
	上海文艺出版社	78	1387	22
电影学	中国电影出版社	594	17984	63
	中国广播影视出版社	219	6571	45
	中国传媒大学出版社	221	6760	42
中国历史	中华书局	1669	324159	177
	上海古籍出版社	639	36356	87
	上海人民出版社	888	28901	75

国家"十二五"重点出版规划项目

梅兰芳全集（全十卷）

梅葆玖 名誉主编　傅谨 主编

　　梅兰芳先生是我国京剧史上一位承前启后、继往开来的表演艺术大师。他创造的众多优美的艺术形象，产生了巨大的国际影响，形成了具有自己独特风格的艺术流派——梅派。梅兰芳先生一生著述甚丰，既有《舞台生活四十年》《我的电影生活》《东游记》等20世纪五六十年代出版的单行本，也有梅兰芳几十篇重要文章结集而成的《梅兰芳艺术散论》。2000年曾把以上各种图书及梅兰芳先生演唱的剧本汇总，出版了《梅兰芳全集》，但梅兰芳先生的书信、诗词和散见于各类报刊的文章从未完整搜集整理过。因此，出版一套全新的《梅兰芳全集》，为梅兰芳研究提供更丰富更全面的资料，一直是出版界和戏曲界共同的愿望。2010年春天，中国戏剧出版社决定申报《梅兰芳全集》为十二五重点图书规划项目，并最终入选。

《梅兰芳全集》是以梅兰芳署名的存世文献首次结集，共八卷600多万字，另附两卷梅兰芳经典唱片光盘，为梅兰芳研究提供了更丰富更全面的资料，具有很强的文献价值和艺术价值。

《全集》主编傅谨教授带领的编纂团队主要由中国戏曲学院梅兰芳艺术研究中心和多所高校的优秀中青年学者组成，他们历时三年，重新挖掘、整理梅兰芳先生的文字资料，并对此做了详尽的整理、校注，从多个侧面展现了梅兰芳不同时代的著作风貌，以为梅兰芳研究提供更翔实和丰富的资料，开辟新的研究路径。

《梅兰芳全集》特色鲜明。一是新发现了著述、史料与文献。梅兰芳各个时期散见于各类报刊的文章非常之多，其中全集编纂过程中新发现的就有200多篇。在整理过程中，编者还发现了梅兰芳访苏前中华民国驻苏使馆与梅兰芳就访演事宜的来往电报50余封，对展现梅氏当年访苏的真实情况提供了第一手资料。这些文章和资料此前从未结集出版过，也是出版全集的重点和最富有研究价值和意义之处。二是对之前出版的梅兰芳作品进行了错讹纠校。在挖掘史料的过程中，编者还发现，此前出版过的各个版本的梅兰芳有关著述，均因为社会背景、历史原因等被不同程度地增删过。此次整理，编者本着还原历史本来面目的原则，将以原初文字为基础适当校注，把不同版本予以对照，为研究者提供多侧面多角度的资料。三是《梅兰芳全集》精装版附赠了中国唱片总公司首次整理并出品的《梅兰芳老唱片全集》。《梅兰芳老唱片全集》是在梅兰芳逝世后，出版界第一次对这份珍贵遗产进行全面集理，12张CD囊括了梅先生1936年之前灌制的全部唱片，共169面粗纹唱片，包括42个剧目，记录了梅先生继承、加工的传统戏和创作新排的个人本戏之精彩片断，是梅先生艺术鼎盛时期演剧活动的缩影，尤其是梅先生1936年演出的《生死恨》的实况唱片，更弥足珍贵。

梅葆玖先生生前一直关心《梅兰芳全集》的整理和出版。他亲自为此全集撰写了序言，认为《梅兰芳全集》的整理和出版具有极大的文献价值，将为梅兰芳研究提供更大的研究空间。

开本：16开　　书号：ISBN 978-7-104-04336-2

定价：1980.00元　　出版年月：2016年9月

精品推荐

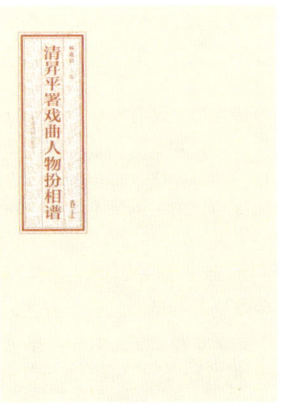

清昇平署戏曲人物扮相谱

杨连启 主编

　　本书是一本清代宫廷演剧承应机构昇平署所演戏曲剧目角色的人物画集。昇平署在编排剧目的同时，内廷如意画馆也适时依据剧本绘制戏画、扮相谱、戏曲册页，一则纪录宫廷戏曲活动，二则供爱好戏曲演出的帝王后妃欣赏之用。这些戏画，既比较写实，完全根据内廷演出的演员形象和穿戴规制进行绘制，涉及65个剧目中370多个戏曲人物的扮相，亦见出画工精良和独特画风，有历史和艺术双重价值。

开本：8开	书号：ISBN 978-7-104-04337-9
定价：1380.00元	出版日期：2016年1月

郝寿臣脸谱集

郝寿臣（1886—1961），原名万通，艺名"小奎禄"，学铜锤花脸戏。他根据自身条件，开创了其"架子花脸铜锤唱"的艺术风格，以至形成自己的流派。他的脸谱规矩大方，简洁明快，可以看作是传统京剧净角脸谱的最新形式，有外朴内秀的气度，堪供后学作鉴为法。他在几十年的艺术生涯中，共创作和演出了120个剧目，扮演过146个不同类型的角色。郝派脸谱艺术在京剧艺术的圣殿中独有其位，而且对京剧艺术的发展产生了深远的影响。

开本：大16开　　书号：ISBN 978-7-104-04350-8

定价：498.00元　　出版日期：2016年3月

精品推荐

中国京剧人物形象

胡国珍 施尼娜 著

本书是一本围绕京剧经典剧目中的人物形象进行解说分析的通俗读物。全书共介绍了百余出京剧的剧情梗概，配以相关剧中人物的脸谱或剧照，对净丑中脸谱设计和生旦装扮艺术进行解说。且把剧情和历史相互参照，既含有戏曲专业知识，又通过史实钩沉，于通俗和趣味之中增加了历史文化内涵。

开本：大 16 开　　书号：ISBN 798-7-104-04338-6

定价：328.00 元　　出版日期：2016 年 3 月

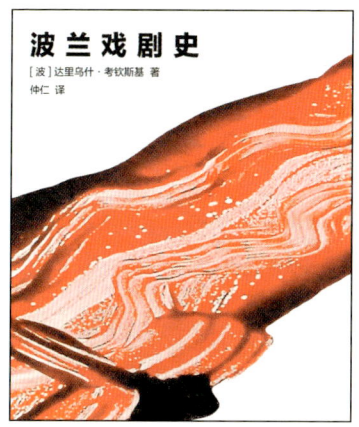

精品推荐

波兰戏剧史

达里乌什·考钦斯基 著

《波兰戏剧史》是波兰戏剧学院院长、戏剧学教授达里乌什·考钦斯基的力作,全书共约45万字,德文版于2011年在柏林出版,英文版也在翻译过程中。中译本填补了我国多年来对波兰戏剧丰富的历史和活跃的现状都缺少系统介绍、研究的不足,成为继1980年林洪亮《波兰戏剧简史》后唯一一部波兰戏剧通史。

开本:12开　　书号:ISBN 978-7-104-04353-9

定价:418.00元　　出版日期:2016年6月

国家"十三五"重点出版规划项目

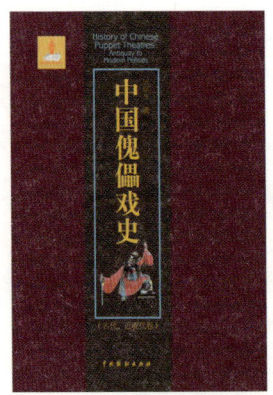

中国傀儡戏史

叶明生 著

  本书以近80万字的篇幅，图文并茂的形式，从文献学入手，广泛搜集历代傀儡戏相关文献，首先在"绪论"中对傀儡与傀儡戏概念进行区分，认为傀儡与傀儡戏的主要区别在于，前者属百戏杂技阶段的伎艺形式，后者已进入有人物及情节表演的戏剧形态。而傀儡阶段不仅有众多不同的名称，其概念也不确定，在经过相当长时期的衍进和诸多文化艺术元素复合——特别是与戏曲的结合后，它才成为中国戏剧种类之一的傀儡戏。既而对傀儡戏偶与其他木偶进行界定，厘清了傀儡戏和傀儡的概念和历史源流。然后按年代顺序，自先秦汉晋一直论述至民国共用七章，对各个时期中国傀儡戏的种类、特色、表演情况和相关社会环境展开论述。本书是迄今为止第一部完整系统的中国傀儡戏研究专著。

开本：16 开	书号：ISBN 978-7-104-04437-6
定价：128.00 元	出版日期：2016 年 11 月

058

中国现代戏剧总目提要

董健 主编

　　《中国现代戏剧总目提要》全书收录了从1899年到1949年发表或演出的现代戏剧剧本目录提要，是在戏剧史料的发掘、甄别、考证、编纂工作严重欠缺不足的情况下，本着"目者，一书三篇目或群书之书名总目也；录者，撮书之大意而叙录之也"的编写原则，历经十几年编纂而成的。此次修订，体例不变，但又在原书4492个剧目的基础上，新补剧目1346种，尤其是对伪满洲国时期若干篇目的增补，填补了戏剧剧目史料的空白，具有重要的价值。本书是半个世纪中国现代戏剧剧目的一次总览，也是中国现代戏剧史料学的一项极为重要的基本建设，其意义是空前的。

开本：16开　　书号：ISBN 978-7-104-03989-1
定价：598.00元　　出版日期：2013年2月

精品推荐

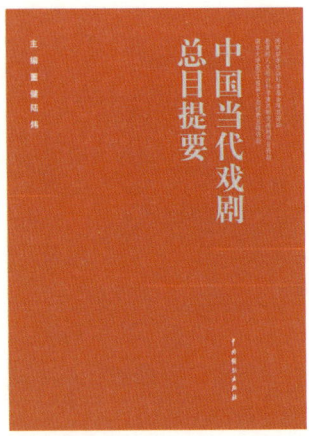

中国当代戏剧总目提要

董健 陆炜 主编

　　《中国当代戏剧总目提要》是《中国现代戏剧总目提要》（修订版）的续篇，全书共分序、凡例、剧本提要目录、剧本提要正文、中国当代戏剧总目录和索引六部分，收录了从1949年到2000年中国艺术成就和社会影响较大的当代戏剧剧目的剧本提要，其收录包括大陆发表的剧目18628种，台湾发表的剧目3144种，香港发表的收录1623种，澳门发表的收录454种。《中国当代戏剧总目提要》的编写是一项费时且工程浩大的基础性的研究工作成果，对中国当代戏剧学科的学术研究、学科建设等具有十分重要的价值和意义。

开本：16开　　　书号：ISBN 978-7-104-03989-1
定价：698.00元　　出版日期：2013年7月

060

上海戏剧学院《二十世纪戏剧大师表演方法系列丛书》

该系列丛书以介绍、翻译和研究二十世纪涌现的世界级戏剧大师的表演方法及相关理论为主要内容,旨在通过引进国际顶尖戏剧大师的戏剧观念和表演方法,以弥补国内关于西方戏剧表演实践及相关理论的研究空白,并促进国内戏剧观念、表演实践与表演教育的发展。

这些戏剧大师包括:尤金尼奥·巴尔巴、迈克尔·契诃夫、桑德福·迈斯纳、克里斯汀·林克莱特、梅耶荷德、雅克·勒考克、凯瑟琳·菲茨莫里斯、耶日.格洛托夫斯基等。包括:

1. 《欧丁周戏剧节》
2. 《欧丁演员的笔记:水石》
3. 《纸舟:戏剧人类学指南》
4. 《戏剧——孤独、匠艺、叛逆》
5. 《论导演与戏剧构作:燃烧的房子》
6. 《迈克尔·契诃夫方法训练教程》
7. 《迈克尔·契诃夫方法论文集》
8. 《迈克尔·契诃夫方法训练访谈录》
9. 《迈克尔·契诃夫方法—致演员》
10. 《迈斯纳方法训练教程》(上、下)
11. 《迈斯纳方法论文集》
12. 《迈斯纳方法训练访谈录》
13. 《克里斯汀·林克莱特声音训练教程》
14. 《克里斯汀·林克莱特声音论文集》
15. 《克里斯汀·林克莱特声音训练访谈录》

精品推荐

王宏剧作选

王宏 著

　　王宏，现任中国人民解放军总政治部话剧团团长，一级剧。出版有《泰山人》《母亲河》等专著，创作话剧《生命档案》《冰雪丹心》《士兵们》等，作品及个人多次荣获中宣部"五个一工程奖"，文化部文化优秀剧目奖、曹禺剧本奖、中国国话剧金狮奖、中国曲艺牡丹奖，中宣部全国宣传文化系统"四个一批"人才，中国文联全国百名优秀青年文艺家。本书分为戏剧卷和小品卷，戏剧卷为军旅题材话剧，有反映重大自然灾害面前官兵抢险救灾感人事迹的，有讲述英模人物先进事迹的，也有展示新军事变革的现实军事题材的；小品卷收录了150个短剧小品。

开本：16 开
书号：ISBN 978-7-1040-4355-7
定价：120.00 元
出版日期：2016 年 3 月

李宝群剧作集

李宝群 著

　　李宝群现任总政话剧团艺术指导兼创作室主任，一级编剧。创作上演代表话剧《父亲》《矸子山上的男人女人》《黑石岭的日子》等数十部作品。作品四次入选国家舞台艺术精品工程十大精品，多次荣获文化部文华大奖、中宣部精神文明建设"五个一"工程奖，曹禺戏剧文学奖，话剧金狮奖等国家级重要奖项。中宣部全国"四个一批"人才，文化部优秀话剧艺术工作者，中国文联全国百名优秀青年文艺家。本书收录了其不同风格的作品六十部。

开本：16 开
书号：ISBN 978-7-104-04311-9
定价：120.00 元
出版日期：2015 年 12 月

新旧戏曲之研究

佟晶心 著

本书是我国较早对戏曲、话剧乃至电影等表演艺术进行全面研究的专著。全书引入了西方审美心理学等理论，把中国传统戏曲，包括昆曲、皮黄（当时京剧的称法）和地方戏与话剧、傀儡戏等表演艺术形式作为研究对象，既对其内在的艺术规律和特点进行历史溯源和形态分析，同时又介绍了新旧戏剧表演艺术的演出场所、音乐、舞美和化妆直到剧本大纲的编写并提供范例。在戏曲戏剧舞台作为主流娱乐形式的时代，对创作和欣赏各类戏剧均有实用意义。

定价：65.00 元

出版日期 2016 年 1 月

从秧歌到地方戏

黄芝冈 著

本书是中国戏曲和民俗学家黄芝冈有关戏曲的论文集。全书包括《论花旦与丑的改造》《关于丑的处理》《论"神话剧"与"迷信戏"》和《从秧歌到地方戏》等文章。这些文章虽囿于当时戏剧宣教功能的空前发扬和戏曲改良的大背景，但作者从原生态的民间戏特点入手，在尊重"丑""花旦"角色特质和艺术内在规律的前提下进行改造，也肯定了神话剧的艺术价值。并试图找到戏曲推陈出新并在社会进步中发挥更好作用的正确方向。本书影印的底本为中华书局股份有限公司1951年3月初版，是田汉主编的"人民戏剧丛书"之一。

定价：55.00 元

出版日期：2016 年 1 月

中国戏曲文物图谱

廖奔 赵建新

本书是一部戏曲文物学专著。作者在占据大量历史资料的基础上，用文化人类学、社会学和历史考证等研究理论和方法，把我国丰富的戏曲历史文化遗存与戏曲文献、民俗文化相结合，通过文物图片如戏曲版画、绘画、建筑、雕塑等的形象展示，进而研究戏曲艺术在某一特殊历史时期的特殊形态，从中揭示戏曲发展的历史规律。

定价：98.00 元

出版日期：2015 年 11 月

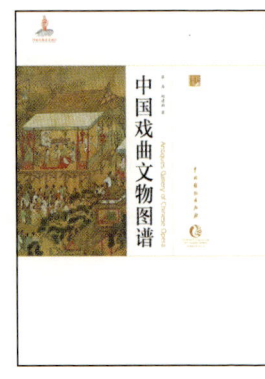

宋元戏曲文物与民俗

廖奔 著

本书是著名戏曲专家廖奔先生的代表作。它以宋元时期的文物为研究对象，比较系统地论述了宋元戏曲文物的产生、分布、形态、内容等各方面的问题以及戏曲文物与民俗的密切关系。它是二十世纪八十年代以前为数不多的戏曲经典著作之一。

定价：68.00 元

出版日期：2016 年 3 月

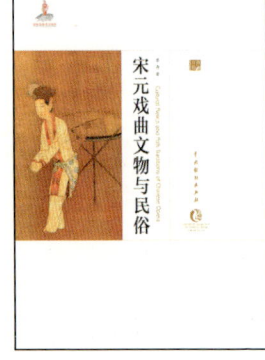

元剧联套述例 金元戏曲方言考

蔡莹 徐嘉瑞 著

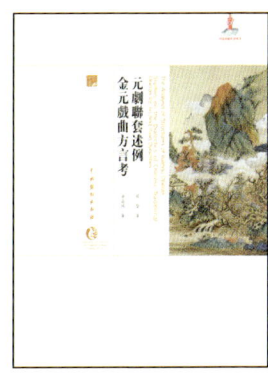

《元剧联套述例》是一本以元剧存目一百一十九种为例分析元剧套曲的专著。全书把元杂剧一一例出,对比元杂剧一折之中曲牌如何联套以及各折之间宫调如何安排等问题,按仙吕宫、南吕、正宫、双调等九个宫调,对复杂而严谨的元杂剧的套曲长短、前后变换展开分析和归纳,使元杂剧的各宫套曲安排有规律可循。

《金元戏曲方言考》是以滇语对金元戏曲方言和俗语进行释义的专著。元曲相较于唐诗宋词,更为繁难,虽然清代重考据的学风利于文本研究,惜无涉足者,徐嘉瑞认为语言的延续特点,相信元曲中的语言部分地在民间俗语中,需要及时整理并加以考辨,"以滇语释曲辞",初步还原了金元时期方言俗语在戏曲文献中的使用情况,在文本分析和语言学方面具开创意义。

定价: 65.00 元

出版日期 2016 年 1 月

元剧研究 ABC 曲选

吴梅 著

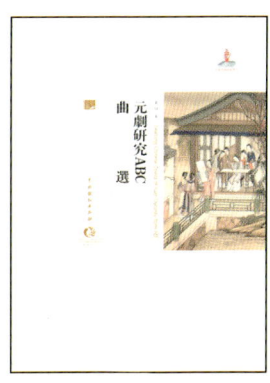

本书是世界书局徐蔚南主编《ABC 丛书》152 种之一,是吴梅曲学研究的一部重要作品,体现了吴梅的学术方向和戏曲研究方法。全书考证了元剧的渊源来历,又对留存下来的元剧作品数目和表演情况、元剧作家的生平做了尽可能详尽的文献考证,并且对元剧文学体裁进行分析,讲解古典文学中最难懂的元曲方言等,为元曲研究提供了方法并总结了理论,为后世研究开辟了门径。《曲选》是填词学曲的入门参考书,选取的曲词具有代表性,从学习创作和欣赏南北曲的角度,都是一部比较好的选本。

定价: 55.00 元

出版日期: 2015 年 7 月

小留香馆日记

和宝堂 编订

本书编订了荀慧生的部分日记,书名由荀慧生斋名"小留香馆"而来。以繁忙演戏为生的荀慧生,青年时代起就开始记日记,且持续数十年而不辍。从1925年到1966年的四十多年里,《小留香馆日记》累积了多达44本(一说45本)。现在所能找到的只有残存的6册,其中包括两部分,一为20世纪20年代后期至30年代初,一为40年代,中间还有间断。不过,这6册日记记录的恰好是荀慧生艺术上最辉煌的年代,仅从这一部分看,《小留香馆日记》堪称一部奇书,具备独特且无可替代的历史文献价值。

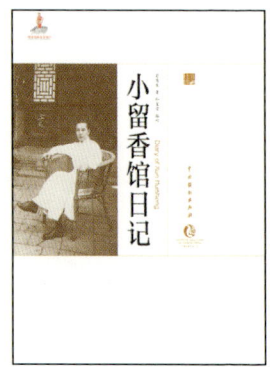

定价:160.00 元

出版日期:2016 年 3 月

清代伶官传

王芷章 著

《清代伶官传》全书共分三卷:以在乾隆、嘉庆、道光三朝所选者为上卷;咸丰、同治两朝所选者为中卷;光绪、宣统两朝所选者为下卷。系统地记述了近四百位主要戏曲艺人的身世际遇、艺术生涯;艺人在宫中演戏及参加戏曲班社组织及艺人师承关系的戏曲活动情况;艺人在宫中演出所承应的戏目、时间和地点;艺人在戏曲班社演出的流行剧目、时间、地点;艺人表演艺术的风格、流派及品评咏赞;书中还涉及一些戏曲声腔、剧种的流变、融合及其相互影响等。该书的素材来源主要以清昇平署档案资料为依据,并有作者旁征博引大量的戏曲史料及亲自调查访问戏曲艺人后代的第一手材料,故书中内容翔实可靠。正如作者在"例言"中讲到的"其事略则多方征求,用期详实,于拣取材料,更几费斟酌,慎重去留,而后乃作定稿,或有未尽者,则尚待异日之加入"。

定价:88.00 元

出版日期:2016 年 2 月

元词斠律

王玉章纂辑 吴梅校阅

《元词斠律》是专就《元曲选》研究曲辞句法的元曲研究专著。全书按明《太和正音谱》编次，对臧晋叔编《元曲选》所录曲之脱讹处一一加以钩稽补正，辨析北曲谱式异同，把元曲中句子长短错杂、衬字很多情况进行辨析，便于读者对元曲的格律一目了然，是近世研究元杂剧曲律的重要论著。本书创作归因于吴梅自谓《南北词简谱》比较简略，建议作一详谱，并指出：如果南北曲谱一齐下手，短期内难以完成，可先成北谱。"尽取元剧之存于今者，比类而条列之，以钩稽同异。更就吾成说，以立一准绳，似非难事也。"王玉章按吴梅所指的方向，呕心沥血，搜剔扒疏，历时八年，编成《元词斠律》一书，1936 年 7 月由商务印书馆出版。吴梅和他的另一个学生蔡莹分别为这本书作序。

定价：70.00 元

出版日期：2016 年 1 月

元明散曲小史

梁乙真 著

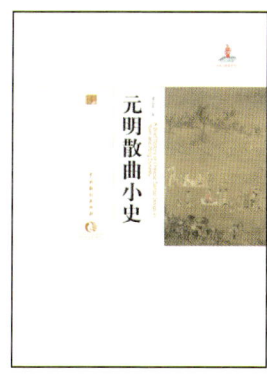

本书是对中国散曲的黄金时代——宋元时期散曲的发展态势和文学价值加以探讨的专著。全书共分十章，对散曲的开场、派别及其各个发展时段的特点和代表人物、昆曲兴起前后占主流的流派，如白苧派、吴江派及梁沈以外的曲派进行评述。本书是 20 世纪 30 年代重要的戏曲研究文献，在戏曲史研究上有独特不可替代的价值，本次放入中国戏曲艺术大系中影印再版。

定价：68.00 元

出版日期 2015 年 7 月

孤本元明杂剧提要 · 宋元明讲唱文学

王季烈 叶德均 著

本书对中国散曲的黄金时代——宋元时期散曲的发展态势和文学价值加以探讨的专著。全书共分十章，对散曲的开场、派别及其各个发展时段的特点和代表人物、昆曲兴起前后占主流的流派，如白苎派、吴江派及梁沈以外的曲派进行评述。本书是 20 世纪 30 年代重要的戏曲研究文献，在戏曲史研究上有独特不可替代的价值，本次放入中国戏曲艺术大系中影印再版。

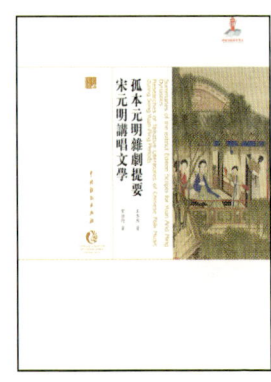

定价：65.00 元

出版日期：2016 年 1 月

元明乐府套数举略
《都门纪略》中之戏曲史料

周明泰 著

本书是周明泰两部有代表性的学术作品。前者为戏曲音乐专著，分北曲、南曲和南北合套三类。依据元明以来的音乐典籍如《太平乐府》等 12 种，比较套数长短和曲牌名的异同，列表排出，条目分明，既可以作填词之谱，又可对照曲目的演变做曲学历史研究之用。后者是对一本通俗的北京文化生活书籍《都门纪略》中戏曲史料加以整理，就京剧肇兴时期戏班、演员、剧目等情况进行梳理，力求还原戏曲艺术发展脉络和盛况。均有学术方法参考价值和文化积累价值。

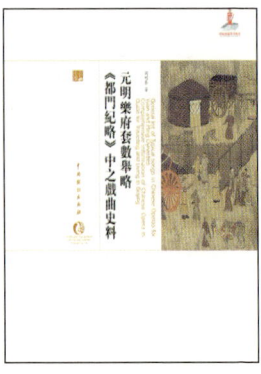

定价：95.00 元

出版日期：2016 年 1 月

《杨门女将》的舞台艺术

金桐 主编

本书是五十多年前排演京剧《杨门女将》时附带曲谱的剧本。京剧《杨门女将》是根据扬剧《百岁挂帅》做了成功的改编,在当时就将其拍摄成彩色电影。全书收录了剧作家谈剧本创作的文章和演员表演心得经验及评论文章。本书对编排剧目有很好的参考作用,编者还专门对关键场次做了舞台效果图和重点讲解;是一个可供戏曲导演、表演、编剧等全面学习参考的经典案例。

定价:95.00 元

出版日期:2016 年 1 月

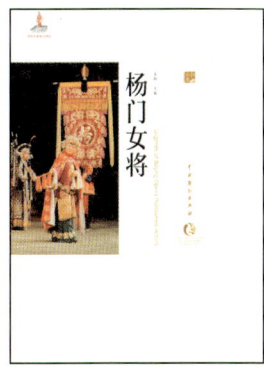

中国京剧装扮艺术

常立胜 著

本书是一本阐述京剧装扮艺术规律的专著。本书全面介绍了中国京剧生、旦、净、丑各行当的化妆方法、穿戴规制的来历和审美内涵。最后专辟一章,选注了京剧演出中的常用服饰及其所代表和表现的人物身份、性格等。全书配有 300 多幅照片,以图文并茂的方式解析京剧装扮艺术的基本理论和常识。

定价:88.00 元

出版日期:2015 年 7 月

于连泉花旦表演艺术

于连泉口述　和宝堂等 辑

于连泉（筱翠花）先生是著名京剧花旦演员。在继承前人的基础上，他吸收了梆子花旦的表演艺术，形成了自己"美、媚、脆、率"的表演风格，其表演细腻，动作准确，塑造人物性格鲜明。本书选择于连泉对花旦形象的刻画卓有特色的代表剧目，如《乌龙院》《活捉》等，由于先生做细节的示范，结合照片图片，详细解说了于连泉的艺术表演和经验。对保存这些宝贵的经验，供年轻演员学习，从而提高自己的表演艺术；同时也为戏曲表演艺术研究者们提供了以科学分析和研究的资料，均有教益。

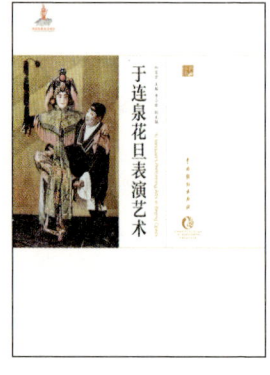

定价：68.00 元

出版日期：2016 年 3 月

荀慧生艺术评论集

金桐 主编

本书是关于京剧表演艺术家荀慧生的评论和纪念文章选集。荀慧生（1900-1968）和梅兰芳、程砚秋、尚小云并称京剧"四大名旦"，创立了"荀派"，至今仍有传人和保留剧目。所选文章以谈论荀慧生演剧风格和艺术造诣为主要内容。总结了荀慧生的艺术成就和影响。肯定了他通过艺术实践，吸收了现实主义表演手法，抓住角色性格的表演艺术精髓。

定价：68.00 元

出版日期：2016 年 3 月

近代皮黄剧韵

郭文生 著

本书是民国时期研究京剧韵的专著。全书分上下卷。作者受张伯驹《乱弹音韵辑要》一书启发，以元代周德清《中原音韵》和赵荫棠《中原音韵研究》为依据，再证以当时京剧舞台上使用的剧词唱念发音实践，以十三辙为纲目，把字分声别韵组成二十二韵。下卷以传统音韵学和文字学知识和理论，总结了京剧音韵的发音方法，专门讲解了京剧音韵中的特例、上口字、五声和倒字。本书影印底本为北京中华书局民国廿七年八月十日初版。

定价：65.00 元

出版日期：2015 年 12 月

皮黄文学研究

徐凌霄 著

本书是首部研究京剧（旧称皮黄）的剧本文学性的专著。作者不但为京剧正名，而且把京剧作为代表性的雅俗共赏的艺术形式来研究其唱词的文学价值。指出京剧文学具有与腔调结合推动剧情紧张发展，音节紧凑，唱腔讲究应弦合拍，念白讲究"盖口"谨严等优点。

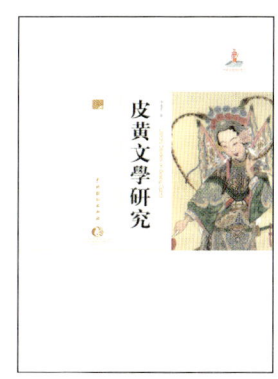

定价：38.00 元

出版日期：2015 年 6 月

二黄寻声谱

郑剑西 编

本书是中华民国时期著名京胡名家郑剑西精心编订的京剧乐谱集。分正编和续集两次出版。全书选取了生、旦、净、小生、老旦等行当的经典唱段,并对二黄西皮各种腔调如"三眼""原板"仿例昆曲谱注上了工尺谱。同时在文前对京剧音乐、音韵和工尺谱知识做了简明的专题介绍,为京剧音韵研究难得资料。

定价:85.00 元

出版日期:2016 年 1 月

宋元伎艺杂考 南北戏曲源流考

李啸仓等 著

本书系中国戏曲艺术大系史论卷中影印书,因两书较薄,把《宋元伎艺杂考》和《南北戏曲源流考》合编为一册。《宋元伎艺杂考》一书依据资料对宋金元杂剧院本的戏剧形式作了考证,还原了戏曲从宋杂剧至元代兴盛整个过程中戏曲体制的发展、戏曲种类、剧本体裁、演出规模等做了解析和还原。《南北戏曲源流考》是一本研究戏曲自宋金对峙后向南向北发展脉络的专著。

定价:48.00 元

出版日期:2015 年 7 月

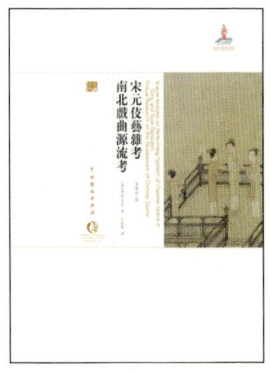

戏曲源流·曲律易知

许之衡 著

本书是中法大学弗尔德学院内部刊印的戏曲史教材。本书将中华戏曲置于整个历史文化视野中，从诗经、汉乐府、唐大曲到宋参军戏一直到最盛期北曲至南曲，选取有代表的诗歌、曲词和作者进行介绍，揭示出我国戏曲以歌舞形态不断发展流变、一脉相承的历史。

定价：78.00 元

出版日期：2016 年 1 月

戏曲丛谭·曲艺论丛

华连圃 傅惜华 著

《戏曲·丛谭》系统讲解戏曲产生发展的源流，对汉乐府、南北朝百戏、唐大曲的繁盛、宋杂剧、金弹词等逐一展开论述，对元以后戏曲成熟之后的体制、声律、宫调、脚色等做了条分缕析的阐释，南北曲的发展、基本作法和度曲法及曲家和流派。《曲艺论丛》是傅惜华先生的曲艺研究论文集。

定价：85.00 元

出版日期：2016 年 1 月

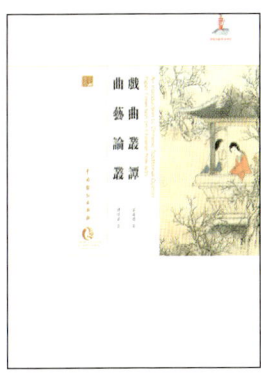

中国剧场史（外二种）

周贻白 著

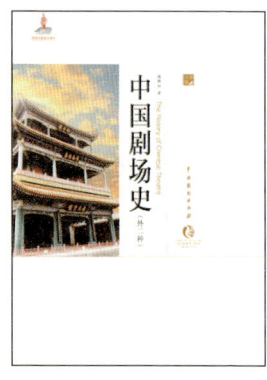

本书收录周贻白先生早年三部著作：《中国剧场史》《中国戏剧小史》《中国戏曲史讲座》。这三部著作一以贯之周贻白的"大戏剧"观念，对戏曲艺术的发生、发展、演变做了系统的梳理与独到的阐释。对后世戏曲史论研究影响极大。周华斌为本书做序，详细阐述周贻白的戏剧史论。

定价：68.00 元

出版日期：2016 年 3 月

中国京剧史（插图本）

苏移 蓝凡 主编

《中国京剧史》（插图本），用图文并茂的形式，突出京剧的历史形成、发展的主干，结合社会文化背景，以唯物观做了创建性研究，是一本较为简约而系统研究中国京剧的发展历程的图书。全书使用约 500 余张珍贵的图片，提出了一些新的观念来充实和补充四卷本《中国京剧史》。作者苏移（1936—），曾参与编写四卷本《中国京剧史》。

定价：128.00 元

出版日期：2016 年 3 月

国剧浅释

齐如山 著

本书收录了齐如山几本较为重要且通俗而明白介绍国剧(京剧)常识和考证戏曲角色的专业书。包括《国剧浅释》《戏班》《行头盔头》和《戏剧角色名词考》四种。此次收入中国戏曲艺术大系影印出版。

定价:50.00 元

出版日期:2015 年 8 月

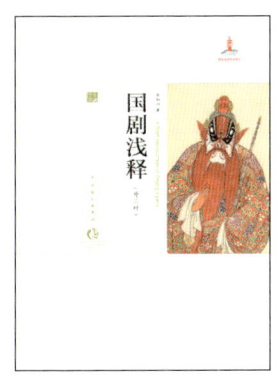

国剧韵典

张笑侠 著

《国剧韵典》是一部系统标示中国戏曲唱词音韵的工具书。全书收入以京剧、昆曲为主体的戏曲常用字8000多个,每个字下除注有切音、字义、五声阴阳外,还注明五声二变、清浊、尖团、上口及入十三辙的某辙,十分细致,对戏曲的唱念吐字行腔进行规范。本书编辑体例上采用了字典的分部法和检字表,以方便读者查阅。

定价:68.00 元

出版日期 2015 年 7 月

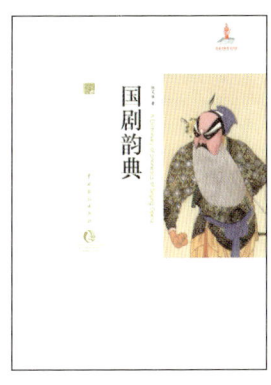

曲韵探骊

项衡方 著

原书分上、下册。上册对清代音韵学者沈宛宾所著《韵学骊珠》中的四声阴阳、五声清浊、四呼吸音及南北异音作了精辟的阐述。下册将《韵学骊珠》的字注意分韵列表排列,对戏曲音韵和提示清代语音和汉语语音发展情况具有十分重要的价值。现仍广为昆曲界使用。此次收入中国戏曲艺术大系影印出版。

定价:45.00 元

出版日期:2015 年 8 月

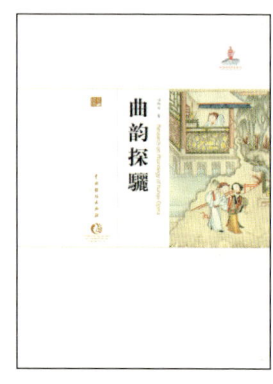

曲韵举隅

卢前 著

本书是一本简明扼要介绍戏曲音韵学基础知识的韵学工具书。在继承《中原音韵》《韵学骊珠》《音韵辑要》《顾曲麈谈》等书的基础上,搜罗曲韵作品,选择应用较多的字,并且分为二十一韵部,对一些曾被方言滥用的字韵也进行规范。附《曲雅》和《论曲绝句》。《曲雅》选元曲以来经典作品和民国一些用韵规范的曲作,使读者填词度曲学习参考和巩固之用。《论曲绝句》以古典诗论形式评点了自元迄20世纪20年代有代表性的散曲作家作品。

定价:45.00 元

出版日期:2015 年 7 月

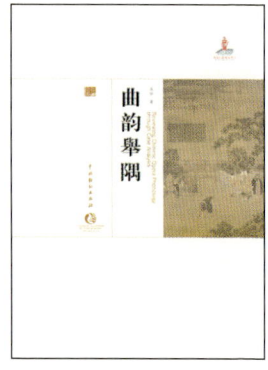

曲学通论·顾曲麈谈

吴梅 著

本书是介绍曲学基本知识并论及曲学发展史的著作。吴梅（1884-1939），是近代戏曲理论家、诗词曲作家、现代曲学的奠基人，当时与王国维并称为曲学研究的两大巨擘。他一生致力于戏曲及其他声律学的研究和教学，被誉为"近代著、度、演、藏各色俱全之曲学大师"。吴梅在当时的社会给不能登大雅之堂的戏曲重新定义了社会价值和审美价值，促进了戏曲观念的转变，在近代学术思想领域贡献极大。

定价：55.00 元

出版日期：2015 年 7 月

南北词简谱

吴梅 编订

本书记录曲牌体式和唱法，是治曲者必需之书，也是吴梅先生"竭毕生之精力"而作成的。吴梅逝世前给门生卢前先生的信中说："惟《南北词简谱》十卷，已成清本，为治曲者必需之书，此则必待付刻。"吴梅先生取各谱之所长，去各谱之所短，编写了简而明的《南北词简谱》，从创作角度，偏重研究曲牌格律。

定价：90.00 元

出版日期：2015 年 7 月

"中国戏曲艺术大系"圆满通过国家出版基金项目验收

2016年8月5日,中国戏剧出版社首批国家出版基金项目"中国戏曲艺术大系"顺利通过验收,并获得最高优级分。"中国戏曲艺术大系"全书共70种、75册,超额40%完成项目规划,总字数为22691千字,卷帙浩繁、内容丰富、结构严谨、制作精良,为探索戏曲艺术实践和戏曲艺术理论创新提供了重要的方法和经验。"大系"有益于拓展戏曲研究、探索戏曲传承和推进戏剧改革,有助于增强读者和戏曲从业者对中国优秀戏曲文化的认知,也是实现中华民族传统文化现代转型、推动文化大繁荣大发展的有益实践。

验收会议上国家出版基金项目"中国戏曲艺术大系"成果展示

出版社领导向项目验收专家做工作汇报

国家出版基金项目验收专家组听取了中国戏剧出版社社长樊国宾的项目结项主题汇报,审阅了项目成果及相关资料,并给予了高度的评价:"该项目传承、展示、弘扬了我国优秀戏曲艺术文化,内容博大精深,在中国传统文化积累和传播方面将发挥重大作用;具有典藏性和学术性,填补了中国戏曲传承和研究领域的空白,彰显了我国传统文化底蕴,在形成民族出版品牌方面有突出贡献。"

"中国戏曲艺术大系"较早书目

书名	定价	条码
粉墨春秋——盖叫天口述历史	￥66.00	9787104042662
京剧长谈——李洪春口述历史	￥78.00	9787104042662
忆江南——李紫贵口述历史	￥45.00	9787104042662
京剧花脸唱腔百年品鉴（上、下）	￥176.00	9787104035312
马连良艺事年谱（1901—1951）	￥147.00	9787104042662
英秀堂谭——谭门七代画传（精装）	￥182.00	9787104042662
英秀堂谭——谭门七代画传（软精）	￥120.00	9787104042662
我的操琴生活	￥66.00	9787104042662
清末宫廷承应戏	￥102.00	9787104042662
说余叔岩	￥43.00	9787104042662
说梅兰芳	￥85.00	9787104042662
说程砚秋	￥45.00	9787104042662

"中国戏曲艺术大系"较早书目

	书名	定价	条码
	王国维论剧（软精）	￥35.00	9787104042662
	王国维论剧（精装）	￥75.00	9787104042662
	中国戏曲通论（软精）	￥68.00	9787104042662
	中国戏曲通论（精装）	￥98.00	9787104042662
	中国戏曲文化（软精）	￥52.00	9787104042662
	中国戏曲文化（精装）	￥156.00	9787104042662
	说杨小楼（软精）	￥33.00	9787104042662
	说杨小楼（精装）	￥100.00	9787104042662
	说谭鑫培（软精）	￥36.00	9787104042662
	说谭鑫培（精装）	￥110.00	9787104042662
	说马连良（软精）	￥32.00	9787104042662
	说马连良（精装）	￥96.00	9787104042662

"中国戏曲艺术大系"较早书目

书名	定价	条码
说萧长华	￥67.50	
说侯喜瑞（软精）	￥25.00	
说侯喜瑞（精装）	￥75.00	
说王瑶卿（软精）	￥34.00	
说王瑶卿（精装）	￥102.00	
周信芳传（软精）	￥48.00	
周信芳传（精装）	￥128.00	
刘奎官的表演艺术	￥43.50	
说裘盛戎	￥37.50	
精忠庙带戏档考略	￥75.00	
京剧名伶艺术萃集	￥123.00	
中国京剧编年史（上、下）	￥150.00	

"中国戏曲艺术大系"较早书目

书名	定价	条码
中国戏曲发展史（全四卷）	￥198.00	9787104038511
说李多奎	￥56.00	9787104042662
说周信芳	￥70.00	9787104042662
戏曲旦行身段功	￥150.00	9787104038511
民国文人的京剧记忆	￥56.00	9787104042662
清万寿庆典戏曲档案考	￥150.00	9787104042662
梨园外史	￥60.00	9787104042662
荀慧生文集	￥50.00	9787104042662
修竹庐剧话	￥48.00	9787104042662
梅兰芳传	￥58.00	9787104042662
活人大戏	￥68.00	9787104042662

中国戏剧出版社日记馆

专业图书

张庚日记

张庚 著

　　张庚（1911—2003），戏剧家，1931 年参加左翼剧联，1934 年加入中国共产党。一生从事戏剧活动七十余年，他结合我国现当代戏剧发展各个阶段实际，组织戏剧创作实践，开展戏剧评论，研究戏剧理论，投身戏剧教育，在戏曲、话剧、歌剧等领域，在戏剧史论研究和戏剧批评等方面，都有重要建树。

　　此《日记》为张庚自 1951 年 8 月至 11 月、1955 年 9 月至 10 月、1956 年 10 月至 11 月、1958 年 10 月至 11 月、1961 年至 1967 年、1988 年至 1998 年所记。

开本：32 开　　　　书号：ISBN 978-7-104-04532-8

定价：138.00 元（全三册）　　出版日期：2017 年 6 月

中国戏剧出版社日记馆

专业图书

张天翼日记

张天翼 著

张天翼（1906—1985），现代文学作家，以写讽刺小说和儿童文学见长。1922年开始写作，从事文学创作六十多年，留下三百多万字的小说（包括儿童文学）、评论、杂文等，为中国现代文学的发展做出了独特的贡献。1957年底，任《人民文学》主编，1963年任《儿童文学》主编。

该日记为1957年至1974年所记。

开本：32开　　　书号：ISBN 978-7-104-04444-4

定价：48.00元　　出版日期：2017年2月

郭汉城评传

张林雨 著

郭汉城，戏曲评论家，曾任中国剧协第三届常务理事、第四届副主席，中国戏曲学会副会长。著有《戏曲剧目论集》，与张庚合作主编《中国戏曲通史》等。

全书描述了当代戏曲理论家郭汉城先生的生平事迹，以及作者对郭老作为戏曲史论家、剧作家、学者型诗人的评价，尤其彰显了张庚与郭汉城先生创建的"前海学派"的内涵与意义。本书具有较高的学术和科研价值，适合戏曲研究者和爱好者阅读。

开本：16 开　　书号：ISBN 978-7-104-04400-0

定价：39.80 元　　出版日期：2016 年 10 月

专业图书

夏衍传

陈坚 陈奇佳 著

　　夏衍是具有传奇色彩的一代文化名人，一生交游广阔，涉猎方面极多，在戏剧、电影、文学、新闻、翻译、统战、外交、出版、收藏乃至隐蔽战线等领域都有很大成就。他的工作尤其对中国现代话剧及电影这两个行业产生了深刻的结构性的影响。本书较为全面地展现了夏衍一生所取得的重大成就，彰显了传主的精神风骨与个性气质。本书并由此展现了近现代中国文艺和思想文化的某些基本面相。

开本：16开　　书号：ISBN 978-7-104-04274-7

定价：68.00元　　出版日期：2015年6月

《为布莱希特辩护》

[德] 曼弗雷德·韦克维尔特 著 焦仲平 译

本书梳理布氏晚年的戏剧思考,描述他生命末期的戏剧创作和实践活动,还原其日常生活、戏剧创作、社会生活和饮食起居。书里包含布莱希特晚年应对现实问题,以及他针对现实状况对自己的戏剧体系的总结和反思。本书适合戏剧学专业人员阅读。

开本:16 开　　书号:ISBN 978-7-104-04470-3

定价:42.00 元　　出版日期:2017 年 6 月

专业图书

形体戏剧评介

[英]西蒙·穆雷 / 约翰·基弗 著 赵晗 译

这本书的内容关乎戏剧的交叉、跨界和溢出，试图理解当代西方戏剧实践的一些重要方面，但同时也努力挖掘并（重新）阐述一些似乎经常被隐藏起来或奇怪地遗忘掉的戏剧史研究模式。因此我们坚持讨论"多元形体戏剧"和"多种戏剧中的形体"，而不只是某种单一形式或实践。我们把本书中的关键词——"形体戏剧"、"整体戏剧"等等——看作理解特定实践和观念的框架或透镜。作为视角，这些关键词能够帮助我们与一些领域对话而不至于把不同的领域割裂开来。因此，我们用了少量关键性的技术词语或正式称谓（如"表演文本"或"制作文本"），作为戏剧讨论和戏剧话语现代语汇的构成部分。

开本：16 开　　书号：ISBN 978-7-104-04401-7

定价：42.00 元　　出版日期：2017 年 3 月

邂逅康铎

克利史托弗·密克拉谢夫斯基 著

《邂逅康铎》一书通过对康铎的回忆、访谈、纪录片脚本，追溯了康铎艺术思想的源头和发展，描述和再现了康铎戏剧创作的过程，包含康铎本人以及媒体对其作品的理解和评价，是研究康铎戏剧艺术的宝贵资料。本书由中央戏剧学院翻译引进、中国戏剧出版社出版，被列入世界戏剧新经典译丛。

开本：16开　书号：ISBN 978-7-104-04310-2

定价：42.00元　出版日期：2016年8月

表演艺术基础

玛格丽特·舒勒　史蒂芬尼·哈勒 著

德国柏林恩斯特·布施表演艺术高等学院是德国最著名的戏剧高等院校之一，已有一百多年的历史。布施学院的表演教学体系将斯坦尼斯拉夫斯基与布莱希特两种方法有机结合在一起，在当代世界表演教学领域中独树一帜。《表演艺术基础》一书是布施学院表演系的基础教材，对于我国读者理解布莱希特表演方法或有助益。

开本：16开　书号：ISBN 978-7-104-04334-8

定价：48.00元　出版日期：2016年8月

爱德华·阿尔比戏剧研究

樊晓君 著

爱德华·阿尔比（Edward Albee），美国剧作家，生于华盛顿（一说生于弗吉尼亚）。出生两星期后为富家收养，养祖父拥有多家剧院。阿尔比在童年时期就时常接触剧坛名流。他年纪很小就开始显露出文学创作的兴趣，12岁开始写诗，接着写剧本。

开本：16开　书号：ISBN 978-7-104-04103-0

定价：35.00元　出版日期：2014年2月

戒日王戏剧论

王彤 著

本书从戒日王戏剧的国内外研究状况入手，利用中国古代文献记载的优势，考证戒日王的生平及其创作。同时，根据梵语戏剧理论，对戒日王的戏剧类型、情味、舞台呈现等均有探讨。读者从中可以一窥戒日王创作的面貌，进而了解创作者本人，可以说本书的研究弥补了中国在梵语戏剧研究方面的缺憾。

开本：16开　书号：ISBN 978-7-104-04385-0

定价：32.00元　出版日期：2016年9月

焦菊隐戏剧散论

刘章春 主编

焦菊隐是中国戏剧家和翻译家,也是北京人民艺术剧院的创建人和艺术上的奠基人之一。焦菊隐对中国古典戏曲和西方戏剧都有精深的研究。他的艺术作风和治学态度勤奋严谨,勇于创新,在话剧舞台艺术实践中,他坚持现实主义创作风格,他的导演创作方式对形成剧院的艺术风格起了决定性作用。

开本:16 开　　书号:ISBN 978-7-104-04312-6
定价:42.00 元　　出版日期:2016 年 7 月

朱旭

李鸣春 著

专业图书

本书是北京人艺著名表演艺术家朱旭的评传。书稿以"艺术化生活"和"生活化艺术"为主题,评价了朱旭审美化的生命状态,回顾了他在北京人艺成长的历程,并通过对其舞台、影视表演文本的细读,总结、归纳了他的表演艺术特色与成就。书稿在注重理论性的同时,也呈现了北京人艺的历史。

开本:16 开　　书号:ISBN 978-7-104-04356-0
定价:58.00 元　　出版日期:2016 年 3 月

北京人艺老戏单

刘章春 主编

本书是北京人民艺术剧院自 1952 建院至 2002 年所演剧目的戏单画册。戏单系旧称,类似于现在的节目单或戏剧宣传册或说明书,上有剧情说明和演职人员及演出信息。本书收集较为全面,因其题辞和设计及印刷工艺而有独特的艺术价值,也为研究此一时段北京人民艺术剧院演出风格剧目变化有史料性的参考价值。

开本:16 开　　书号:ISBN 978-7-104-04402-4
定价:68.00 元　　出版日期:2016 年 10 月

抗战时期北平电影活动史料集

孙柏 苏涛 主编

本书为供学术研究用的一部电影史料集,它收录了抗战时期关于北平电影活动的三部分史料,分别是 1.《新民报》所载电影评论、明星与影人活动、影片广告和信息、电影公司影院及映演活动的内容; 2. 伪北京市警察局等机关关于华北电影股份有限公司、华北电影检阅所的规章条例以及影院管理和影片审查方面的档案材料; 3. 日本《映画旬报》"华北电影特辑"。

这部电影史料集从不同的角度和方面展现了抗战时期日伪当局在北平及华北地区推行"国策"电影的情形以及沦陷区中国国民的文化生活状况,为了解日伪当局在文化领域的倒行逆施及其必然失败提供了一手材料。由于抗战时期北平及华北地区电影活动的研究几乎还处在空白阶段,这一史料整理工作具有开拓性的学术价值。

开本: 16 开	书号: ISBN 978-7-104-04464-2
定价: 40.00 元	出版日期: 2017 年 1 月

可见的左翼
——夏衍与中国1930年代反法西斯文化研究文集

陈奇佳 主编

本书是中国人民大学举办的"可见的左翼"这一活动的纪念文集。本书收录了当今学术界研究左翼文化的诸多学者的优秀文章与精彩发言，是2015年我国纪念中国人民抗日战争胜利70周年诸多纪念活动中颇有反响的一场活动，我社协助人民大学文学院出版此文集也是文化企业的职责与社会责任所在。

开本：16开　　书号：ISBN 978-7-104-04325-6

定价：48.00元　　出版日期：2016年1月

专业图书

西方舞台美术基础

于海勃 著

作者简介

于海勃，美国加州大学河滨分校戏剧电影系设计教授，美国演艺设计师工会注册设计师，英国舞台美术协会会员。作者创作范围广泛，涉及：歌剧、音乐剧、舞剧、话剧、电影、电视、大型庆典、博览会、博物馆及景观等设计。作品曾多次在英美两国发表、获奖。

内容简介

本书是作者过去三十余年教学与设计实践（包括先后在中国、英国与美国的教学与实践）中的一些个人体会。本书中的大部分内容取自作者本人在美国加州大学的设计基础课教案，也包括作者在国内讲课的一些章节，试图通过这些内容对现代西方舞台美术，尤其是英美两国舞台美术的概况向国内读者做一系统性的介绍，为希望了解国外舞台美术的人们提供一扇兴趣之窗；或许也可作为专业院校舞台设计课的教材。

开本：16 开	书号：ISBN 978-7-104-04453-6
定价：98.00 元	出版日期：2017 年 1 月

舞台影视表演道具设计与制作

汪江 著

本书是一本较为全面地介绍舞美道具设计与制作的专著。作者结合多年的工作经验，针对在话剧、戏曲、影视、曲艺和小品等不同种类的表演艺术中所使用的道具，首先从其概念、分类、功用及与舞台美术的关系入手进行介绍，重点讲解道具的设计和制作及传统工艺的传承、新材料的使用等发展沿革问题，并结合实际案例，对舞台道具的设计、工艺和制作方法加以具体分析演示，同时还延伸到了道具的管理和使用。

开本：16 开　　书号：ISBN 978-7-104-04419-2

定价：80.00 元　　出版日期：2016 年 12 月

清代西调汇集校注

兰拉成 编注

本书主要收录了《霓裳续谱》《万花小曲》《西调百中》《浔阳诗稿》等文学文献中的"西调"曲子，及《钵中莲》《打面缸》《过关》等戏曲作品中的"西调"曲子。

开本：16开　书号：ISBN 978-7-104-04418-5

定价：35.00元　出版日期：2017年1月

专业图书

《桃花扇》接受史研究

陈仕国 著

本书对清代至近现代《桃花扇》之版本形态、舞台演出、文本批评、效仿改编及各种文体对其接受予以全面梳理与综合考察，并援引接受美学相关理论探究《桃花扇》自刊刻以来各类受众的接受状况，将研究重心由作品转向读者，尤其探究广义上受众，即不同时期的出版者、观众、读者、改编者、编撰者等的接受内容、方式及其效果之间的差异性，以揭橥《桃花扇》的历时性接受规律。

开本：16开　书号：ISBN 978-7-104-04466-6

定价：68.00元　出版日期：2016年12月

评剧新派艺术传承人谷文月
优秀唱腔选（配光盘）

中国评剧院 主编

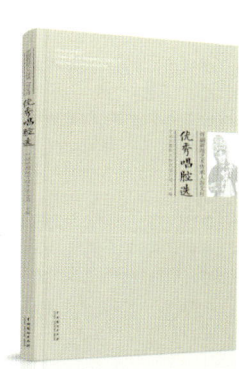

本书收录了谷文月近 50 首优秀的剧目唱腔，是观众比较认可的评剧优秀唱段，并且附有同步唱腔光盘。她以其特有的甜润、委婉、清脆、明亮的嗓音，深得业内同行认可和观众喜爱，完美地体现白派演唱风格和演唱水平，展现出评剧艺术的多层次感，也是对大众的艺术展示。

开本：16 开　书号：ISBN 978-7-104-04425-3

定价：50.00 元　出版日期：2016 年 11 月

评剧白派艺术传承人刘萍
优秀唱腔选（配光盘）

中国评剧院 主编

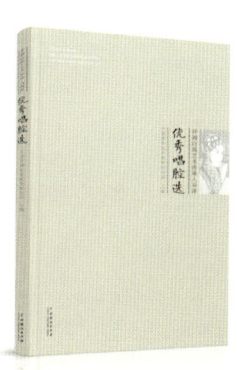

本书收录了刘萍近 50 首优秀的剧目唱腔，是观众比较认可的评剧优秀唱段，并且附有同步唱腔光盘。她其低回婉转、大气端庄的演唱风格，在评剧诸多流派中独树一帜，影响深远，完美地体现白派演唱风格和演唱水平，展现出评剧艺术的多层次感，也是对大众的艺术展示。

开本：16 开　书号：ISBN 978-7-104-04424-6

定价：50.00 元　出版日期：2016 年 11 月

专业图书

京剧艺术漫论

孙以昭 著

孙以昭长期进行跨学科大文化研究,发表论文近百篇,著有《三合斋论丛》《庄子散论》《小卷葹诗稿》《杨氏太极真功》《司马相如集校注》等十多部著作,并在《戏曲研究》《中国京剧》《戏曲百家》等报刊上发表二十多篇研究京剧艺术的文章。他平生酷爱京剧与太极拳,曾得小生宗师姜妙香先生亲自指点,传授"二十字"唱法要领,对于京剧小生的唱念有相当的水平,曾演过《三堂会审》《拾玉镯》《宗保巡营》《玉门关》等剧,常在省、市电台演播姜派小生名剧名段。

开本: 16 开   书号: ISBN 978-7-104-04451-2

定价: 40.00 元   出版日期: 2017 年 1 月

溯源戏曲

汪丽娅 著

本书稿欲探索戏曲从萌芽到成熟的生长历史,有戏曲史前史的意味。戏曲的生长始终与中国古代特定历史时期的乐文化休戚相关,它不断地接受乐文化母体的滋养,遗存了乐文母体的多种基因。

开本: 16 开   书号: ISBN 978-7-104-04103-0

定价: 35.00 元   出版日期: 2014 年 2 月

京剧琴谱三百首(上.下)

刘效成 编选

本书是一本京剧名段的琴谱集。收入了老生、老旦、青衣、花旦等多个行当脍炙人口的传统唱段。这些耳熟能详的曲目是不同流派的名家演绎和创新的成果,为广大观众和戏迷所喜爱和票演。文后附有京剧主要曲牌的简谱和胡琴锣鼓经。

开本: 16 开   书号: ISBN 978-7-104-04376-8

定价: 128.00 元   出版日期: 2016 年 11 月

中国当代戏剧史稿

董健 胡星亮 主编

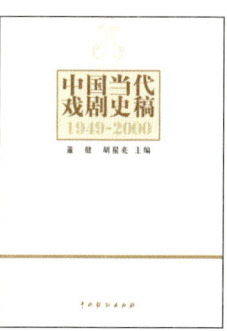

本书是 1949 年以来第一部由海峡两岸和香港、澳门的专家学者合作写出的中国当代戏剧史专著。全书共分五章，系统论述 1949-2000 年间中国的当代戏剧现象，对具有时代性的作家及其创作的剧目、戏剧运动与思潮，以及戏剧舞台艺术等进行总结梳理、分析评述。全书尤其注重对中国当代戏剧的现代性的把握与研究，兼有学术性著作和教科书的特点。

开本：16 开 书号：ISBN 978-7-104-02732-4
定价：85.00 元 出版日期：2008 年 10 月

专业图书

中国现代戏剧史稿

陈白尘 董健 主编

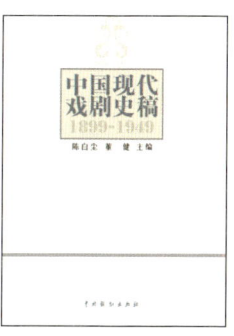

本书是 1949 年以来第一部中国现代戏剧史专著，是国家重点科研项目。全书从 19 世纪末中国现代话剧产生写起，一直到中华人民共和国成立，系统阐述我国现代戏剧（主要是话剧）的产生及其沿革，从多方面总结了中国现代戏剧（特别是话剧文学）发展的历史规律，总结一系列值得记取并令人深思的经验教训。本书出版以来，作为教材在许多高等学校使用。

开本：16 开 书号：ISBN 978-7-104-02785-0
定价：65.00 元 出版日期：2008 年 10 月

寒窗集

季国平 著

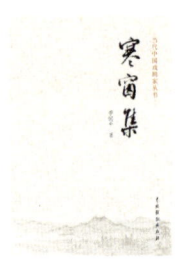

季国平，戏剧学者，文学博士。现任中国戏剧家协会分党组书记、驻会副主席、研究员，2014年当选国际戏剧协会（International TheatreInstitute）副主席。

师从著名学者任中敏（二北、半塘）、徐沁君先生，学术研究主要涉及中国戏剧史和当代戏剧，出版有《元杂剧发展史》《宋明理学与戏曲》《汤显祖小品》《毛泽东与郭沫若》等多部专著。近年来，在从事文艺管理工作的同时，重点关注和研究当代戏剧的创作和发展，发表了大量当代戏剧研究和评论文章。

开本：16 开	书号：ISBN 978-7-104-04367-6
定价：48.00	出版日期：2016 年 3 月

颐和集

季国平 著

季国平，戏剧学者，文学博士。现任中国戏剧家协会分党组书记、驻会副主席、研究员，2014年当选国际戏剧协会（International TheatreInstitute）副主席。

师从著名学者任中敏（二北、半塘）、徐沁君先生，学术研究主要涉及中国戏剧史和当代戏剧，出版有《元杂剧发展史》《宋明理学与戏曲》《汤显祖小品》《毛泽东与郭沫若》等多部专著。近年来，在从事文艺管理工作的同时，重点关注和研究当代戏剧的创作和发展，发表了大量当代戏剧研究和评论文章。

开本：16 开	书号：ISBN 978-7-104-04366-9
定价：68.00	出版日期：2016 年 3 月

萍踪集

王勇 著

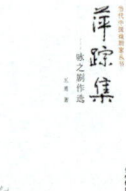

王勇，一级编剧，吉林艺术学院特聘教授，中宣部2014年文化名家暨"四个一批"人才，现供职于国家艺术基金管理中心。当过演员、打过本子、搞过学术研究、干过艺术管理。

创作演出人偶剧《鹿回头》，话剧《飞啊飞》，歌剧《星海》，舞剧《红高粱》、《天边的鼓声》，以及戏曲《英子》（京剧·黄梅戏）、《藏羚羊》（京剧）、《大漠昭君》（京剧）、《项羽》（京剧）、《墙头马上》（京剧）、《等你一百年》（赣剧）、《百年苍翠》（琼剧）、《海殇》（吕剧）、《小裁缝》（淮剧）等不同剧种作品二十余部，曾荣获中宣部、文化部多个奖项。

开本：16 开	书号：ISBN 978-7-104-04374-4
定价：68.00	出版日期：2016 年 6 月

戏剧思考

王晓鹰 著

中国国家话剧院常务副院长,中国剧作家协会副主席,中央戏剧学院客座教授,导演学博士,一级导演。

中央直接联系的国家级专家,全国宣传文化系统首批杰出"四个一批"人才,政府特殊津贴专家;荣获"优秀话剧艺术工作者"及"新世纪杰出导演"称号。

开本:16 开	书号: ISBN 978-7-104-04383-6
定价:48.00 元	出版日期:2016 年 6 月

感知京剧

崔伟 著

崔伟,1962 年生,主要从事当代戏剧理论、评论以及中国京剧史和表演艺术研究。主要著作有:《京剧》(中国文联出版社)、长篇章回体小说《粉墨王侯》(人民音乐出版社)、《中华戏曲·京剧》(社会科学文献出版社)、《京剧史话》(社会科学文献出版社)。创作作品有:广播剧《情满车厢》(北京人民广播电台录制,获政府奖)等,京剧电视剧《金龟记》(中央电视台录制),豫剧《洪武跪柳》(河南洛阳市豫剧团演出)等。

开本:16 开	书号: ISBN 978-7-104-04302-7
定价:49.80 元	出版日期:2016 年 6 月

李默然文集

李默然 著

李默然,男,回族,1927 年生于黑龙江省哈尔滨市。中国著名戏剧家,一生中塑造 60 多个鲜明的舞台艺术形象。在电影《甲午风云》中扮演的民族英雄邓世昌的形象,奠定了他在中国电影史的地位。曾任辽宁人民艺术剧院院长、辽宁儿童艺术剧院名誉院长。中国戏剧家协会主席、名誉主席,中国文联副主席、名誉委员,辽宁省戏剧家协会主席,中国话剧研究会会长,辽宁省老艺术家协会会长。中国人民政治协商会议全国委员会第六届、七届、八届、九届委员。入选"纪念中国电影 100 年百名电影艺术家"、"纪念中国话剧 100 年百名戏剧家"。1996 年辽宁省人民政府授予"人民表演艺术家"称号。

开本:16 开	书号: ISBN 978-7-104-04285-3
定价:39.80 元	出版日期:2016 年 6 月

刘厚生戏剧评论选集

刘厚生 著

刘厚生,1921 年生,著名戏剧评论家、活动家。现为中国文联荣誉委员、中国戏剧家协会顾问。曾获中国戏剧奖·理论评论奖特别奖、中国戏剧奖·终身成就奖、白玉兰特殊贡献奖、第十一届造型表演艺术成就奖等多项荣誉。著有《刘厚生戏曲长短文》《剧苑情缘》《戏边散札》《话剧情缘》《我的心啊在戏曲》等。

开本:16 开	书号: ISBN 978-7-104-04299-0
定价:39.80 元	出版日期:2016 年 6 月

专业图书

上党神庙剧场研究

王潞伟 著

本书以上党地区神庙剧场为主要研究对象，运用戏曲学、考古学、宗教学、社会学、民俗学、历史学、文化人类学等相关学科理论与方法，在前人研究的基础上，对其进行了较为系统的梳理与考证分析。

开本：16 开　　　书号：ISBN 978-7-104-04381-2

定价：99.00 元　　出版日期：2016 年 9 月

专业图书

王府井

鲁岐 镡凤仪 著

本书为电视剧《王府井》的剧本。故事发生在清末民初的北京,有着百年历史的王府井一夜之间枯竭了,为了水,王府井百姓与法兰西公使等外国人冲突迭起。清廷下决心筹建的自来水工程却因国库空虚省去了下水设施,致使污水上街,民怨载道。大总统一声号令,要改造王府井。围绕设计风格,一场东西方文化的冲突,新旧势力的较量,文化人与权贵的争斗,及爱情与事业的失衡等,矛盾纷呈,悲壮缠绵而又激烈,读来发人深省,仿佛历史在轮回,这是旧中国文化人的悲哀。

开本:16 开　　书号:ISBN 978-7-104-04414-7

定价:89.00 元　　出版日期:2016 年 6 月

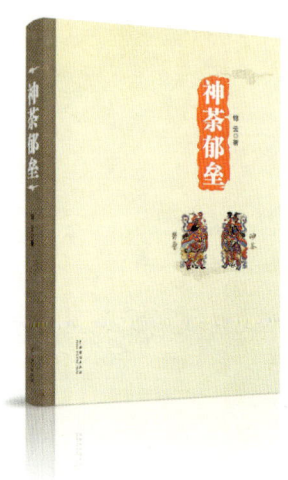

专业图书

神荼郁垒

锦云 著

本书收录了著名剧作家刘锦云先生退休后创作的话剧、秦腔等 12 部剧本。作者熟悉农村生活，笔下富含乡土味道，又有思想深度，每个剧本刻画人物形象鲜明，展现出农村生活、人物、风土、人情稔熟，同时也展露了作者较高的学养和文字功底。剧本已在多个剧院演出，深受大众的喜爱。

开本：16 开　　　书号：ISBN 978-7-104-04386-7

定价：48.00 元　　　出版日期：2016 年 9 月

从《父亲》到《长夜》
——李宝群剧作评论集

樊国宾 主编

本书是戏剧届的编导演及理论名家对总政话剧团编剧李宝群多年创作的剧目的评论文集。因李宝群在国内取得的成绩甚至成为一种现象，故而研究李宝群及其作品已经成为戏剧届人士及爱好者绕不开的一个人。

开本：16 开
书号：ISBN 978-7-104-04377-5
定价：48.00 元
出版日期：2016 年 6 月

从梦想到现实
——李宝群戏剧随想集

李宝群 著

本书是总政话剧团编剧李宝群从事戏剧剧本创作多年的随感文集。书中收录了他对中外戏剧大师、中外戏剧经典剧目及自己创作剧目的读书随笔及所感所想。因其在国内成功的践行现实主义戏剧的创作理念，在业内评价很高。本书的出版，对戏剧爱好者及业内人士研究戏剧大师、经典作品及现实主义有很好的借鉴意义。

开本：16 开
书号：ISBN 978-7-104-04378-2
定价：48.00 元
出版日期：2016 年 6 月

专业图书

陈云升剧作集

陈云升 著

本书是一部剧本集，所选剧本为作者近年来创作的一些新编历史剧。这些剧目主要是以历史名人和历史上著名的事件为题材创作的新编历史剧。作者从自己的观点和思考出发，对历史上的一些事件进行了自己的解读。

开本：16 开　　书号：ISBN 978-7-104-04389-8
定价：60.00 元　　出版日期：2016 年 9 月

钟鸣剧作集

钟鸣 著

本书是一本戏曲剧本集，是作者多年创作的优秀戏曲剧本的总结。作者所创作的戏曲剧本题材宽泛、内容积极健康，多从国家、社会、人民群众的角度去创作作品，做到为时代而歌、为人民而歌。由于作者从事戏曲文学创作多年，因此作者有较强的戏曲文学的写作功底。

开本：16 开　　书号：ISBN 978-7-104-04348-5
定价：60.00 元　　出版日期：2016 年 9 月

韩萌戏曲剧本集

韩萌 著

本书是韩萌的戏曲剧本集。全书收录了韩萌的 12 个戏曲剧本。这些剧本题材丰富，有现代戏也有古装戏还有音乐剧。内容也十分丰富，既有些历史名人李清照、武则天，也有写平民百姓的日常生活的，还有写抗日战争中的民族抗战的事迹的。

开本：16 开　　书号：ISBN 978-7-104-04394-2
定价：60.00 元　　出版日期：2016 年 9 月

中国文化产业发展中政府角色定位研究

<pre>   王文娟 付敏 著</pre>

本书的创新之处是基于交易费用理论构建分析框架,探讨文化产业发展中的政府角色定位,并在此基础上提出相应的政策建议。本书根据可竞争性和可度量性特征对具体的文化产品和服务进行划分,并在此基础上选择不同的制度安排和政府角色。该框架为分析文化产业发展与政府角色定位是否匹配提供了新标准。

开本:16 开　　书号:ISBN 978-7-104-04423-9

定价:35.00 元　　出版日期:2016 年 10 月

保利院线剧场经营管理模式现状研究

<pre>   李茜 编著</pre>

本书是一本基于实践调查的研究著作。全书对全国多个保利院线剧场进行了深入的实际调研和考察,然后在这个基础上对中国当代剧场的经营现状、我国文艺演出院线建设的现状、保利院线剧场的多个案例以及保利院线剧场的优劣势和未来发展方向都进行了深入的探讨和研究。

这些研究均有充分的第一手调研资料和数据做支撑,论据充分、论点鲜明是一部对我国现阶段文艺院线剧场所做的比较充分、客观的调查、研究著作。

开本:16 开　　书号:ISBN 978-7-104-04433-8

定价:40.00 元　　出版日期:2016 年 10 月

专业图书

中国戏剧出版社人文学术馆

姚一苇戏剧研究

刘丽 著

20世纪的台湾剧场,样貌复杂多变,从传统写实主义向现代主义的转型过程中,开创了"中国现代戏剧"范式的姚一苇,起着举足轻重的作用。自姚一苇始,台湾戏剧才从"工具论"中走出来,真正触及人的灵魂,引导台湾现代剧场走向新生,他是台湾剧坛"暗夜中的掌灯者",亦是台湾现代剧场的启蒙导师。他的孤独、深刻,至今"活"在台湾戏剧史乃至中国戏剧史中,更活在当代中国知识分子深邃的价值反省之中。

开本:16开　　书号:ISBN 978-7-104-04469-7
定价:40.00元　　出版日期:2017年1月

专业图书

从"寻根"到"先锋"
——中国当代文学观察

熊修雨 著

本书是对中国当代文学的当下批评和思考,主要包括中国当代重要作家、作品、文学思潮和文学现象等不同方面研究,还包括一些文坛前沿学术问题探讨,较具知识性和学理性,视角独到,见解深刻,逻辑严谨,文字朴实。其中绝大多数篇章都已经在《文学评论》《北京师范大学学报》《文艺争鸣》等核心学术刊物上面发表,有些被转载和多次引用,具有良好的学术反响。

开本:16开　　书号:ISBN 978-7-104-04266-2
定价:30.00元　　出版日期:2016年4月

专与钻

陈军 著

本书是以中国现当代戏剧与文学为专题的论文集,内容涉及戏曲改革、戏剧接受、跨文体改编、文学史研究、影视批评、论著评议乃至教学实践等多个向度,是作者在长期教学与研究过程中结出的"心智的果实",反映了作者思考的广度和深度,可谓是"专"与"钻"的汇合与呈现。

该书基础研究、现实关怀与前沿性探索并重,具有一定的学术参考及应用价值。

开本:16开　　书号:ISBN 978-7-104-04363-8
定价:40.00元　　出版日期:2016年7月

中国戏剧出版社人文学术馆

寻找多数
——社会文化语境中的戏剧批评

孙柏 著

本书汇集了作者十年来的戏剧评论文章,展现一种从社会文化的批评视角的戏剧与剧场观察。这部戏剧评论集视野开阔、观点新颖、思想前沿,既把握了中国当代剧场艺术的动态结构,又具有有于中西方戏剧的整体认识和理论深度。特别是它紧密地结合着作者本人的剧场实践,希望为戏剧理论与批评的工作提供一种富于行动力的示范。

开本:16 开　　书号:ISBN 978-7-104-04322-5
定价:30.00 元　　出版日期:2015 年 12 月

底层再现
——中国当代电影中的城市游民

陈涛 著

本书梳理了城市游民这一类艺术形象的当代谱系,并详细探讨了二十世纪九十年代以来中国电影对城市游民的再现。通过对电影在思想内容、艺术技巧和制片方式等方面的考察,本书探究了"城市代"导演如何在市场、政府和西方三种力量作用下对同一类底层人群进行了不同方式的艺术再现,并从摇滚文化、城市拆迁、身体书写、底层旅行等角度思考了中国当代城市化发展的文化症候。

开本:32 开　　书号:ISBN 978-7-104-04275-4
定价:30.00 元　　出版日期:2015 年 7 月

文化精神与电影诗意

陈阳 著

本书内容是作者近些年对中国电影思考的一个小结。面对并不算很漫长的中国电影发展史,可以清晰地感受到它与中国社会发展互动、回应的脉搏。

作者从电影的多个角度阐释文学与电影的关系,其中包括剧本的创作与改编、电影中的摄影技巧、演员的二次创作等多个方面来解构电影。是一部关于电影与文学关系的论文集。

开本:16 开　　书号:ISBN 978-7-104-04266-2
定价:30.00 元　　出版日期:2015 年 5 月

专业图书

国家"十二五"重点出版规划项目——世界戏剧新经典译丛

罗伯特·威尔逊

(英) 玛利亚·谢夫索娃 著
黄觉 译

罗伯特·威尔逊是美籍欧洲导演、表演艺术家、装置艺术家、灯光设计师，并兼及其他领域。他是跨界能手，不仅跨越了门类艺术界线，也跨越了地理界线。他是艺术全球化的先驱。本书首次从下列几个方面对罗伯特·威尔逊进行了完整论述：以美国和欧洲社会文化、政治环境为背景，分析其主要作品；探索威尔逊的"场面效果图册"、工作室和排练方法以及合作过程；研究其审美原则和构思元素，这些成就了他的导演特色；用威尔逊的技巧为学生和从业者提供一系列实用练习。

专业图书

开本：16 开　书号：ISBN 978-7-104-03749-1
定价：36.00 元　出版时间：2013 年 1 月

特佐普罗斯和阿提斯剧院：
历史、方法和评价

(希腊) 特佐普罗斯 著
黄觉　许健 译

提奥多罗斯·特佐普罗斯是当代希腊著名导演，中央戏剧学院名誉教授，希腊阿提斯剧院创始人，国际戏剧奥林匹克发起人和奠基者之一。1980 年代以来，他在希腊国内外执导了一系列以古希腊悲剧为主要题材的作品，将经典文本从传统的表现手法和僵化的解读方式中解放出来，强调通过演员的形体重归悲剧的本质。该书既有特佐普罗斯对自己导演艺术思想的分析，也有他在排练古希腊悲剧时的现场笔记。

开本：16 开　书号：ISBN 978-7-104-03474-2
定价：40.00 元　出版时间：2011 年 7 月

西方名导演论导演与表演

杜定宇 著

该书共分三部分：第一部分是"导演的构思与方法"，涉及各流派的导演问题；第二部分"导演不同剧作的特殊手法"，介绍了旧剧重演、诗剧、喜剧、音乐剧等导演处理方法，第三部分是西方导演小史，综述自古希腊至今西方导演的产生与发展变化。本书对于开阔导演的视野具有参考借鉴作用。

开本：16 开　　书号：ISBN 978-7-104-00245-1

定价：35.00 元　　出版日期：2010 年 3 月

凤头 猪肚 豹尾
——影视剧本与小说创作入门

李建军 著

本书倾力阐述影视剧本创作实作方法，强调理论的针对性，追求说的对又管用，排斥正确的废话。

剧作没有公式，但确实有高超的技巧、基本的规律与珍贵的经验。本书全面介绍这些经验、规律和技巧，告诉你什么是剧本，什么是好剧本什么是差剧本，怎样写剧本，写什么剧本，怎样写好剧本。希望你投入情感，抛洒心血，经历蹉跎，挖掘、提炼，创作，创造，走进影视编剧看似神秘的庭堂。

开本：16 开　　书号：ISBN 978-7-104-04384-3

定价：42.00 元　　出版日期：2016 年 6 月

演员台词训练

杨旭 著

  本书是作者完成中央戏剧学院科研项目的结项成果。作者通过研究中西专著、参加帕西台词训练班及旁听摩观帕西教授课程取得的收获,加之对自己在中戏任教的实践经验进行的总结,完成了这本详细分析研究帕西教学理念的书,其中的配图可使读者更为直观方便地领会帕西台词训练方法的基本要领。

开本:16 开   书号:ISBN 978-7-104-04398-0

定价:42.00 元   出版日期:2016 年 10 月

畅销教材

表演艺术 120 节戏剧活动课

张晓华 主编

《表演艺术 120 节戏剧活动课》是我国台湾戏剧教育专家张晓华先生的著作,书中所设计的 120 节表演艺术课程,已在台湾经多年的实践检验,技巧实用而专业,方式有效而成熟。从低年级到高年级、由浅入深、循序渐进地对学生掌握与运用表演技巧和手段做了详细介绍与多样化练习。

开本:16 开   书号:ISBN 978-7-104-04435-2

定价:68.00 元   出版日期:2016 年 10 月

爵士鼓教育

张鬘幅 著

作者是著名爵士鼓教育家、理论研究专家、文化部全国优秀园丁奖获得者、国内发表爵士鼓论文最多的行业专家。师从四川音乐学院研究生导师、国内知名打击乐专家白杨洪教授。学术成果：出版爵士鼓专著多部，《爵士鼓演奏高级教程》被国内部分音乐、艺术院校选为专业教材；发表爵士鼓论文五十余篇，国际级核心刊物发表四十余篇。

开本：16 开　　书号：ISBN 978-7-104-04440-6
定价：45.00 元　　出版日期：2016 年 12 月

现代舞技术训练教学法

张守和 李玲琰著

本书是一本现代舞教学参考书，主要是研究现代舞教育，探索其现代舞技术训练教学规律的一门学问。

开本：16 开　　书号：ISBN 978-7-104-04391-1
定价：79.00 元　　出版日期：2016 年 7 月

群舞编导基础理论与技术技法教程

张守和 李玲琰著

本书稿包括群舞编导概述、现状调查分析、基础理论、各种基本技法、有关作品的阐释、小品创作等。

开本：16 开　　书号：ISBN 978-7-104-04392-8
定价：79.00 元　　出版日期：2016 年 7 月

48天表演通关

张娜 王昊 著

本书是由艺先锋艺术培训中心集结多年教学经验的精华而成的《48天艺考通关系列》中的一本，以48天的课程将表演专业考试所需要的基本功和各项技能、考试要点，全面而有效地为考生应战艺考提供充分的考前准备和培训。

开本：16开　　书号：ISBN 978-7-104-04038-5

定价：38.00元　　出版日期：2013年7月

48天艺考基础知识通关

杨国安 刘秋实 著

艺术达人只看不背，因为兴趣即使不能让你过目不忘，也会让你多看一遍。
　　只要你比别人多用心，艺术考试文艺常识通关达人就是你。
　　告诉你中国戏曲、中外戏剧、中外电影、中外文学及美术、舞蹈等艺术门类的通关秘笈。

开本：16开　　书号：ISBN 978-7-104-04035-4

定价：45.00元　　出版日期：2013年7月

48 天播音主持通关

倪沙净 著

认识自己很重要,很多时候你忽略的那一点儿小毛病,就会害你。"小蛀虫啃大船"我们不是不知道。

评述的时候不要唱高调,说心里话,说实话很重要。

学习永远是一种态度,哪怕是学做门卫、保洁都得潜心学习,经验,窍门很重要吗?No,把自己的错误改掉最重要!

开本:16 开　　书号:ISBN 978-7-104-04039-2

定价:56.00 元　　出版日期:2013 年 7 月

48 天写作技巧通关

杨国安　丁匡一
钟吉成　孙江　著

猎奇是写故事最大的敌人。爱你身边的人和世界,把身边最朴实的一草一木变成你的素材。

要用最朴实的语言写出你对世界澎湃而独特的认识,这叫情怀。炫耀文采是最低技巧,炫耀情怀才是至高境界。

开本:16 开　　书号:ISBN 978-7-104-04040-8

定价:48.00 元　　出版日期:2013 年 7 月

畅销教材

快速充电　艺考文艺知识小百科

赵中凯　耿莹莹 编著

本书是艺术学各门类学科知识要点的综合集。内容主要包括：艺术基础知识、戏剧、影视（电影电视）、文学、美术、音乐、舞蹈、摄影、新媒体、动画。本书的一大特色就是注重细节，每个词条都按照"概念—背景—特点—代表作品—艺术成就—作品浅析"的思路和结构来组织词条要点，使考生看上去一目了然。

开本：32 开　　　书号：ISBN 978-7-104-04078-1

定价：30.00 元　　出版日期：2013 年 9 月

报考艺术院校快速充电
——文艺知识小百科

郑雅玲 主编

本书是一部考前"充电"参考书，供要跨入艺术类院校的考生考前阅读和复习。编者在艺术院校的工作实践中积累了丰富的经验，熟悉艺术院校的考试情况，在广泛了解考生需求的基础上编成此书。其内容包括：文艺基础知识、电影、电视、文学、戏剧、戏曲、美术、音乐、舞蹈、摄影、新媒体艺术、动画、数字电影及其他知识等，共计近 400 个条目。

开本：32 开　　　书号：ISBN 978-7-104-02440-8

定价：30.00 元　　出版日期：2013 年 9 月

戏剧小品剧作教程

孙祖平 著

　　该书是上海戏剧学院孙祖平教授的专著。它系统论述了小品的源流和类型、构造特征、构成元素、结构模式、情境张力、情节过程、意蕴内涵、审美途径、语境语言、样式类别和形象造型等问题，不但融合很多教学实践元素，还有很强的理论性，是戏剧小品理论研究中不可多得的专著。
　　该书可作为戏剧专业的教学用书，对表导演、戏文等专业都具有教学示范作用，也可作为戏剧爱好者的自学用书。

开本：16 开　　　书号：ISBN 978-7-104-02369-2

定价：36.00 元　　出版日期：2011 年 10 月

电视文艺节目策划与创作

吴保和 著

　　该书是上海戏剧学院吴保和教授的专著。它从电视文艺节目的分类、特性入手，论及电视文艺节目中的转播节目、综艺节目、竞赛游戏节目、音乐电视、文艺专题节目、电视文艺栏目等的策划和创作规律，是电视工作者和广播电视专业学生的必备书。

开本：16 开　　　书号：ISBN 978-7-104-01727-1

定价：25.00 元　　出版日期：2011 年 10 月

表演入门与表演考试

马惠田 关赢 何炳珠 著

本书作者皆为中央戏剧学院表演系资深教授，它从表演专业入学考试的基本问题入手，分别涉及考试科目和应对方法，表演基础训练和表演练习、小品朗诵及歌曲材料的选择等，对该专业入学考试的基本形式和主要内容，表演练习和表演小品的注意问题，朗诵考试、形体和声乐考试等内容也有详尽介绍。该书针对性强，多年来一直是表演专业考试的必备书。

开本：16 开　书号：ISBN 978-7-104-01362-4
定价：25.00 元　出版日期：2013 年 4 月

喜剧小品入门 66 问

周光 陈孝英 主编

中国的"演出性喜剧小品"最近 20 年来脱颖而出，但在喜剧小品半个世纪的发展过程中，却始终存在着一个有趣的悖论现象：一方面，它异军突起，大红大紫，如日中天；与此同时，却处于三无状态，即一无理论、二无统一的管理机构、三无专门的创作和表导演队伍。为此，我们在前人的研究以及各种实践基础上，为广大喜剧小品艺术工作者和爱好者提供一本入门手册。

开本：32 开　书号：ISBN 978-7-104-03269-4
定价：25.00 元　出版日期：2013 年 7 月

表演考学教学问答

张仁里 著

为什么朗诵要准备三篇作品？它们各自针对考生哪一方面的素质？为什么专业考试要考三次，每次考试考生如何把握？为什么说"解放天性"的说法值得商榷？

针对以上这些问题，曾培养出姜文、吕丽萍、岳红、丛珊等一批著名演员的中央戏剧学院表演系资深教授张仁里积几十年之教学经验，以问答的形式推出了这部有关表演考学和教学方面的著作。

开本：16 开　　书号：ISBN 978-7-104-02891-8
定价：28.00 元　　出版日期：2009 年 1 月

表演片断教程
——风格体裁感训练

徐卫宏 主编

本书汇编了不同剧本体裁、风格的名家名剧的剧本片断，将这种用于训练学生进行不同的表演风格体裁感的训练方法和表演准备、技巧要点等为学生一一精讲。这是一本以培养演员能迅速进行并掌握多种不同表演风格的能力为主旨的行之有效的表演教材。

开本：16 开　　书号：ISBN 978-7-104-04129-0
定价：49.00 元　　出版时间：2014 年 1 月

畅销教材

畅销教材

戏剧表演基础

梁伯龙 李月 编著

本书是中央戏剧学院表演系常用教材,是国家教育部普通高等教育"十一五"规划教材。此书系统、全面地论述了戏剧表演方面的知识及其具体的训练方法与手段,是一本非常实用的戏剧表演基础训练的教材。

开本:32 开　　　书号:ISBN 978-7-104-02797-3

定价:36.00 元　　出版日期:2012 年 2 月

戏剧导演本科教程

李建平 编著

该书是上海戏剧学院导演系本科教程,主要内容是导演系本科专业课程的教学要点和相关理论。该教程按照从一年级的"表演基础训练",到二年级的"导演元素训练",再到三、四年级的"导演片段训练"和"毕业创作与毕业论文",按学习单元顺序排列,相关的参考资料和参考作品也按顺序插入其中,目的是通过这本书使学生较清晰地了解导演专业学习的全过程,并给学生提供一些可供参考的范例。

开本: 16 开　　书号: ISBN 978-7-104-02512-2

定价: 54.00 元　　出版日期: 2013 年 7 月

导演艺术讲话

(俄) 尼·戈尔恰科夫 著
夏立民 译

这是一本有关戏剧导演方面的研究专著,作者是俄罗斯(原苏联)的著名导演尼·戈尔恰科夫,他是著名戏剧大师斯坦尼斯拉夫斯基的学生;翻译者是原中央戏剧学院的教授夏立民。此书从导演研究剧本、导演与演员的关系、导演与舞台美术设计人员的关系等角度详细地叙述了导演工作的方方面面。此书是对斯坦尼斯拉夫斯基戏剧理论体系最忠实的阐述。

开本: 16 开　　书号: ISBN 978-7-104-03666-1

定价: 37.00 元　　出版时间: 2013 年 1 月

畅销教材

戏剧导演

张仲年 著

本书为戏剧导演专业教授所著，力求告诉读者如何认识戏剧本体，如何掌握戏剧的种种艺术手段，并详细阐述导演艺术创造规律与工作方法。

开本：16开　　书号：ISBN 978-7-104-01617-5

定价：48.00元　　出版日期：2013年4月

畅销教材

舞台上的新中国
——中国当代剧场研究

高音 著

本书是研究1949年之后中国当代话剧创作实践情况的专著，内容以舞台上的新中国为题，试图建立一个对戏剧认知的全新视角，旨在把对演出史的研究置于社会历史的现实中，勾画出植根于历史和现实的新中国话剧随着时代、民族、国家、社会变化而变化的线路。

《舞台上的新中国》是一个反映社会主义思想、生活、社会主义道路和蓝图史无前例的国家意识形态的艺术现场，也是一次对历史进程的生动注脚。

开本：16开　　书号：ISBN 978-7-104-03925-9

定价：42.00元　　出版日期：2013年10月

个人形象设计

关洁 著

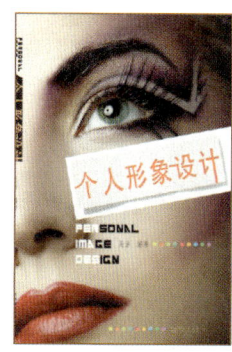

本书旨在建立完整的形象设计体系，较系统地阐述了个人形象设计的基本概念、基本理论知识，并配以整体形象设计案例，是一本大专院校形象设计专业教材，同时也是一本提高自身审美意识的知识性读物。

开本：32 开　　书号：ISBN 978-7-104-03497-1

定价：28.00 元　　出版时间：2011 年 8 月

形体礼仪实用教程

杨静 著

本书图文并茂，不同于同类书籍"纸上谈兵"的模式，结合实践训练，注重全面性、实操性和直观性，配有大量案例，图片清晰、直观，强化形体气质的同时塑造良好的形体。

开本：16 开　　书号：ISBN 978-7-104-03843-6

定价：28.00 元　　出版时间：2012 年 12 月

畅销教材

经典音乐剧唱段解读
（男声部、女声部）

周艳霞 杨佳 主编

《经典音乐剧唱段解读》系列丛书将世界经典音乐剧中最为著名的唱段截取出来，将唱段翻译成适合中文演唱的歌曲，从而更加符合音乐剧教学及学生学习的需要。

本书的主要特点是：每个唱段都配以详细的解读，包括剧目介绍、作者生平及该剧目的创作背景，演唱该曲时需要注意的问题，包括该曲目在戏剧规定情境下所要传达的内涵，以及很多人会忽略的对曲谱的分析。

开本：16 开   书号：ISBN 978-7-104-03183-3

定价：96.00 元 / 册（上、下）   出版日期：2011 年 7 月

畅销教材

声乐表演基础教程

中央戏剧学院表演系 编

此书为中央戏剧学院表演系专业教材。它系统、全面地介绍了声乐方面的基础知识，包括发音的生理原理，方法、歌唱的具体训练方法，以及声乐表演的基本特征、表演形式，艺术处理的方式、方法。书中附有近四百首中外名曲，作者还对每一首歌曲演唱的要点进行了点评。

开本：16 开   书号：ISBN 978-7-104-03147-5

定价：56.00 元   出版日期：2011 年 8 月

传统京剧旦角化妆技法

马静 著

本书展现了京剧旦角化妆专业方面的技法与理论,对京剧旦角化妆专业具有普遍指导作用。它详细介绍了较常用的一些旦角发式及其梳挽步骤、技术技巧、注意事项,以及经常与之相配的女性角色的头饰,并配以实际图例,作了尽可能详细的操作说明,更具知识性和实用性。

开本:16开　　书号:ISBN 978-7-104-03115-4

定价:88.00元　　出版日期:2014年5月

舞台化妆设计与技术

徐家华 著

本书分"化妆设计"、"化妆技术"两部分,在此基础上又细分成十四个章节。

作者多年沉浸于戏剧化妆事业,潜心研究和探索,经过多年的积累撰写了本书。本书在现代舞台化妆的理念、方法、技术等方面,都具有一定的针对性及实用性。

开本:16开　　书号:ISBN 978-7-104-02448-4

定价:130.00元　　出版日期:2014年7月

畅销教材

莎士比亚告诉你爱情是什么

赵光平 著

大众读物

这是一部研究莎士比亚并且有现实针对性的书,针对现实生活中爱情存在的问题,向莎士比亚戏剧寻求答案。本书通过对莎士比亚戏剧中的爱情线索进行解读,生动形象地讲述了莎士比亚戏剧中的爱情故事,归纳总结出莎士比亚戏剧中阐述的爱情观点,对现在年轻人正确处理爱情问题给予一定的指导。

开本:32 开　　书号:ISBN 978-7-104-04432-1

定价:28.00 元　　出版日期:2016 年 12 月

答案之书

轩弦 编著

　　这是一本游戏书。对于有选择性障碍的读者，当自己在心里提出一个问题以后，通过查询本书，即可获得参考性的抉择方案，当然读者全然不必当真。

开本：32 开　　书号：ISBN 978-7-104-04388-1

定价：40.00 元　　出版日期：2016 年 6 月

未央——永生

王彤 著

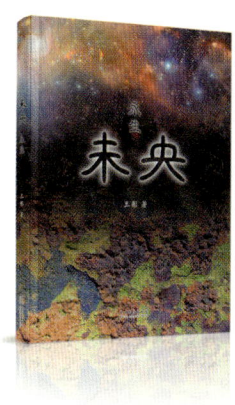

　　本书为玄幻、悬疑小说，以古钱币为线索展开扑朔迷离的永生探索。虚构与历史知识相交杂，凭空想象与有理有据的猜想共存。书中人物性格鲜明，情节曲折，可读性强。
　　几个上文明人的后裔青年，他们代代肩负着家族的使命，或守护，或隐藏，或坚持着祖先的遗命。当他们再次聚集的时候就是永生术的揭秘时刻。

开本：16 开　　书号：ISBN 978-7-104-04373-7

定价：28.00 元　　出版日期：2016 年 8 月

大众读物

瘦孕

邱锦伶 著

若您想在怀孕的过程中将增长的体重控制在8公斤以内，而且产后迅速瘦身恢复好身材，邱老师在此为大家准备了30道月子汤和月子餐食谱，按照每餐都有肉、有菜、有淀粉的原则，完全应对孕妇恢复体力与哺乳的双重需求。

开本：16开　书号：ISBN 978-7-104-03798-9

定价：36.00元　出版日期：2012年12月

精品咖啡学（上、下）

韩怀宗 著

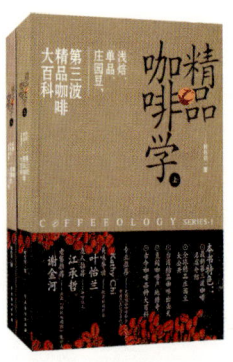

作者历时三年，笔耕40万字，台湾咖啡界老顽童韩怀宗穷尽所学，解析最新的国际咖啡流行趋势，介绍最完整的咖啡品种、产地，剖析名豆，教战杯测及冲煮实务，是重度咖啡爱好者的完全教战手册！本书被誉为"咖啡界的圣经"。

开本：16开　　出版时间：2012年8月

书号：ISBN 978-7-104-03765-1
　　　ISBN 978-7-104-03764-4

58.00元（上册）

48.00元（下册）

金子美铃全集

金子美铃 著

三卷本《金子美铃全集》收录作者诗作512首，中文简体字版首次出版。

金子是活跃于20世纪20年代的日本童谣诗人，她用与生俱来的、教徒般的虔诚和爱拥抱自然。一个早就脱掉稚气的成年人，阅读金子美铃的意义，也许就是唤回失掉的天真和童趣，尝试着回到纯净而唯美的世界，去体验互爱和不争。

本书曾获第届"文津图书奖"

开本：32开　书号：ISBN 978-7-104-03743-9

定价：48.00元　出版日期：2012年6月

天空之镜

黎坚惠 著

本书记录作者赴南美的一次感受大自然的身心灵旅程。她将这次灵修过程中的点滴进行分享，记下自己或惶恐或尖酸或猜忌时的真实感受和内心变化，勇敢面对"内心小孩"，一路向前，找寻真的自己。书中所写经历冲击着作者的身心灵的各个层面，从而验证了"天空之镜"所带来的提升能力以及开发探索精神的可能性。

开本：16开　书号：ISBN 978-7-104-03805-4

定价：136.00元　出版日期：2012年10月

青春藏在老地方

王晓革 著

作品通过男女主人公之间凄美的爱情故事以及其他人物的活动轨迹，表现干部子弟这一特殊群体在那个年代叛逆而又纠结的另类生活。他们在人生的道路上，虽然经历种种的对与错、爱与恨、得与失，但是并没有因此成为垮掉的一代、而是依然有着执着的信念和行动的力量。

开本：16 开　书号：ISBN 978-7-104-04387-4

定价：39.00 元　出版日期：2016 年 9 月

海子评传

燎原 著

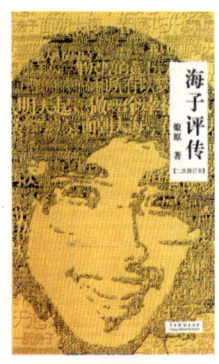

海子是继朦胧诗之后的著名的新生代代表诗人，写有短诗二百余首，长诗五十余首和诗句《太阳七部书》等诗歌作品。该书是对诗人海子的生平以及诗歌作品的评析，文字充满诗性的光辉，极具深度。

开本：16 开　书号：ISBN 978-7-104-03416-2

定价：40.00 元　出版日期：2011 年 5 月

中国戏剧出版社总书目

·1957—1986·

一、文集·全集·选集（创作集）

洪深文集（一） 1957
　　　　　　　　　　　　　　　　精 2.60 元　平 1.90 元

洪深文集（二） 1957
　　　　　　　　　　　　　　　　精 2.90 元　平 2.20 元

洪深文集（三） 1959
　　　　　　　　　　　　　　　　精 2.90 元　平 1.80 元

洪深文集（四） 1959
　　　　　　　　　　　　　　　　精 2.70 元　平 2.00 元

中国传统戏曲剧本选集（一）　本社编　1957　0.90 元
　　　收有《串龙珠》《取南郡》《喜荣归》《龙虎斗》《卷席筒》。

中国传统戏曲剧本选集（二）　本社编　1957　0.98 元
　　　收有《父子恨》《渡阴平》《铡阁老》《假金牌》《韩信拜师》《余塘关》。

中国传统戏曲剧本选集（三）　本社编　1958　0.90 元
　　　收有《叶含嫣》《二度梅》《状元打更》《平王纳媳斩伍奢》《左连城告状》《杀驿》。

中国传统戏曲剧本选集（四）　本社编　1958　0.75 元
　　　收有《太白醉写》《霸王遇虞姬》《樊梨花》《杨令婆辩本》《狗衔金钗》。

地方戏曲集（第三辑）　黄俊耀　苏雪安等编剧　1957　0.80 元
　　　　　　　（第一辑和第二辑由艺术出版社出版）

地方戏曲集（第四辑）　赵循伯　苏宁等编剧　1957　0.70 元

成兆才评剧剧本选集　成兆才纪念委员会编　1957.11　1.40元
　　　　　　　　　　收有《爱女嫌媳》《刘成杀婿》《孝感天》《杜十娘》
　　　　　　　　　　《王少安赶船》《杨三姐告状》等六部剧作。

索弗洛诺夫剧作集　姜　惠等译　1957.10
　　　　　　　　　　　　　　　　　精2.60元　平2.00元

包戈廷剧作集　竞天　杨敏等译　1957.10
　　　　　　　　　　　　　　　　　精2.10元　平1.50元

汪笑侬戏曲集　汪笑侬　1957.10　0.95元
　　　　　　　　　　收有《战蚩尤》《洗耳记》《将相和》《博浪锥》《喜
　　　　　　　　　　封侯》《马前泼水》《献西川》《受禅台》《骂王朗》
　　　　　　　　　　《哭祖庙》《马嵬驿》《刀劈三关》《党人碑》《骂阎
　　　　　　　　　　罗》《推王赞》《煤山恨》《长乐老》《孝妇羹》。

戏曲剧本丛刊（第一辑）　中国戏曲研究院编　1958　1.15元
戏曲剧本丛刊（第二辑）　中国戏曲研究院编　1959　1.20元

泰戈尔剧作集（一）　瞿菊农译　1958.8　0.50元
　　　　　　　　　　收有作者创作的《春之循环》。

泰戈尔剧作集（二）　冯金辛译　1958.8　0.60元
　　　　　　　　　　收有《邮局》《红夹竹桃》。

泰戈尔剧作集（三）　林天斗译　1958.10　0.55元
　　　　　　　　　　收有《牺牲》《修道者》《国王与王后》。

泰戈尔剧作集（四）　谢冰心译　1959.8　　0.57元
　　　　　　　　　　收有《齐德拉》《暗室之王》。

京剧丛刊　中国戏曲研究院编（合订本）　1958　精4.50元
　　　　　　　　　　（本书第一集至第三十二集由新文艺出版社出版）

京剧丛刊（第三十三集）　1958　0.32元
　　　　　　　　　　收有《逍遥津》《智激美猴王》《取洛阳》。

京剧丛刊（第三十四集）　1958　0.34元
　　　　　　　　　　收有《双合印》《贺后骂殿》《牛皋招亲》。

京剧丛刊（第三十五集） 1958　0.32元

　　　　　　　收有《太兰从军》《铡包勉》《赤桑镇》《定计化缘》。

京剧丛刊（第三十六集） 1958　0.34元

　　　　　　　收有《青霜剑》《黄鹤楼》《贵妃醉酒》《遇皇后》《打龙袍》。

京剧丛刊（第三十七集） 1959　0.32元

　　　　　　　收有《玉簪记》《青梅煮酒论英雄》《钟馗嫁妹》。

京剧丛刊（第三十八集） 1959　0.32元

　　　　　　　收有《凤还巢》《斩颜良》《扈家庄》《白良关》。

京剧丛刊（第三十九集） 1959　0.39元

　　　　　　　收有《伐齐东》《汾河湾》《荷珠配》。

京剧丛刊（第四十集） 1959　0.34元

　　　　　　　收有《战宛城》《打侄上坟》《三娘教子》《打皂王》。

京剧丛刊（第四十一集） 1959　0.31元

　　　　　　　收有《打金枝》《牧虎关》《打砂锅》。

京剧丛刊（第四十二集） 1959　0.38元

　　　　　　　收有《蝴蝶杯》《击鼓骂曹》《打城隍》。

京剧丛刊（第四十三集） 1959　0.33元

　　　　　　　收有《赶三关》《武家坡》《算军粮》《银空山》《大登殿》《董家山》。

京剧丛刊（第四十四集） 1959　0.31元

　　　　　　　收有《春闺梦》《哭秦廷》《镇五龙》《罢宴》《南阳关》。

京剧丛刊（第四十五集） 1959　0.31元

　　　　　　　收有《赠绨袍》《春秋配》《法场换子》《举鼎观画》。

京剧丛刊（第四十六集） 1959　0.34元

　　　　　　　收有《法门寺》《水淹下邳》《陵母伏剑》《界牌关》。

京剧丛刊（第四十七集） 1959　0.29元

　　　　　　　　　　收有《柳荫记》《打督邮》《汤怀自刎》。

京剧丛刊（第四十八集） 1959　0.35元
　　　　　　　　　　收有《桃花村》《桑国会》《御果园》。

京剧丛刊（第四十九集） 1959　0.30元
　　　　　　　　　　收有《无底洞》《华容道》《秦琼卖马》《徐母骂曹》。

京剧丛刊（第五十集） 1959　0.32元
　　　　　　　　　　收有《十一郎》《井台会》《一匹布》。

萧长华演出剧本选集　中国戏曲学校编　1958　1.20元

中国地方戏曲集成　中国戏剧家协会主编

湖北省卷　湖北省文化局编　1958
　　　　　　　　　　　　　　　　精3.50元　平2.50元

北京市卷　北京市文化局编　1959
　　　　　　　　　　精（全一册）5.40元　平（上、下册）4.50元

上海市卷　上海市文化局编　1959
　　　　　　　　　　精（全一册）5.20元　平（上、下册）4.30元

河北省卷　河北省文化局编　1959
　　　　　　　　　　精（全一册）4.30元　平（上、下册）3.40元

山西省卷　山西省文化局编　1959
　　　　　　　　　　精（全一册）4.40元　平（上、下册）3.50元

内蒙古自治区卷　内蒙古自治区文化局编　1959
　　　　　　　　　　　　　　　　精3.20元　平2.40元

江苏省卷　江苏省文化局编　1959
　　　　　　　　　　精（全一册）5.40元　平（上、下册）4.50元

浙江省卷　浙江省文化局编　1959
　　　　　　　　　　精（全一册）4.40元　平（上、下册）3.50元

安徽省卷　安徽省文化局编　1959
　　　　　　　　　　精（全一册）4.60元　平（上、下册）3.70元

山东省卷　山东省文化局编　1960

　　　　　　　　　　　　　　　　　精4.70元　平3.90元
广东省卷　广东省文化局编　1962
　　　　　　　　　　　精（全一册）3.80元　平（上、下册）3.05元
江西省卷　江西省文化局编　1962
　　　　　　　　　　　　　　　　　精3.80元　平3.05元
辽宁省、吉林省、黑龙江省卷　辽宁省文化厅等编　1963
　　　　　　　　　　　精（上、下册）5.85元　平（上、下册）3.95元
戏曲选（一）　中国戏曲研究院编　1958
　　　　　　　　　　　　　　　　　精3.20元　平2.36元
戏曲选（二）　中国戏曲研究院编　1959
　　　　　　　　　　　　　　　　　精3.00元　平2.20元
戏曲选（三）　中国戏曲研究院编　1959
　　　　　　　　　　　　　　　　　精2.80元　平1.90元
戏曲选（四）　中国戏曲研究院编　1959
　　　　　　　　　　　　　　　　　精2.30元　平1.40元
戏曲选（五）　中国戏曲研究院编　1959
　　　　　　　　　　　　　　　　　精2.80元　平1.90元
戏曲选（六）　中国戏曲研究院编　1963
　　　　　　　　　　　　　　　　　精2.65元　平1.75元
孤本元明杂剧（共四册，根据"也是园"藏本排印）　1958　精16.00元
元明杂剧（根据"钱塘丁氏八千卷楼"藏本影印）　1958　精4.60元
盛明杂剧（共二册）　明·沈　泰编　1958　精11.10元
杂剧三集（影印）　清·邹式金编　1958　精5.50元
关汉卿戏曲集　吴晓铃等编校　1958
　　　　　　　　　　　精（一册本）4.90元　平（二册本）4.10元
大戏剧家关汉卿杰作集　吴晓铃等注释　1958　0.90元
跃进独幕剧选集（一）　剧本月刊编辑部编　1958　0.59元
跃进独幕剧选集（二）　剧本月刊编辑部编　1958　0.65元

程砚秋演出剧本选集　中国戏曲研究院编　1958　1.70元
程砚秋文集　中国戏曲研究院编　1959　0.98元

　　　　　　　　　　　　　1981第3次印刷　1.15元

选辑了作者的自传，四十年代初考察欧洲戏剧、音乐的报告，旦角表演艺术经验以及有关戏曲改革等方面的文章二十篇，另附有作者与师友的唱段和诗六首。

高尔基剧作集（全三卷）　林陵芳信汤茀之等译　1959　精8.40元

　　　　　　　　　　　　　1980第3次印刷　精9.10元

收了高尔基一生所创作的十六部剧作，共分三卷。有《小市民》《底层》《老头子》《怪人》等。

梅兰芳演出剧本选集　中国戏剧家协会编　1959.11

　　　　　　　　　　　　　精2.65元　平1.30元

　　　　　　　　　　　1983第二版　第4次印刷　1.35元

本书精选了梅兰芳先生最有代表性的剧本十一个，每个剧本前面都有"前记"，介绍有关剧情，并有梅先生当年演出时的珍贵照片。

中国京剧院演出剧本选集（第一集）　中国京剧院编1959　精2.90元
周信芳演出剧本选集　中国戏剧家协会编　1960　2.20元
墨憨斋定本传奇（影印本）（上、中、下）　明·冯梦龙编

　　　　　　　　　　　　　　　　1960　精12.00元

川剧喜剧集（共二册）　本社编　1961

　　　　　　　　　　　　　精2.55元　平2.10元

周信芳演出剧本新编　中国戏剧家协会编　1961　精1.80元
梅兰芳文集　中国戏剧家协会编　1962.8

　　　　　　　　　　特精2.90元　精1.75元　平1.45元

　　　　　　　　　　　　　1983.8第3次印刷　1.75元

收有作者自建国以来发表的《戏曲大发展的十年》

《京剧表演艺术》《运用传统技巧刻划现代人物》等理论、回忆、观感共五十二篇。

秧歌剧选　张庚编　1962.10　　　　　　精 2.55 元　平 2.05 元
少数民族戏剧选（一）　本社编　1962.10　0.95 元
少数民族戏剧选（二）　本社编　1963.2　0.94 元
藏剧故事集　王尧译述　1963.5　0.52 元
马连良演出剧本选集（第一集）　中国戏剧家协会编 1963
　　　　　　　　　　　　　　　　　　精 2.30 元　平 1.30 元
剧本——现代戏曲专刊　剧本月刊社编　1964　0.78 元
话剧剧本专刊　剧本月刊社编　1964.3　0.70 元
全国少数民族群众业余艺术观摩演出曲艺戏剧选　全国少数民族群众业余艺术观摩演出会　中国民间文艺研究会　本社合编
　　　　　　　　　　　　　　　　　　　1965.1　0.56 元
剧本增刊第一号　1965.5　0.50 元
剧本增刊第二号　1965.5　0.54 元
剧本增刊第三号　1965.9　0.47 元
欧阳予倩文集（一）　1980.8　1.90 元

收入作者在一九二二年至一九五九年期间创作的《泼妇》《忠王李秀成》《桃花扇》《黑奴恨》等十三部话剧剧本。

欧阳予倩文集（二）　1980.8　1.60 元

收入作者在一九一五年至一九三九年期间创作的戏曲和歌剧剧本十三部。其中包括京剧《黛玉葬花》《人面桃花》《桃花扇》《孔雀东南飞》等；桂剧《梁红玉》《木兰从军》等；歌剧《荆轲》。

京剧选编（一）　中国戏曲学院编　1980　0.60 元

收有《挑滑车》《连升店》《赤桑镇》《卖水》《打

渔杀家》等五个剧本,并附较多唱段。

京剧选编(二) 中国戏曲学院编 1980 0.62元

收有《战马超》《罢宴》《罗成叫关》《拾玉镯》《杨排风》《失街亭·空城计·斩马谡》等六个剧本,并附较多唱段。

京剧选编(三) 中国戏曲学院编 1980 0.64元

收有《截江夺斗》《取洛阳》《贺后骂殿》《卧龙吊孝》《望江亭》等五个剧本,并附有唱腔选曲。

京剧选编(四) 中国戏曲学院编 1980 0.77元

收有《穆桂英》《甘露寺》两个剧本,并附有唱腔选曲。

京剧选编(五) 中国戏曲学院编 1980 0.61元

收有《碧波潭》《白蛇传》两个剧本,并附有唱腔选曲。

求凰集 吴祖光 1980 0.56元

收入作者的三个京剧剧本:《凤求凰》《三打陶三春》《红娘子》。曹禺作序。

阿英剧作选 1980 1.40元

收入作者在抗战时期创作的四个历史剧《李闯王》《洪宣娇》《碧血花》和《杨娥传》。

吴祖光剧作选 1981 1.95元

收入作者在一九四二年至一九四七年间创作的五个话剧剧本,有《风雪夜归人》《牛郎织女》《少年游》《捉鬼传》和《嫦娥奔月》。

广播剧选 朱宝贺宋家玲编 1981 1.20元

收有广播剧剧本十八个,多为近几年的新作,书后附有介绍广播剧的发展情况及其艺术特点的文章。

黄天霸戏四种　本社编　1985.10　0.84元

　　本书主要为戏曲工作者和研究工作者提供参考剧目资料，收有《连环套》《恶虎村》《殷家堡》《骆马湖》四剧。由著名老艺人口述，稍作文字整理。（本书1981.11初版时名为《传统戏曲剧目资料汇编（一）》）

陈仁鉴戏曲选　1985　1.40元

　　收入了四个莆仙戏剧本：《团圆之后》《春草闯堂》《嵩口司》《新春大吉》。

　　（本书1981.10第一版书名为《春草集》）

易俗社秦腔剧本选　西安易俗社编　1982　2.10元

　　选辑了易俗社创始人李桐轩、孙仁玉等十位剧作家解放前编写的十二个剧本。其中有《三回头》《柜中缘》《三滴血》等，书中对每位作者都作了简要介绍。

杨明戏曲集　1982　0.85元

　　本书集中了作者近三十年来创作、整理和改编的十三个戏曲剧本。有单折小戏，有大、中型剧目，其中有滇剧《牛皋扯旨》《鼓滚刘封》《送京娘》，花灯戏《探干妹》等，还有白剧《望夫云》。

郭沫若剧作全集（一）　1982

　　　　　　　　　　　　　　精2.55元 平1.70元

　　收入作者在一九一九年至一九二五年期间创作的全部剧作和在抗战时期写的三部剧作。其中有《棠棣之花》《卓文君》《王昭君》《屈原》等。

郭沫若剧作全集（二）　1982

　　　　　　　　　　　　　　精2.75元 平1.85元

　　收入作者在抗战时期写的四部剧作，即《虎符》

143

《高渐离》《孔雀胆》《南冠草》以及有关资料。

郭沫若剧作全集（三） 1983

精 2.95 元 平 2.05 元

收入作者解放后写的三个剧本，《蔡文姬》《武则天》和《郑成功》（电影文学剧本），并保留了原作中的前言、后记及有关资料。

周信芳文集 本社编 1982 1.85 元

选辑了作者有关艺术创作道路、表演艺术经验、戏曲美学以及对同时代著名艺术家的回忆等文章五十五篇，书末附作者文章目录。

戏曲剧目工作座谈会文集 1982 1.30 元

一九八〇年七月，中国戏剧家协会，文化部艺术局和文学艺术研究院戏曲研究所在北京联合召开了戏曲剧目工作座谈会。本文集收入了周扬等人的重要讲话，以及与会者的发言和各报刊发表的评论文章。

何迟相声创作集 1982.5 0.69 元

收入作者在一九五三年至一九八〇年创作的相声共十一个，书中附有作者的简历及作者同访问者关于相声艺术问题的对话。陈白尘为本书写了序。

老舍剧作全集（一） 胡絜青 王行之编 1982

精 2.55 元 平 1.60 元

编入作者在一九三九年至一九四二年期间出版的《残雾》《张自忠》等六部剧作。

老舍剧作全集（二） 胡絜青 王行之编 1982

精 2.80 元 平 1.90 元

编入作者在一九五〇年至一九五八年间出版的《龙须沟》《西望长安》《茶馆》等八个话剧剧本。

老舍剧作全集（三） 胡絜青 王行之编 1982

精 2.70 元 平 1.80 元

编入作者在一九四〇年至一九六三年间出版的《女店员》《神拳》《国家至上》等九个话剧剧本。

老舍剧作全集（四） 胡絜青 王行之编 1986

精 5.75 元 平 4.30 元

编入作者在一九三八年至一九六三年间出版及创作、改编的《新刺虎》《柳树井》《十五贯》《王宝钏》及译作《苹果车》等剧作共十四部，书末附有老舍传略和其它研究参考资料。

阳翰笙剧作集（上） 1982

精 2.15 元 平 1.30 元

收入作者在一九三六年至一九四一年期间创作的《前夜》《李秀成之死》等四个话剧剧本。

阳翰笙剧作集（下） 1982

精 2.50 元 平 1.60 元

收入作者在一九四二年至一九五八年期间创作的《草莽英雄》《两面人》《三人行》等四个话剧剧本。

李健吾剧作选 1982

精 2.40 元 平 1.85 元

收入作者在一九三四年至一九七九年间创作的《这不过是春天》《梁允达》《以身作则》《青春》等多幕话剧六个，独幕话剧一个，改编的多幕话剧一个。

丁玲戏剧集 1983

精 1.75 元 平 0.81 元

收入作者在一九三七年至一九五〇年期间创作的话剧剧本三个，电影文学剧本一个。另有戏剧评论文章五篇。作者特为本书出版撰写的《我与戏剧》一文为代序。

田汉文集（一） 1983

精 3.40 元　平 2.30 元

收入作者一九二〇年至一九二七年所创作的话剧剧本十三个和有关文章九篇。

田汉文集（二） 1983

精 3.10 元　平 2.05 元

收入作者一九二八年至一九三一年上半年所创作的话剧剧本十三个和有关文章三篇。

田汉文集（三） 1983

精 2.90 元　平 1.85 元

收入作者从一九三一年下半年至一九三四年所创作的话剧剧本十二个，歌剧剧本一个及有关文章四篇。

田汉文集（四） 1983

精 3.20 元　平 2.10 元

收入作者一九三五年至一九三六年所创作的话剧剧本十个，歌剧剧本一个和有关文章三篇。

田汉文集（五） 1983

精 3.30 元　平 2.20 元

收入作者一九三七年至一九四一年初所创作的话剧剧本五个和有关文章两篇。

田汉文集（六） 1983

精 3.00 元　平 1.90 元

收入作者一九四二年中至一九四八年所创作的话剧剧本四个和有关文章两篇。

田汉文集（七） 1983

　　　　　　　　　　　　精 2.95 元　平 1.85 元

收入作者一九五八至一九六〇年期间创作的话剧剧本《关汉卿》《十三陵水库畅想曲》《文成公主》和有关文章七篇。

田汉文集（八） 1983

　　　　　　　　　　　　精 3.55 元　平 2.45 元

收入作者一九一五年至一九三九年创作的《林冲》《江汉渔歌》《新雁门关》等戏曲剧本十部和有关文章七篇。

田汉文集（九） 1983

　　　　　　　　　　　　精 3.60 元　平 2.50 元

收入作者一九四〇年至一九四七年创作的《岳飞》《情探》《武松》等五部戏曲剧本和有关文章五篇。

田汉文集（十） 1983

　　　　　　　　　　　　精 3.25 元　平 2.15 元

收入作者一九四七年至一九六三年创作的《白蛇传》《西厢记》《谢瑶环》等六部戏曲剧本和有关文章八篇。

田汉文集（十一） 1983

　　　　　　　　　　　　精 3.50 元　平 2.45 元

收入作者一九三一年至一九四七年创作的《三个摩登女性》《风云儿女》等七部电影剧本和回忆录《影事追怀录》。

田汉文集（十二） 1984

　　　　　　　　　　　　精 3.50 元　平 2.35 元

收入作者新中国建立前创作的诗歌四百余首。

田汉文集（十三） 1985

　　　　　　　　　　　　精 4.30 元　平 2.90 元

收入作者建国以来创作的诗歌四百八十余首。

田汉文集（十四） 1986

估价精 3.70 元　平 2.60 元

收入作者于一九三七年抗日战争爆发以前所写的文章，包括《平民诗人惠特曼的百年祭》《致郭沫若的信》等，以及小说《上海》等，凡五十八篇。其中有些是新发现的，有些文章是解放后第一次发表。

田汉文集（十五） 1986

估价精 3.50 元　平 2.50 元

收入作者自一九三七年七月七日抗战爆发至一九四九年新中国建立以前的评论、散文和杂著七十二篇。其中包括《抗战与戏剧》《关于抗战戏剧改进的报告》等重要文章。作者的长篇自传体散文《母亲的话》，在本书中是解放后首次以原刊本的面貌与读者见面。

田汉文集（十六） 1986

估价精 3.70 元　平 2.70 元

收入作者一九四九年后期到一九六三年所写的建国后各个时期的代表性文章。其中，有在各种会议上的讲话，有总结性的戏剧论文，有戏剧评论，中外文化名人、艺术家评介及其他散文。

夏衍剧作集（一）　会林　绍武编　1984

精 3.15 元　平 2.55 元

收入作者在一九三五年至一九四一年期间创作的《都会的一角》《中秋月》《赛金花》《上海屋檐下》《娼妇》等十二个话剧剧本。其中多幕剧、独幕剧各六部，并由唐弢作序。

夏衍剧作集（二） 1984

精 2.95 元　平 2.25 元

收入作者在一九四二年至一九五八年期间创作的《水乡吟》《法西斯细菌》《芳草天涯》等六个话剧剧本，其中多幕剧五个，独幕剧一个。

夏衍剧作集（三） 1986

精 4.00 元　平 3.20 元

收入话剧剧本六个。其中《复活》是根据列夫·托尔斯泰的同名小说改编的。《戏剧春秋》是作者与于伶、宋之的共同创作的。其余四个剧本《牺牲》《光明与黑暗》《乱婚裁判》《两个伊凡的吵架》是译自日本、俄国、苏联作家的作品。

于伶剧作集（一） 1984

精 2.95 元　平 2.00 元

全书共分四卷。本卷收入作者在一九三二年至一九四一年期间创作的《警号》《汉奸的子孙》《咱们打冲锋》等二十七个独幕剧。周扬为本书写了序。

于伶剧作集（二） 1985

精 3.35 元　平 2.35 元

收入作者在一九三七年至一九四〇年期间创作的多幕话剧《夜光杯》《女子公寓》《花溅泪》等五部。

子伶剧作集（三） 1986

精 4.60 元　平 3.40 元

收入作者一九四〇年至一九六二年间创作的多幕话剧《大明英烈传》《长夜行》《杏花春雨江南》《乌夜啼》《七月流火》。

地方戏曲选编（一）　本社编　1984　0.48 元

选收有吕剧《姊妹易嫁》、汉剧高腔《祭头巾》、赣剧弋阳腔《张三借靴》、陕南八岔戏《吹鼓手招亲》、汉剧《柜中缘》、评剧《花园会》等六个剧本。

地方戏曲选编（二） 本社编 1984 0.50元

选收有莆仙戏《春草闯堂》、川剧高腔《拉郎配》、豫剧《唐知县审诰命》三个剧本。

地方戏曲选编（三） 本社编 1984 0.46元

选收有扬剧《包公自责》、祁剧《包公坐监》、吉剧《包公赶驴》和《包公赔情》四个剧本。

地方戏曲选编（四） 本社编 1984 0.66元

选收有扬剧《包公告状》、秦腔《海瑞驯"虎"》、粤剧《风月救风尘》、河南平调《小包公》四个剧本。

地方戏曲选编（五） 本社编 1982.12 0.68元

选收有老调《忠烈千秋》、丝弦戏《花烛恨》和《关羽斩子》、豫剧《花枪缘》四个剧本。

地方戏曲选编（六） 本社编 1984 0.74元

选收有川剧高腔《钻窥记》、含弓戏《刘二姑吵架》、豫剧《程咬金娶媳妇》、梆子剧《凤归巢》等八个剧本。

评剧大观（一） 中国评剧院编 1984 0.67元

收有《刘巧儿》《杨三姐告状》《花为媒》等三个剧本，并附有唱腔选段。

评剧大观（二） 中国评剧院编 1985 1.15元

收有《金沙江畔》《杜十娘》《珠痕记》三个剧本，并附有唱腔选段。

评剧大观（三） 中国评剧院编 1985 1.05元

收有《邻居》《李娃传》《密建游宫》三个剧本，

并附有唱腔选段。

评剧大观（四） 中国评剧院编 1986.6 1.25元

  收有《闺女大了》《这样的女人》《牡丹仙子》三个剧本，并附有唱腔选段。

评剧大观（五） 中国评剧院编 1986.6 0.93元

  收有《楠竹夫人》《米酒歌》《无双传》三个剧本，并附有唱腔选段。

杜烽剧作选 1984

          精2.05元 平1.50元

  选收了作者于一九四四年至一九八〇年创作的四个多幕剧《李国瑞》《为和平幸福而战》《决胜千里外》和《英雄万岁》。作家丁玲为本书撰写了序文，书中还附有珍贵的剧照近二十幅。

超克图纳仁剧作选 1984

          精2.15元 平1.45元

  作者为我国蒙古族剧作家。本书选收了作者在一九五七年至一九七九年创作的多幕话剧《金鹰》《巴音敖拉之歌》和独幕话剧《我们都是哨兵》《戈尔丹大叔》等八个剧本。还收有张光年同志给作者的书信和作者创作体会文章。

华粹深剧作选 1984

          精2.20元 平1.70元

  选收了作者的京剧《哀江南》《虎皮井》,昆曲《牡丹亭》,河北梆子《窦娥冤》《秦香莲》等九个剧目；并将他早期的观剧随笔《听歌人语》附于书后。俞平伯、郭汉城等同志为此书写了序。后记中对华先生的生平事迹作了介绍。

优秀儿童剧选集 中国儿童戏剧研究会主编 1984

精 2.40 元　平 1.70 元

选有一九八二年全国第一次儿童剧观摩演出大会中获优秀创作奖的话剧、舞剧、歌舞剧、戏曲等十二部新作。

张闻天早期译剧集　程中原编　1984

精 2.00 元　平 1.50 元

收有译者所译德国的《浮士德》第一部的最后一场《监狱》，俄国安德列夫的《狗的跳舞》，西班牙倍那文德的《热情之花》和《伪善者》，意大利邓南遮的《琪珴康陶》五个剧本。每剧前面均附有译者的评介文章。

丁西林剧作全集（上、下）　1985

（上）精 4.00 元　平 2.80 元

（下）精 4.15 元　平 3.00 元

收入作者在一九二三年至一九七一年间创作的全部剧作，（包括译剧）共二十一个。分编上下两卷同时出版。其中歌舞剧、戏曲均是首次发表。

有争议的话剧剧本选集（一）　本社编　1986.7　3.75 元

近几年来，话剧创作相当活跃。无论在思想内容还是在艺术形式上，许多剧作家都在各自的创作实践中进行着大胆的探索。为了进一步探讨新时期话剧艺术如何适应建设社会主义精神文明的需要，更好地总结话剧创作的经验和教训，选编了部分争议较大、影响较广的话剧剧本结集出版。本选集分一、二两集。本集收入《明月初照人》《马克思流亡伦敦》《哥儿们折腾记》《吴王金戈越王剑》《马克思秘史》等五个剧本及有关评论文章。

有争议的话剧剧本选集（二）　本社编　1986.7　3.55 元

本集收入《车站》《小井胡同》《街上流行红裙子》《野人》《WM（我们）》等五个剧本及有关评论文章。

笑的戏剧——滑稽戏选　汪　培编　1985　3.05元

收集了三中全会以来创作的《路灯下的宝贝》《甜酸苦辣》《我肯嫁给他》等六个滑稽戏剧本及论文多篇。

王肯戏曲集　1986　1.85元

收有根据传统曲目、民间故事等改编的剧目及现代戏创作剧目共十六个，并附有文章三篇，郭汉城同志作序。

李明璋戏曲选　1986　2.50元

收有已故著名川剧作家李明璋的《谭记儿》《夫妻桥》《和亲记》《李存孝之死》和《丁佑君》等代表作。

宋之的剧作全集（一）　1986

精4.70元　平3.50元

全集共分四卷。本卷收有作者在一九三六年至一九三九年创作的《罪犯》《烙痕》《武则天》《怀乡曲》《自卫队》等十三个话剧剧本。

路翎剧作选　1986

精3.00元　平2.65元

本书选有作者在四、五十年代创作的四个话剧剧本《云雀》《人民万岁》《英雄母亲》《祖国在前进》。

二、戏剧理论

舞台美术研究　刘露　王韧等编　1957.4　0.75元
中国戏曲研究资料初辑　欧阳予倩编　1957.7　0.80元
王国维戏曲论文集　1957.11　1.30元

　　　　　　　　　　　　1986.8新一版第2次印刷　1.25元

　　本书收入作者《宋元戏曲考》《唐宋大曲考》《戏曲考源》《古剧脚色》《优语录》《录曲余谈》《戏曲散论》等有关戏曲研究方面的著作。

一个角色的创造　金　山　1957.11　0.65元

　　　　　　　　　　　　　　1980.12　0.70元

　　　　　　　　　　　　1985.7第3次印刷　1.20元

　　作者通过万尼亚舅舅的人物创造，论述了演员在创造角色时如何寻找角色的贯串动作和最高任务，如何体现剧本的主题思想，再现剧本的规定情境，及分析、挖掘和体验角色中丰富深刻的内心活动等。

戏剧的现实主义问题　张光年　1957.12　0.85元
新歌剧问题讨论集　中国戏剧家协会编　1958.3　1.60元
论新歌剧　张庚　1958.7　0.60元
关汉卿研究　《戏剧论丛》编辑部编

　　　　　　　　　　　　第一辑 1958.9　0.72元
　　　　　　　　　　　　第二辑 1959.3　0.86元

论戏曲反映伟大群众时代问题　《戏剧报》《戏曲研究》编辑部编

　　　　　　　　　　　　（一）1958.9　1.05元

(二) 1959.6 1.07元

论戏曲表现现代生活 张庚 1958.9 0.56元

话剧创作散论 赵寻 1958.12 0.58元

农村通俗文库：

怎样做好巡回演出工作 1958.12 0.14元

农村业余剧团怎样搭台和建筑剧场 1958.12 0.06元

农村业余剧团怎样化妆和制作服装道具 1958.12 0.09元

农村业余剧团怎样组织演出 1958.12 0.07元

农村业余剧团怎样排戏 1958.12 0.08元

怎样培养农村业余戏剧骨干 1958.12 0.11元

新型农村业余剧团组织经验 1958.12 0.11元

怎样辅导农村戏剧活动 1958.12 0.06元

京剧常识讲话 孙荣柏 1959.3 0.20元

生旦净末丑表演艺术 白云生 1959.3 0.64元

梅兰芳戏剧散论 1959.5 0.86元

川剧旦角表演艺术 中国戏曲研究院编 1959.8 2.90元

1980.8 第二版第3次印刷 1.90元

本书较系统地介绍了阳友鹤在川剧旦角基本训练与表演等方面的经验，并附有基本动作的照片二百余幅。

捉放曹的人物创造——郝寿臣表演艺术之一 郝寿臣述 吴晓铃记

1959.11 0.23元

言菊朋的舞台艺术 1962.7 精0.85元

1959.11 平0.23元

程砚秋的舞台艺术 1962.7 精1.20元

1959.11 平0.43元

中国古典戏曲论著集成（1—10） 中国戏曲研究院编

1959—1960 11.80元

          1982.11 第 4 次印刷 12.30 元

这是我国历代戏曲论著的总集。选辑、校录了一千多年来唐、宋、元、明、清五个朝代的戏曲理论专著四十八种。其中有关于古典戏曲编剧、制曲、歌唱和表演等的论述。以及戏曲源流的考察，作家、演员传记和掌故、史料等。

李笠翁曲话 1959 0.30 元

         1980 第二版第 3 次印刷 0.36 元

这是清代戏曲理论家李渔所著《闲情偶寄》一书中的《词曲部》和《演习部》，是我国戏曲史上的理论批评著作之一。

荀慧生的舞台艺术 1962.7 精 1.05 元

            1960.1 平 0.34 元

戏曲基本知识小丛书：

京剧曲牌简编 吴春礼 张宇慈编 1960.2 0.38 元

           1983.4 第二版 0.50 元

这是一本介绍戏曲音乐常识的小册子。讲述了笛子、唢呐、胡琴等乐器用于京剧的伴奏和吹奏方法，介绍了六十多支常用曲牌，并对每支曲牌的应用作了简要的说明。

京剧锣鼓 吴春礼 何为等 1960.2 0.39 元

        1983.3 第二版第 2 次印刷 0.50 元

作者较系统地介绍了京剧打击乐器的演奏和练习方法，介绍了五十余种京剧常用的锣鼓点，对于每一种锣鼓点在什么情形下应用以及具体打法，都作了简要的说明。

京剧的角色分行及其艺术特点 陶君起 1960.2 0.17 元

京剧化妆常识 黎新 朋弟 1960.2 0.62 元

戏曲砌末与舞台装置　王遐举等　1960.2　0.65元

戏曲唱工讲话　肖晴　1960.2　0.33元

周信芳戏剧散论　1960.3　0.57元

谈麒派艺术　1962.5　精1.20元

　　　　　　　　　　　　　　1960.4　平0.41元

花雨集　马少波　1960.5　0.94元

舞台布景绘制方法　王世伟　1960.5　0.24元

写戏常识　李宜山　1960.5　0.31元

　　　　　　　　　　　　1985.4新一版　0.38元

　　本书是编剧理论的通俗性读物，作者论述了戏剧的人物形象、结构、语言，以及作家世界观和创作方法。此书曾在一九六〇年由我社出版。这次再版，作者作了修订和补充。

化妆常识　常大年　1960.6　0.60元

梅兰芳的舞台艺术　许姬传　朱家溍　1962.5　精1.65元

　　　　　　　　　　　　1960.7　平0.67元

京剧行当　景孤血　1960.8　0.28元

　　　　　　　　　　　　1981.12　0.28元

　　　　　　　　　　1984.8第3次印刷　0.28元

　　作者介绍了京剧行当的分类以及各种行当在戏中的地位。以具体剧目中人物为例，深入浅出地说明了他们各自的表演特点。

表演经验　中国戏曲研究院编

　　　　　　　　第一辑　1960.8　0.27元

　　　　　　　　第二辑　1960.8　0.28元

理想与现实　伊兵　1960.8　0.60元

中国戏曲论集　周贻白　1960.9　1.60元

戏曲表演的十耍技巧　董维贤　曲六乙　1960.9　0.33元

周信芳的舞台艺术　周信芳口述　卫明　吕　仲记录整理　1961.12

　　　　　　　　　　　　　　　　　　精 2.70 元　平 1.45 元

论汤显祖剧作四种　侯外庐　1962.7　0.37 元

戏的念词与诗的朗诵　洪深　1962.11　0.32 元

　　　　　　　　　　　　　1981.10 第 2 次印刷　0.32 元

　　　　　书中介绍了作者研究古今中外文学语言音韵的有关论述，并结合我国现代戏剧与诗歌发展状况，从语言的四声、发音等方面探索戏剧念词与诗歌朗诵的艺术规律。

戏曲演唱论著辑释　周贻白　1962.12　0.68 元

　　　　　　　　　　　　　1983.4 第 3 次印刷　0.72 元

　　　　　收入元代燕南芝庵《唱论》、明代魏良辅《曲律》、清代李渔《闲情偶寄·演习部》、清代俞维琛、龚瑞丰述、叶元清录《明心鉴》等四种关于中国戏曲的论著。为使戏曲演员能够读懂，作者对此作了较详尽的注释。

古为今用及其他　张真　1963.1　0.49 元

少数民族戏剧研究　本社编　1963.6　0.94 元

乌兰牧骑——红色文化工作队　本社编　1965.6　0.60 元

京剧《红灯记》评论集　中国戏剧家协会编　1965.6　0.90 元

京剧《沙家浜》评论集　中国戏剧家协会编　1965.10　0.74 元

戏曲艺术论　张庚　1980.4　1.20 元

　　　　　该书论述了中国戏曲的形成，戏曲剧本、音乐、导演、表演艺术、舞台美术以及戏曲艺术与生活的关系，百花齐放和推陈出新等问题。

《茶馆》的舞台艺术　北京人民艺术剧院编　1980.7　2.20 元

　　　　　本书全面、细致地总结了该剧的舞台创作经验。包括舞台演出本，导演的构思，作者、演员、舞台美术工作者的创作心得体会。并附有珍贵剧照、人物造型设计,舞美设计等。

萧长华戏曲谈丛 萧长华述 钮骠记 1980.12 0.70元

选辑了作者建国以来撰写的文章,内容为:1、戏曲教育,论述因材施教的教学方针,回忆过去教学生活;2、表演艺术,根根自己的演剧经验,探讨了京剧小花脸的表演艺术;3、对梅兰芳、程砚秋等表演艺术家的回忆和评论。

编剧理论与技巧 顾仲彝 1981.6 1.65元

本书通过对古今中外优秀剧作和戏剧理论的研究,探索了编剧艺术的规律。全书分为绪论、戏剧题材与主题思想、戏剧冲突、戏剧结构、戏剧人物、戏剧语言等六章。

戏曲语言漫论 吴琼 1981.9 0.28元

本书论述了戏曲语言的性格化、戏曲语言的行动性和特点等问题。

京剧生行艺术家浅论 王庾生述 吴同宾 李相心整理

1981.10 0.95元

本书是王庾生一九六〇年在天津人民广播电台播讲的京剧生行艺术专题讲座稿,主要讲余叔岩、杨小楼、汪桂芬、孙菊仙、汪笑侬、尚和玉等名家的表演艺术,书前附有这些老表演艺术家的珍贵照片。

吴祖光论剧 1981.11 1.50元

收作者有关戏剧的文章七十余篇。其中包括戏曲改革、创作心得、演剧生活追忆和剧坛掌故。

老舍论剧 王行之编 1981.12 1.10元

选收了老舍一生所写的有关戏剧艺术理论和回顾

自己的创作历程及戏剧评论等文章共六十四篇。

曹禺剧作论 田本相 1981.12 1.20元

1985.10 第2次印刷 1.70元

本书对曹禺创作的《雷雨》《日出》《北京人》《家》等作品的思想内容、人物塑造、艺术风格等方面进行了深入的研究。

怎样排戏 严 正 1982.2 0.11元

本书较系统地介绍了怎样选择剧本、研究剧本。怎样做好准备工作，怎样排戏等基本常识，并从理论上做了阐述。

《骆驼祥子》的舞台艺术 北京人民艺术剧院编 1982.3 2.15元

本书深入细致地总结了该剧的舞台创作经验。包括导演阐述改编和导演该剧的论文，评论家分析著名演员的表演艺术，演员和舞台工作人员的创作体会，以及珍贵的图片资料。

台下人语 吴小如 1982.4 0.73元

本书为作者近三十年所写的戏曲散论、短评文章的结集。全书分两部分：第一部分是戏曲散论，包括对剧目的分析研究，对著名演员表演艺术的评述，剧坛掌故、轶闻，以及有关戏曲改革的杂感；第二部分是《中国戏曲发展讲话》。

戏曲艺术论集 马少波 1982.4 1.65元

收入作者自四十年代末至八十年代初的戏曲论文，其内容包括对戏曲改革政策的阐述、剧目评论、以及对老一辈艺术家的经验总结。

乐府传声译注 清·徐大椿著 吴同宾 李 光译注

1982.4 0.39元

《乐府传声》是我国清代研究戏曲演唱艺术的一部

重要著作。它系统而深入地分析了戏曲演唱艺术中关于字音口法、宫调、曲词与曲调等各方面的问题，许多精辟的论述至今仍有现实的指导意义和借鉴作用。本书对这部著作了较详尽的注释。

刘奎官舞台艺术　刘奎官述　赵风池记录　黎方整理

1982.4　1.10元

著名京剧花脸艺术家刘奎官的艺术经验集。书中以《通天犀》等代表剧目为例，详细记录了他的表演艺术精华，并介绍了他的学艺演出生活。

舞台语言外部技巧初探　周翰雯　冯明义　1982.5　0.56元

本书主要介绍演员如何运用语言的变化技巧。哭与笑的技巧，气息变化的技巧，结合内心体验，创造具有鲜明个性特征的人物语言，及为演员掌握以上外部技巧而编写的各种练习和训练的戏剧片段。

戏剧化妆常识　封顺　1982.6　0.45元

本书是供专业与业余演员化妆造型的参考书。全书分二十二个部分，对化妆造型、头套、胡子、睫毛等制作方法，都作了较详细的介绍，并附有人物化妆造型的彩色图样多幅。

陈伯华的唱腔艺术　彩麟　1982.7　0.75元

作者扼要叙述了陈伯华的艺术生活，并以较多的谱例介绍了陈派唱腔的风格特色和她创腔、用嗓各个方面的艺术经验。

明刊本《西厢记》研究　蒋星煜　1982.7　1.45元

本书是作者研究《西厢记》的结集。对《西厢记》各种刊本作了系统而深入的研究和评价，从内容、形式、批校、注释各方面考查了《西厢记》的发展变化，并对版本源流等作了探讨。

舒强戏剧论文集　1982.7

精 2.65 元　平 1.80 元

汇集了作者解放后发表的主要戏剧理论文章。分话剧、歌剧两个部分。其中对表导演艺术的理论和实践问题，进行了多方面的探索，并对斯氏体系作了介绍。

怎样变魔术　杨振华　万鹰　1982.8　0.18 元

本书简要介绍了戏法与魔术的由来、区别以及怎样变魔术和制作道具。书中附魔术五十例，中国戏法五例。

攻坚集　北京人民艺术剧院编　1982.8　2.00 元

本书是北京人艺的编剧、导演、演员、舞台美术工作者总结建院三十年来艺术经验的文章汇集。全书分为作家与剧院、导演的艺术创造、表演的艺术创造、舞台美术和舞台技术等部分。

李健吾戏剧评论选　1982.9　1.80 元

收入作者四十年来写的戏剧理论、戏剧评论文章四十九篇。其中有对戏剧理论的探讨，有对莫里哀喜剧的研究，有戏曲随笔，话剧评论等。

舞台美术文集　中国艺术研究院戏曲研究所编　1982.10　1.80 元

收入一九四九至一九六六年期间有关戏曲、话剧，舞剧的舞台美术论文共六十篇，并附有插图（舞台设计图）五十八幅。它反映了我国这段时间内舞台美术创作的面貌和理论研究的成果。

舞台绘景知识　王振山　孙家铨　王钧平　1982.10　0.34 元

本书是"中央戏剧学院戏剧艺术丛书"中一部关于舞台美术的论著，包括绘景的任务及表现，绘景的特征，工作程序，设备工具，颜料，调料的基本方法，绘景与舞台灯光等。

中国戏剧批评的产生和发展　夏写时　1982.10　0.47元

本书以唐代《踏谣娘》的诞生，作为我国戏剧的起点，探索了随之而产生的戏剧批评及其在唐、宋、元三代的发展，并对明初及明中叶李卓吾、王骥德和吴江派的理论作了阐述。

新舞蹈艺术概论　吴晓邦　1982.12

精1.85元　平0.89元

这是作者五十年来从事舞蹈教学、创作、表演实践活动的经验及理论总结。全书共分四章，包括舞蹈的基本概论、要素，舞蹈与姐妹艺术的关系，舞蹈美术与舞蹈思想，现代舞蹈的基本技术和理论，组织创作的经验和中国舞蹈发展史纲。

周信芳艺术评论集　1982.12

精3.35元　平2.45元

本书是从建国以来全国各报刊所发表的评论麒派艺术的大量文章中选编而成的。包括对周信芳的艺术道路、表演艺术经验、戏曲美学观点的评论，以及对他的师承演剧生活、思想道德等方面的回忆文章。

话剧结构新探　孙惠柱　1983.2　0.68元

本书是作者的硕士论文。书中考察了中外话剧发展历史各主要阶段的一些经典剧作，从中概括出纯戏剧式、史诗式、散文式、诗式和电影式等五类主要戏剧结构形式，并对其审美价值作了深入探讨。

论戏曲音乐　音协上海分会　剧协上海分会编　1983.2　0.47元

本书收入一九八一年上海戏曲音乐座谈会上的十七篇论文和专题发言。内容包括戏曲音乐的一般理论研究和京、昆、越、沪、淮等剧种的音乐创作经验，流派的继承发展，以及主奏乐器和声乐训练方面的探讨文章。

中国话剧学习外国戏剧的历史经验　丁罗男　1983.2　0.55元

本书是作者的硕士论文。书中探究了中国话剧初创时期广泛地引进外国戏剧及戏剧理论的历史背景和积极作用，较全面地总结了我国话剧初创阶段的历史经验。

王骥德《曲律》研究　叶长海　1983.2　0.68元

本书是作者的硕士论文。作者剖析了《曲律》的主要内容：创作论、作家作品评论和声律论等，探讨了王骥德及明代后期戏曲理论研究的特色、成就、是非得失及其在中国文艺理论发展史上的地位。

戏曲龙套艺术　叶仰曦　鲁田　1983.4　0.34元

本书对戏曲龙套的由来、艺术作用、表演、唱念以及龙套常用的音乐曲牌和穿戴等方面作了系统的介绍，并附龙套步法和舞台部位图八十九幅。

《日出》导演计划　欧阳山尊　1983.4　1.85元

本书是作者为排演曹禺名作《日出》所写的导演计划，并阐明了导演艺术的一般理论问题。

吴梅戏曲论文集　王卫民编　1983.5　2.40元

本集收入清末民初著名戏曲理论家吴梅撰述的《中国戏曲概论》《曲学通论》《顾曲麈谈》《元剧研究》《曲海目疏证》《瞿安读曲记》及序跋、书牍、散论等，其中包括过去未发表过的论文多篇。

玉轮轩曲论新编　王季思　1983.5　0.97元

收入作者对中国传统悲喜剧的探讨及对《昭君怨》《长生殿》和《桃花扇》等剧的研究文章。

怎样写广播剧　宋家玲　1983.6　0.37元

这是一本编写广播剧的基础理论读物，全书共分十五章，较系统地探讨了广播剧的艺术规律，并结合建国以来的优秀广播剧论述了广播剧的艺术特点及其编写方法。

张君秋戏剧散论　谢虹雯　安志强整理　1983.6　1.10元

作者在书中记述了自己富于传奇性的艺术经历、成长道路以及塑造谭记儿、莺莺等人物形象的表演经验，有些文章则着重讲述了演员道德修养问题，并附有演出剧照多幅。

舞台化妆基础　李德权　孙穆　1983.6　0.80元

本书对舞台化妆的基础知识和化妆用品的制作工艺作了比较全面系统的介绍。全书共十章，对头部解剖和人物造型的关系、人物的化妆方法、以及化妆品的工艺制作等都从理论角度进行了阐述。

舞台美术选集　北京人民艺术剧院编　1983.8

精9.35元　平8.55元

本书是从北京人民艺术剧院建院三十年来演出过的近一百五十个古今中外剧目的舞台美术设计中，选出五十三个反映不同社会内容、风格、表现手法的作品，还有重点剧目的舞台设计平面图等。

导演术基础　张骏祥　1983.9

精1.75元　平1.30元

作者论述了喜剧、笑剧、悲剧、情节剧与伤感剧的导演方法，并结合中外优秀剧作，阐明了导演艺术的基本原则与工作方法。

戏曲教育论集　史若虚　1983.11　0.67元

本书辑录了作者有关戏曲教育方面的文章十六篇，并附录了其它文章五篇。

《红鼻子》的舞台艺术　林克欢编　1984.4

精 2.35元　平 1.75元

本书全面细致地总结了该剧的舞台创作经验。包括导演构思和演员与舞台工作者谈创作体会的文章。介绍了该剧作者的创作生涯，附有其在美国访问的记录，以及剧作者母亲写给剧院的信等。

艺耕集　蔡体良编　1984.4　1.40元

本书是中国青年艺术剧院建院三十五周年以来，部分同志撰写的总结艺术经验的文集。它从不同侧面展示了青艺舞台艺术的创造，其中包括剧院剧目、导演、表演、舞台美术等方面的艺术探索。

《风雷夜归人》的舞台艺术　王正等编 1984.4

精 2.90元　平 2.35元

本书深入细致地总结了该剧的舞台创作经验，有舞台演出本、导演构思、演员和舞台美术工作者的创作体会；有黄永玉的人物速写；还有邓颖超同志观剧后的谈话记录，剧作者的纪念文章，吴雪、张颖等的评论文章。

汤显祖研究论文集　1984.5　2.60元

本书收集了近年来国内著名专家、教授和中青年理论工作者对汤显祖研究的文章，并评价了《玉茗堂四梦》的思想意义和艺术成就。

周慕莲谈艺录　胡度辑录整理　1984.7　0.29元

本书为著名川剧表演艺术家周慕莲在生前教学、

讲学和艺术活动中的谈话记录。

戏曲美学论文集　本社编　1984.9　1.95元

这是戏曲美学研究的一部论文合集,选自一九八〇年以来的期刊杂志中有关戏曲文学、演员艺术、表现程式、唱腔音乐、舞台美术等方面的美学研究文章,作者多是知名学者、专家。

裘盛戎艺术评论集　方荣翔　张胤德编　1984.9　1.30元

本书所辑录的部分文章,对裘盛戎的艺术道路及其流派的独特的风格,各有侧重地作了系统的介绍和研究,有的文章着重对"裘派"的表演经验和唱腔艺术作了详尽的分析和探讨。

进一步革新和发展戏曲艺术　中国戏曲现代戏研究会文化部艺术局创作研究会编

1984.11　1.30元

该书选收了近年来戏曲界著名专家撰写的论文二十四篇。全书共分三个部分,分别论述了发展戏曲的方针、政策,并从剧本创作、表导演、唱腔革新、舞美设计等方面论述了其发展的重要性,记述戏曲表现现实生活的历史印迹和基本经验。

戏曲编剧技巧浅论　范钧宏　1984.12　0.49元

作者从自己的创作实践出发,结合优秀传统剧目,探讨编剧技巧上的得失,深入浅出,对戏曲编剧技巧具有普遍性和规律性的问题作了理论上的探索。该书将分三册出版,第一册《结构篇》。

论话剧导表演艺术(一)　张仁里编　1985.2

精2.70元　平2.00元

本辑收入著名导演艺术家焦菊隐、黄佐临、金山等撰写的有关导演理论的文章,内容包括:剧本分析、导演构思、导演如何向民族传统学习、以及近年来话剧舞台上导演方面的探索和创新等。

论话剧导表演艺术（二） 张仁里编 1986.1

精 2.85 元 平 1.35 元

本辑收入刁光覃、于是之、朱琳等著名演员撰写的有关话剧表演艺术的理论文章，内容包括：演员如何创造舞台形象，表演如何向民族传统学习，喜剧的表演经验，以及关于国外体验和体现两大流派的主要观点介绍。

戏曲表演美学探索 陈幼韩 1985.3 1.85 元

作者从美学观的角度，从表演体系、戏剧学派、艺术观、艺术原则、民族特色等五个方面，结合戏曲舞台艺术的丰富实践经验，对戏曲表演艺术进行了体系性的探索。

于伶戏剧电影散论 1985.4 精 3.05 元

收辑了作者有关戏剧、电影的论文、创作经验及对同时代战友艺术生涯的回忆，对青年作者创作的指导。

听涛室剧话 曹聚仁 1985.4 1.75 元

本书选辑了作者一九四九年以后在港澳撰写的有关戏剧评论和戏剧史论文章，作者对南曲衍变的研究，对新中国戏剧的评论，都有新的见解。

《绝对信号》的艺术探索 北京人民艺术剧院编 1985.5 1.25 元

本书总结了该剧的舞台创作经验。书中有演出台词本，有导演与作者谈该剧艺术构思的文章，有运用小剧场演出形式的探索，有演员和舞美工作者的创作体会，还选收了一部分评论文章。

陈白尘创作历程论 董健 1985.5 2.50 元

该书系统地研究了陈白尘六十年来艰辛曲折、上下求索的创作道路,并按时间顺序分几个阶段论述了他在讽刺喜剧、历史剧、小说、电影等方面的创作成就。全书共分七章,附创作年表。

王瑶卿艺术评论集 史若虚 荀令香编 1985.5 2.45元

本书辑录了数十篇研究论文,从不同角度研究、探讨了"王派"艺术的独特风格和巨大影响,介绍了卓越的京剧表演艺术家和戏曲教育家王瑶卿的艺术成就、教学成果。

台上·台下 凤子 1985.6

精3.00元 平2.70元

书中前一部分是作者解放前撰写的,有作者的舞台生涯和抗战期间的一些戏剧活动,后一部分是解放后写的,有对当前创作思想、创作方法发表的意见,有对解放前戏剧活动的回忆,大部分文章是对解放后三十多年来演出剧目的评论。

古典戏曲导演学论集 高宇 1985.9 2.10元

本书初步探讨了汤显祖、冯梦龙、潘之恒、张岱、李渔等人对我国古典戏曲导演学的建立和发展。

焦菊隐戏剧散论 杜澄夫 蒋瑞 张帆编 1985.10 3.10元

本书收辑了焦菊隐在排演场上的讲话和报告、论文的提纲、重要的书信、以及他在解放前发表的部分文章,其中三十年代留学法国时用法文写的博士论文《今日之中国戏剧》,是国内首次翻译发表。

戏曲音乐研究 何为 1985.12 3.20元

本书汇集了作者从五十年代中期迄今发表的有关戏曲音乐特征、规律、创作技巧、发展源流等各方面的论文和学术报告十篇。

导演艺术创新讨论集 《戏剧报》编辑部编 1985.12 0.77元

本书收集的十六篇论文是参加一九八二年《人民戏剧》召开的导演座谈会部分导演的发言。它从不同角度阐述了对话剧导演艺术的创造和发展的看法，对话剧导演艺术的规律进行了较深入的探索。

胡可论剧 1985.12 1.85元

辑录了作者多年所写的创作经验，对戏剧艺术规律的探讨以及评论文章共二十多篇。

古典戏曲编剧六论 祝肇年 1986.2 2.50元

作者从戏曲艺术特征和音韵等六个方面对古典戏曲编剧的规律与技巧进行了探索，并总结了前人的创作经验与教训，给今天的戏曲作者以借鉴。全书分为六论，前三论侧重介绍戏曲知识，后三论侧重写作技巧。

戏曲唱词浅谈 顾乐真 1986.6 0.95元

本书是作者长期从事戏曲编剧与辅导业余戏曲作者实践经验的总结，专论唱词艺术。不仅把唱词作为戏曲剧本的重要有机组成部分多方面举例论述，而且注意从舞台表演和音乐设计角度考虑问题，知识性与技巧性并重。

戏剧观争鸣集（一） 杜清源编 1986 1.80元

本书收录了我国部分剧作家、导表演艺术家、戏剧理论家等论述"戏剧观"的文章十九篇。从美学、心理学、哲学及观众学等角度对戏剧观进行了深入、细致的探讨。

剧作家的沉思 王正 1986.6 2.45元

本书收集了作者三十多年来所写的戏剧理论、话剧评论、导表演理论及本人创作体会等三十一篇。其中，既有对古今中外一些名著及导表演艺术的心得体会，又有对话剧现状进行的认真思考，不乏真知灼见。

话剧艺术概论　谭霈生　路海波　1986.7

精 4.15 元　平 3.40 元

本书对戏剧构成的诸因素，话剧艺术的本质特征，戏剧的种类和体裁，迄今的各种话剧流派，观众学及戏剧的社会功能等，均用专章论述；对话剧发展的历史作了必要的介绍；对当前戏剧界关心的诸多理论问题，也表示了自己的见解。

燕南寄庐杂谭——盖叫天谈艺录　盖叫天口述

沈祖安　彭兆荣　杜钦记录整理

1986.6　1.25 元

本书以漫谈、随笔的形式，记录了著名表演艺术大师盖叫天（张英杰）从一九五八年以后，直至逝世前有关他的艺术生活的论述，及许多涉及戏曲美学的精辟见解。

※　※　※　※　※

在动作中分析剧本和角色（戏剧理论译文集之一）

〔苏〕玛·克尼别尔等著　马　华等译

1957.5　0.72 元

论导演构思（戏剧理论译文集之二）

〔苏〕阿·吉基等著　李孟岩　王爱民译

1957.7　0.86 元

论匠艺（戏剧理论译文集之三）

〔苏〕斯坦尼斯拉夫斯基等著　张守慎等译

1957.9　0.85元

舞台调度（戏剧理论译文集之四）〔苏〕尼·彼得罗夫等著　周来等译　1957.11　0.90元

角色的创造（戏剧理论译文集之五）
〔苏〕伊戈尔·伊里茵斯基等著　沈笠等译　1958.5　0.80元

论演员的自我感觉（戏剧理论译文集之六）
〔苏〕格·尼·古里叶夫等著　王　文等译　1958.8　0.65元

论剧作家劳动（戏剧理论译文集之七）〔苏〕高尔基等著　孟昌等译　1959.6　0.57元

戏剧理论译文集之八　本社编　1960.3　0.83元

戏剧理论译文集之九　中国戏剧家协会研究室编　1963.4　1.30元

元人杂剧概说　〔日〕青木正儿著　隋树森译　1957.7　0.48元

1985.7　0.86元

剧本·导演·演员〔苏〕戈尔恰柯夫著　何若非译　1957.10　0.62元

斯坦尼斯拉夫斯基体系讲座〔苏〕格·尼·古里叶夫著　张守慎等译　1957.10　0.70元

演员的技术　〔苏〕华·托波尔科夫著　张守慎译　1957.12　0.55元

1981.10第2次印刷　0.55元

作者根据自己的导表演创造过程和教学经验，论述了表演艺术中的现实主义方向，演员基本技术在创造舞台真实中的意义，有机行动中的某些元素和语言行动等专题。

斯坦尼斯拉夫斯基体系问题　舒强　1957.12　0.70元

论聂米罗维奇——丹钦柯导演方法　〔苏〕玛·克涅别尔著　周　来译　1959.9　0.80元

1985新一版　0.95元

作者根据自己的体会和研究，阐述了这位艺术大师的美学观点和创作方法中的若干基本问题。

契诃夫与艺术剧院 〔苏〕玛·斯特罗耶娃著 吴启元 田大畏等译

1960.1 1.40元

导演学基础 〔苏〕格·古里叶夫著 张守慎译 1960.3 1.50元

1984.8第4次印刷 1.70元

本书以苏联导演格·古里叶夫于一九五五年至一九五七年在中央戏剧学院导演师资进修班讲稿的第二部分编辑而成。主要阐述导演从选择剧目、分析剧本、研究体裁风格、直到形成导演构思和制定导演计划的全过程的基础理论与方法。

《瓦萨·日列兹诺娃》的剧本分析和角色创造

〔苏〕波·比亚里克等著 夏立民等译

1960.5 0.62元

中国人民的戏剧 〔苏〕谢·奥布拉兹卓夫著 林耘译

1961.7

精1.25元 平0.90元

1985.11 新一版

精1.80元 平1.45元

这是一本专门论述中国戏剧艺术的著作，作者对中国京剧及地方戏作了高度的评价，提出了许多见解，并从戏剧观的高度把我国戏曲与欧洲戏剧进行了比较研究，提出其中的异同。

木偶戏技术 〔苏〕阿·费道托夫著 金乃学译 1961.9 精0.94元

1961.8 平0.61元

剧作法 〔英〕威廉·阿契尔著 吴钧燮 聂文杞译

1964.6 1.25元

1980.9 1.25元

1983第3次印刷 1.25元

这是专门论述戏剧创作技巧的论著，作者对戏剧技巧的一些基本问题和基本规律作了论述，对于戏剧创作实践以及了解、研究欧洲戏剧创作理论具有一定参考价值。

新生活——新戏剧（苏联现代戏剧理论专辑）
中国戏剧家协会研究室编　1964.11　1.55元

戏剧冲突与英雄人物（苏联现代戏剧理论专辑）
　　　　　　　　中国戏剧家协会研究室编　1965.1　1.70元

布莱希特戏剧印象记　卞之琳　1980.1　0.42元

作者对布莱希特思想和艺术发展的道路作了生动的介绍，对他的一些代表作品作了细致的分析和评论。

笑——论滑稽的意义　〔法〕柏格森著　徐继曾译　1980.3　0.42元

本书是作者在《巴黎评论》上发表的三篇关于笑的论文。论述了生活中的各种滑稽现象，包括形式、动作、情景、语言，并对性格的滑稽作了精细的分析。对戏剧中的喜剧情节、人物作了深入系统的研究，对产生笑的原因和作品中的喜剧手法进行了探索和概括。

美国戏剧论辑（一）　廖可兑等　1981.4　0.61元

本书论述了当今美国著名作家尤金·奥尼尔、莉莲·海尔曼、田纳西·威廉斯、阿瑟·密勒、爱德华·奥尔比的剧作及创作生涯，以及二百年来的美国戏剧概况和黑人戏剧的发展。

美国戏剧论辑（二）　廖可兑等　1985.11　0.87元

收入关于美国戏剧的论文八篇。分两部分。第一部分介绍美国著名剧作家尤金·奥尼尔、桑顿·怀尔德、奥德茨、尼尔·赛蒙和劳逊，并对他们的代表作进行了评述。第二部分概述美国工人戏剧、小剧场运动和舞台美术的发展情况。

演员的道德 〔苏〕斯坦尼斯拉夫斯基著 许柯 郑雪莱译

1981.9 0.18元

作者论述了培养演员道德，遵守艺术纪律、建立剧场秩序的原则及其重要性。

马克思恩格斯和莎士比亚戏剧 孙家琇编 1981.10 0.30元

本书由编者将《马克思恩格斯全集》、《马克思恩格斯选集》及《马克思恩格斯论艺术》中涉及英国十六世纪伟大剧作家莎士比亚的四十五条引文及莎士比亚二十六个剧本的一百二十五条引文汇集而成。

戏剧剖析 〔英〕马丁·艾思林著 罗婉华译 1981.12

精0.77元 平0.40元

作者根据自己对戏剧的多年研究和导演经验，分析了戏剧的本质、结构和表现能力，以及戏剧对社会的影响等。

论演出的艺术完整性 〔苏〕阿·波波夫著 张守慎译

1982.7 1.20元

书中着重从导演角度，以具体的演出实例来说明怎样达到全剧所有形象高度的艺术统一。书中还分析了一些名画，以探讨艺术结构的整体与局部、节奏与速度、色彩与气氛的协调一致等问题。

当代美国剧作家 〔英〕凯瑟琳·休斯著 谢榕津译

1982.7 0.49元

本书评述了第二次世界大战以来美国剧坛上著名的剧作家田纳西·威廉斯、阿瑟·密勒、大卫·雷伯等人的作品，并对他们的崛起以及他们对美国当代戏剧所产生的影响作了评价。

斯坦尼斯拉夫斯基的导演课 〔苏〕尼·戈尔恰科夫著
孙维世　张守慎等译　1982.11　3.00元

作者根据斯氏的排演笔记及导演和演员的谈话记录写成。书中通过斯氏导演《生活的战斗》《费加罗的婚礼》等戏的创作过程及排演实例，阐述斯氏"体系"的本质。

舞台速度节奏 〔苏〕格·尼古里耶夫等讲授　王爱民等译
1983.2　0.74元

本书选载了五十年代两位苏联戏剧专家在中国讲学的授课记录。系统讲授开设节奏课的意义、舞台速度节奏在表演技巧中的地位和作用、训练节奏的方法和练习、节奏表演小品等。

西方现代剧作戏剧性研究　陈世雄　1983.2　0.48元

本文是作者的硕士论文。书中着重论述了：契诃夫心理性与戏剧性的关系，布莱希特史诗剧的叙述性与戏剧性的关系；荒诞派剧作的非理性与戏剧性的关系；并从戏剧审美、冲突、内外因素关系等角度，概述现代西方剧作的发展趋势和戏剧性问题。

奥尼尔创作论　汪义群　1983.2　0.55元

该书是作者的硕士论文。书中深入研究了奥尼尔的世界观、创作倾向和丰富多样的表现手法，并将其创作放在整个欧美戏剧发展史中加以考察，书末附有奥尼尔的生平和创作年表，以及他的剧作首演系年。

戏剧概论　〔日〕河竹登志夫著　陈秋峰等译　1983.2　1.15元

书中主要论述什么是戏剧、剧本与戏剧性、演技与演员、剧场与观众等重要理论问题，并用大量史料介绍了日本及世界戏剧的发展史概貌和理论研究近况,书末附世界戏剧年表。

他山集　童道明　1983.9　1.80元

本书是作者多年从事外国戏剧艺术研究的文章选集,有对外国戏剧家、流派的研究,对文艺的假定性、导表演艺术理论、现实主义理论等方面的探讨。

斯坦尼斯披夫斯基体系论集　郑雪莱　1984.6　0.73元

本书共收集了作者关于斯氏体系问题的论文八篇,扼要地叙述了斯氏体系的形成与发展过程,阐释了体系中主要的术语,对如何借鉴斯氏体系的基本原理来建立我们自己的演剧理论问题也作了阐述。

论布莱希特戏剧艺术　本社编　1984.6　1.60元

本书是关于布莱希特的研究文集。包括作家研究、表演理论研究、作品研究、布氏与其它戏剧艺术家比较研究、舞台美术研究等部分,并附有建国以来国内发表的研究布莱希特的文章目录索引,供研究者参考。

迈向质朴戏剧　〔波兰〕耶日·格洛托夫斯基著　魏　时译　刘安义校
　　　　　　　　　　　　　　　　　　　1984.7　1.10元

本书是作者的戏剧理论汇编,包括他对戏剧革新运动的见解及其实践经验的总结。

戏剧技巧　〔美〕乔治·贝克著　余上沅译　1985.1　2.45元

本书作者是美国著名戏剧理论家与教育家。此书分别论述了戏剧的要素、情节安排、性格描写、对话以及编写剧本提纲等。

论古希腊戏剧　罗念生　1985.4　0.90元

作者系统地阐述了古希腊悲剧、喜剧、摹拟剧的起源和发展，详尽地评介了埃斯库罗斯等一些戏剧家及其代表作，分析研究了亚里斯多德的《诗学》，比较研究了国外学者的各派见解，并提出了自己的看法。

舞台灯光 〔英〕礼查德·皮尔布罗著　韩晓风　陈　武译

1985.8　2.05元

作者是英国著名舞台灯光设计专家。书中详述了舞台灯光的理论，设计过程与布光方法，介绍了各种类型的灯具，新型灯光控制系统的性能与作用，并例举了戏剧演出实例来探索成功的经验。该书译本是根据一九七九年修订新版译出的。

文艺学概论 〔日〕浜田正秀著　陈秋峰　杨国华译

1985.8第3次印刷　0.83元

作者是日本玉川大学教授。本书反映了他在七十年代中期的文艺理论研究成果，以及丰富的教育内容和新颖的教育法。

论契诃夫的戏剧创作 〔苏〕叶尔米洛夫著　张守慎译　2.50元

作者对契诃夫作品的思想意义和艺术风格进行了探索和阐述，并具体分析了他的几个剧本的主题、结构、人物形象和潜在的含义，作为一种戏剧分析的方法论，对我们颇有启示。此书曾荣获一九五〇年斯大林奖金二等奖。

（本书1957年10月作家出版社初版，1985年8月本社新一版）

俄罗斯名家论演技 〔苏〕鲍·阿尔佩尔斯等编　孙德馨译

1985.12　1.50元

本书选收了俄罗斯三十位艺术家有关演剧艺术的

论述。书中论及"体验"与"表现"、理智与情感、意识与下意识、演员与剧作家、演员与观众等问题。

西欧戏剧理论 〔英〕阿·尼柯尔著　徐士瑚译　1985.12　2.35元

本书从历史发展的角度，对亚里斯多德至柏格森、梅特林克长达二千三百年的西欧戏剧进行了全面的综述，其中对戏剧观念、戏剧类型、戏剧冲突、表演手法、戏剧的普遍性等问题，以及悲剧、喜剧、悲喜剧等门类作了较详尽系统的论述。

诗　学 〔古希腊〕亚里斯多德著　罗念生译　1986.1　0.65元

该书为文艺理论著作，其中大量的篇幅涉及到戏剧问题，论述了悲剧的起源、功用、与史诗的区别、以及构成悲剧的诸种成分，系统地提出了戏剧美学的基本概念，对西方的戏剧美学发展产生了很大的影响。

三、回忆录·传记·专史

话剧创始期回忆录　徐半梅　1957　0.50元

东游记　梅兰芳　1957　0.40元

　　　　　　　　　　　　1980第二版第1次印刷　0.44元

　　本书为作者1956年率中国京剧代表团访日的一些印象和片断日记的口述，由许姬传记录整理的随笔，共四十二篇。曾在《新观察》连载。应读者要求而结集出版。

粉墨春秋　盖叫天口述　何慢　龚义江记录整理

　　　　　　　　　　　　　　1961　精2.00元
　　　　　　　　　　　　　　1958　平0.80元
　　　　　　　　1984第二版第3次印刷　1.40元

　　本书记录了盖派艺术创始人盖叫天的艺术生涯和表演经验，介绍了他对武生艺术的改革与发展，以及对戏曲美学的见解。

徐兰沅操琴生活（1—3）　唐克记录整理 1958—1963　1.92元

　　　　　　　　　　　　　1980第3次印刷　2.10元

　　本书记录了著名京剧琴师徐兰沅的家世、童年以及他四十多年的操琴生活和演奏经验。还介绍了他和梅兰芳改革唱腔、曲牌的经过。书中对胡琴的演奏技巧和伴奏的特点也作了阐述。

自我演戏以来　欧阳予倩　1959　1.30元

我怎样学会了演京戏　欧阳予倩　1960　0.14元

舞台生活四十年（1—3）　梅兰芳述　许姬传 1980—1981　3.40元

本书是京剧艺术大师梅兰芳的回忆录。总结了他四十年的舞台生活经验，记叙了近代戏曲发展的许多史实。并附有珍贵的演出剧照多幅。

（本书第1、2辑平明出版社1954年第一版）

我的舞蹈艺术生涯　吴晓邦　1982　0.96元

记述了著名舞蹈家吴晓邦在一九二九年到一九六〇年期间从事舞蹈艺术活动的经历，是一部自传性著作。

京剧长谈　李洪春述　刘松岩整理　1982　2.85元

这是一部内容相当丰富的艺术回忆录。它记述了作者七十余年的艺术生涯和表演经验，而且介绍了早年的梨园习俗、京剧掌故，是研究京剧史以及表演艺术经验的珍贵资料。

以苦为乐——新凤霞艺术生涯　新凤霞　1983　1.75元

本书是作者的回忆录。叙述了她的幼年生活及旧时代天津与北京天桥富有特色的社会风貌和习俗，以及旧社会艺人的苦难经历。由著名作家叶圣陶为本书作序。书中附作者多幅珍贵的生活和演出照片及丁聪画的三十九幅插图。

豫剧名丑牛得草　张朴夫　1984　0.52元

叙述了牛得草的艺术生活。通过《大闹相国寺》《访唐成夜走洛阳》《拜师萧长华》《谢添识牛》《芝麻官遇险记》《华君武巧画牛得草》等许多生动的故事，写出了牛得草在艺术事业上的刻苦钻研与辛勤劳动。

李玉评传　颜长珂　周传家　1985　0.82元

本书介绍了明末清初的大戏曲家李玉的生平事迹，论述了他最有代表性的传奇作品如《清忠谱》《万民安》《一捧雪》《人兽关》《永团圆》《占花魁》等的思想倾向和艺术成就。

郝寿臣传　北京市戏曲学校编　1985　1.15元

本书介绍了郝氏丰富的净行舞台艺术生活，他一生刻苦求艺、自学成材的艰苦经历，以及他的主要艺术成就。对研究"郝派"艺术的形成及京剧史料的搜集，都提供了不少珍贵资料。

曲海扬波（上、下）—魏喜奎艺术生活　魏喜奎　1985　0.75元

本书是作者的回忆录。记述了作者半生的艺术道路及舞台生活。书中附照片及插图70幅。其中包括著名画家的漫画、速写多幅。

元曲选家臧懋循　徐朔方　1985　0.40元

本书对明代著名的出版家和戏曲家臧懋循所编印的《元曲选》作了剖析、评论，并对臧氏生平和其他出版活动也作了介绍。

汉剧牡丹陈伯华　邓家琪　刘庆林　1985　1.35元

记载和论述了著名汉剧表演艺术家陈伯华在旧社会的苦难和辛酸的生活，及新社会重返舞台，蜚声国内外的经历。

路曦的艺术生涯　宋严　1985　0.88元

记述了著名话剧演员路曦五十年的艺术生活，并论述了她扮演的《风雷夜归人》中的玉春和《万尼亚舅舅》中的苏尼亚等重要角色的创造经验。

夏衍传　会林　绍武　1985　2.50元

作者对著名作家夏衍的生平作了较系统、详尽的评述，对他的家世、求学、为革命弃工从文、戏剧创作的轨迹等都一一作了传述。

洪升及《长生殿》研究　孟繁树　1985.11　1.00元

本书前半部是清初著名戏剧家和诗人洪升的传记，后半部论述他的代表作《长生殿》，考证了该作品的成书时间和创作过程，分析了它的复杂内容、言情倾向及艺术成就。

汤显祖传　黄文锡　吴凤雏　1986　1.30元

本书叙述了大戏剧家汤显祖坎坷的一生及其创作"四梦"的过程，从中可看到明代万历年间政治上的黑暗和腐败，及作者在那艰难时世中所遭逢的不幸和顽强的奋斗精神，并对《牡丹亭》等"四梦"作了评述。

燕舞梨园——赵燕侠艺术生活　张钊　殷波　1986.4　2.30元

本书叙述了赵燕侠的出身家世、学艺和演出的经历，以及她刻苦钻研、业精于勤的精神。书中附有演出剧照和珍贵照片二十三张。

漫长的童年——方掬芬回忆录　方掬芬　1986.8　2.25元

作者讲述了自己从一个流落天涯的苦孩子成长为一位表演艺术家的历程，谈到她扮演的数十个舞台形象的孕育和诞生；数十年来对儿童剧表演艺术的探索和总结。以及她长期与众多艺术家和观众的交往。

※　※　※　※　※

卓别林自传　〔英〕查尔斯·卓别林著　叶冬心译　1980　2.60元

全书主要对其自编、自导、自演的《淘金记》《城市之光》《大独裁者》《舞台生涯》等影片的创作意图、表导演构思、灯光、音乐等方面的艺术创作经验进行了总结，并详述了自己与剧作家、演员、画家、政治家的交往。

一个女演员的自传　〔日〕杉村春子著　林春译　1982

精 1.15元　平 0.56元

作者叙述了她从事话剧艺术事业及取得成功的道路，从中可了解日本戏剧界几十年来的发展概貌。

文艺·戏剧·生活　〔苏〕丹钦科著　焦菊隐译　1982　1.35元

这是一部著名的回忆录。记述了作者创建新型剧场、培养演员、探索新的表演与导演方法等方面的活动，并详细记述了艺术剧院演出契诃夫、高尔基和托尔斯泰的戏剧作品的经过情形。

年青的莎士比亚　〔英〕R·西森著

〔苏〕N·L·乌切夫斯卡娅改写　程　红译　1983　0.49元

主要根据已知史料，通过大胆想象，生动地再现了莎士比亚青年时代的生活及他为什么走上戏剧道路、从事戏剧创作事业的故事。

英格丽·褒曼传　〔瑞典〕英格丽·褒曼〔美〕阿伦·伯吉斯著

王建兴　姚　琮等译　1983　2.95元

书中记述了她的生活道路和艺术生涯，以及她与同时代著名艺术家的交往，为了解世界电影和戏剧的发展提供了丰富的史料。

劳伦斯·奥立弗传　〔英〕约翰·科特雷尔著　周国珍译　1983　2.45元

这是一部长篇评传，记述近名著了这位演员六十年的舞台与银幕生涯，从中可以了解到他的表演艺术风格的形成与发展过程，特别是在莎士比亚戏剧中塑造艺术形象的成就，以及他在美国好莱坞一系列影片如《蝴蝶梦》《傲慢与偏见》中出色的表演。

费雯·丽传　〔美〕安尼·爱德华兹著　张苣泽1983　1.65元

作者记述了费雯·丽丰富多彩的舞台和银幕生活，以及她对表演艺术孜孜不倦地探索和实践的一生。

文中涉及英美影剧界许多人和事，对了解英美戏剧和电影很有帮助。

钱拉·菲利浦传 〔法〕莫里斯·佩里塞著　戴明沛译　1984　1.05元

作者介绍了这位传奇式演员短促而光辉的一生。书中收有他主演的、并为我国观众熟悉的《勇士的奇遇》等二十九部影片的简介及他在戏剧电影方面的评论摘要。

莎士比亚传 〔苏〕阿尼克斯特著　安国梁译　1984　1.80元

作者通过对历史档案与文献的研究和考证，以大量事实描述了莎翁的一生，揭示了他作为剧作家和作为人的风貌。

葛丽泰·嘉宝传 〔美〕亚历山大·沃尔克著　谢榕津译　1984　0.95元

本书取材于好莱坞米高梅影业公司的历史档案及嘉宝亲友的记述，详尽介绍了嘉宝的艺术生涯和生平轶事，以及好莱坞的明星制度。

我的职业 〔苏〕谢·奥布拉兹卓夫著　王俊之译　1985　1.60元

作者是苏联著名木偶剧艺术家，他回顾了自己从事话剧与木偶剧表演艺术的历程，介绍了他对斯氏体系的理解与应用，以及对木偶戏的探索与创新，并介绍了广大观众与著名文学艺术家对他的新型木偶剧的反应和评价。

琼·芳登传 〔美〕琼·芳登著　周国珍译　1985　2.30元

本书记述了四十年代红极一时的美国电影演员琼·芳登坎坷的艺术生涯及后来在百老汇和美国各地的演戏生活。

约翰·吉尔古德传 〔英〕约翰·吉尔古德口述

约翰·米勒　约翰·鲍威尔整理　刘安义译　1986　1.65元

本书是一部自传，是作者五十余年的舞台与银幕生活的真实记录，也是英国近百年的演剧活动史。详述了他的戏剧世家、影剧生涯、以及所接触的欧美戏剧界众多的名人与大事，并介绍了他演莎士比亚及现代戏剧的丰富经验，特别是演莎剧方面的成就，从中可看出他的表演风格与特点，了解他的戏路如此宽广的原因。

莫里哀传 〔法〕皮埃尔·加克索特著　朱延生译　乐祖德校

1986.6　1.90元

本书依据史料，客观、生动地记述了莫里哀作为剧作家、导演、演员的坎坷的艺术生涯，详细记载了他的作品的历史背景及演出后所引起的各种评价，对其剧作的剖析很有独到之处。作者为法兰西学院院士。罗大冈先生为本书作序。

※　※　※　※　※

中国戏曲史讲座　周贻白　1958　0.90元

1981第3次印刷　0.90元

本书为通俗性中国戏剧史读本，对我国古代戏剧在各个历史时期的发展及演变作了概述。

中国话剧运动五十年史料集（一）　1958　1.40元

1985新一版　1.90元

本集分三辑出版。第一辑编选于一九五七年，主要收集了话剧创始期的春柳社和南国社及左联时期留存于世的部分重要历史文献、图片，和当年投身于话剧革命活动的前辈们的回忆文章。

中国话剧运动五十年史料集（二）　1959　1.60元　1985新一版　2.15元

第二辑编选于一九五八年。主要有关于上海戏剧协社、辛西剧社、大道剧社、三三剧社等进步戏剧团体的回忆文章，及有关抗日根据地和蒋管区我党领导的革命戏剧运动的回忆录。

中国话剧运动五十年史料集（三） 1963 0.87元

1985新一版 1.60元

本辑编选于一九六二年，收有反映革命根据地的话剧运动、延安鲁艺戏剧活动的情况、根据地游击区的戏剧活动史实及抗战时期国统区演剧队的回忆文章。

评剧简史 胡 沙 1982

精2.55元 平1.65元

本书对评剧的形成和发展作了全面介绍，对西路评剧的艺术风格也有扼要的叙述。书中附有评剧各个发展时期著名演员的珍贵照片。

河北梆子简史 马龙文 毛达志 1982 0.77元

本书系统地介绍了河北梆子的发展和源流，包括剧目、唱腔、班社、流派、演员等。

中国戏曲通史（上、中、下） 张庚 郭汉城主编 1984 3.85元

本书是研究我国古代戏曲史的专著。从戏曲的起源与形成起，到清代的地方戏勃兴止，分四编：戏曲的起源与形成；北杂剧与南戏；昆山腔与弋阳诸腔戏；清代地方戏。较全面地介绍了我国古代戏曲发展的情况，探索了戏曲发展的规律。

中国古代服饰史 周锡保 1984

精15.50元 平12.50元

书中叙述了中国服饰的形成以及由商周、秦汉、魏晋、南北朝、隋唐、宋、辽、金、元至明清各代服饰的制度及演变，其内容包括男女的冠、发饰、冕服、弁服、公服等，并附历代礼仪生活习俗。书中有彩图三十幅，单色图二千余幅。

老调简史　李忠奇　孟光寿等　1985.11　1.20元

　　本书全面地介绍了老调的形成及其发展过程，对其艺术、剧目、演员也作了较详细的介绍。

中国古代戏剧史　唐文标　1985

　　　　　　　　　　　　　　　精3.10元　平1.65元

　　本书在前人研究的基础上，总结性地探求中国戏剧的民间渊源，探讨中国戏剧的起源和形成的历史过程。论述详尽，并有创见，特别是较多地引用原材料，不少材料在同类书中很少见，具有较高的参考价值。作者是台湾省的大学教授。

戏曲文物丛考　刘念兹　1986　0.90元

　　本书结集了作者有关戏曲文物的论文七篇。有对建国以来新发现的戏曲文物的综述，有对一些重要戏曲文物的专题考察。包括北宋的砖雕，南宋的瓷俑，金代的戏墓，元代的壁画，清初的戏楼和碑刻等。书中附有多幅珍贵照片。

滇剧史　杨　明　顾　峰（执笔）主编　1986　2.80元

　　书中着重从历史事实、大西军抗清、回民起义、辛亥革命前后等叙述了滇剧的来龙去脉和兴衰得失。并附有乾隆时的老郎官碑记、边疆的古戏台、彩色滇剧脸谱及一千六百五十一出滇剧剧目目录。

※　※　※　※　※

西欧戏剧史　廖可兑　1981　1.60元

　　书中简述了自古希腊时期至二十世纪五十年代以前二千余年的西欧戏剧历史，介绍了西欧戏剧史上重要的剧作家和剧作，以及各个时期的剧场艺术情况。

日本戏剧概要　王爱民　崔亚南　1982　0.74元

本书系统而扼要地概述了日本戏剧的发展概貌，分古典戏剧和近代戏剧两部分，从起源、艺术特点、演出史及主要剧作家的代表作等方面作了介绍。

俄国戏剧史概要 王爱民　任何　1984　1.70元

本书较系统地介绍了俄国戏剧发展的概貌，并按历史的不同阶段简述了时代背景、社会思潮以及各个阶段的主要剧作家及代表作，同时也谈到了剧场艺术的发展。此书是上海戏剧学院和中央戏剧学院合编的俄国戏剧史教材。

四、教材

1. 京剧表演专业剧目教材

钓龟〈京1〉 中国戏曲学校编　钮骠校注　1962.9　0.11元
苏三起解〈京2〉 中国戏曲学校编　钮骠校注　1962.9　0.12元
贺后骂殿〈京3〉 中国戏曲学校编　李安桐　钮骠校注　1963.4　0.07元
搜府盘关〈京4〉 中国戏曲学校编　钮骠校注　1962.9　0.17元
斩雄信〈京5〉 中国戏曲学校编　姜涛　钮骠校注　1963.4　0.05元
石秀探庄〈京6〉 中国戏曲学校编　钮骠校注　1962.9　0.12元
林冲夜奔〈京7〉 中国戏曲学校编　钮骠　苏　移校注
　　　　　　　　　　　　　　　张正治记谱　1963.5　0.08元
思凡・双下山〈京8〉 中国戏曲学校编　钮骠校注
　　　　　　　　　　　　　　　张正治记谱　1963.6　0.14元
二进宫〈京11〉 中国戏曲学校编　1963.4　0.07元
铡美案〈京12〉 中国戏曲学校编　1962.9　0.11元
绑子上殿〈京13〉 中国戏曲学校编　1963.4　0.06元
击鼓骂曹〈京14〉 中国戏曲学校编　苏移　钮骠校注
　　　　　　　　　　　　　　　1963.4　0.09元
文昭关〈京15〉 中国戏曲学校编　苏移　钮骠校注
　　　　　　　　　　　　　　　1962.9　0.11元
扈家庄〈京16〉 中国戏曲学校编　陈宜玲　钮骠校注　张正治记谱
　　　　　　　　　　　　　　　1963.6　0.09元
挑滑车〈京18〉 中国戏曲学校编　钮骠校注　张正治记谱
　　　　　　　　　　　　　　　1963.5　0.12元
武松打店〈京20〉 中国戏曲学校编　姜涛　钮骠校注　张正治记谱

　　　　　　　　　　　　　　　　　　　　　　　　1963.6　0.09元
穆柯寨·穆天王〈京22〉　中国戏曲学校编　陈宜玲　钮骠校注
　　　　　　　　　　　　　　　　　　　　　　　　1963.12　0.14元
十三妹〈京25〉　中国戏曲学校编　陈宜玲　钮骠校注
　　　　　　　　　　　　　　　　　　　　　　　　1963.9　0.16元
战濮阳〈京26〉　中国戏曲学校编　李安桐　钮骠校注
　　　　　　　　　　　　　　　　　　　　　　　　1963.12　0.09元
借赵云〈京27〉　中国戏曲学校编　钮骠校注　1963.12　0.09元
岳家庄〈京29〉　中国戏曲学校编　李安桐　钮骠校注
　　　　　　　　　　　　　　　　　　　　　　　　1963.8　0.08元
连升店〈京30〉　中国戏曲学校编　钮骠校注　1963.7　0.15元
白门楼〈京31〉　中国戏曲学校编　李安桐　钮骠校注
　　　　　　　　　　　　　　　张正治记谱　1963.12　0.12元
罗成叫关〈京32〉　中国戏曲学校编　李安桐　钮骠校注
　　　　　　　　　　　　　　　张正治记谱　1963.6　0.08元
岳母刺字〈京36〉　中国戏曲学校编　钮骠校注　1963.12　0.07元
徐母骂曹〈京40〉　中国戏曲学校编　钮骠校注　1963.12　0.08元
蔡家庄〈京49〉　中国戏曲学校编　张正治　钮骠校注
　　　　　　　　　　　　　　　张正治记谱　1963.12　0.13元
选元戎〈京66〉　中国戏曲学校编　钮骠校注　1963.12　0.12元
姚期〈京73〉　中国戏曲学校编　钮骠校注　1963.12　0.10元
战马超〈京82〉　中国戏曲学校编　姜涛校注　1963.12　0.07元
三击掌〈京88〉　中国戏曲学校编　李安桐　钮骠校注
　　　　　　　　　　　　　　　　　　　　　　　1963.12　0.06元
艳阳楼〈京101〉　北京市戏曲学校编　龙文玮　荀令文校注
　　　　　　　　　　　　　　　　　　　　　　　1962.9　0.14元
神亭岭〈京102〉　北京市戏曲学校编　1962.9　0.11元
五人义〈京103〉　北京市戏曲学校编　龙文玮　荀令文校注

　　　　　　　　　　　　　　　　　　　　1962.9　0.19元

金沙滩〈京104〉　北京市戏曲学校编　龙文玮　荀令文校注

　　　　　　　　　　　　　　　　　　　　1962.9　0.11元

打孟良·打焦赞〈京106〉　北京市戏曲学校编　龙文玮校注

　　　　　　　　　　　　　　　　　　　　1963.5　0.12元

白水滩·通天犀〈京107〉　北京市戏曲学校编　龙文玮校注

　　　　　　　　　　　　　　　　　　　　1963.5　0.11元

赚书·训子·望儿楼·三进士〈京108〉　北京市戏曲学校编

傅玉贤　刘剑华校注

李庆森　孙家璧记谱

　　　　　　　　　　　　　　　　　　　　1963.5　0.31元

捉放曹〈京109〉　北京市戏曲学校编　佟志贤　崔荫轩校注

　　　　　　　　　　　　　　　　李庆森记谱　1963.4　0.18元

问樵闹府·打棍出箱〈京110〉　北京市戏曲学校编　龙文玮校注

　　　　　　　　　　　　　李庆森　燕宇平记谱　1963.4　0.15元

辕门斩子〈京111〉　北京市戏曲学校编　龙文玮校注

　　　　　　　　　　　　　李庆森　孙家璧记谱　1963.4　0.13元

斩黄袍〈京112〉　北京市戏曲学校编　李庆森记谱　1963.7　0.17元

御果园·白良关·牧虎关·黄一刀·双李逵〈京113〉

　　　　北京市戏曲学校编　佟志贤校注　李庆森记谱　1963.8　0.35元

董家山〈京114〉　北京市戏曲学校编　白晓晞校注　1963.7　0.08元

樊江关〈京115〉　北京市戏曲学校编　崔荫轩校注　1963.7　0.11元

三不愿意〈京117〉　北京市戏曲学校编　1963.8　0.15元

长坂坡〈京127〉　北京市戏曲学校编　刘剑华校注　1963.12　0.11元

硃痕记　中国戏曲学校编　1964.5　0.11元

审潘洪　中国戏曲学校编　苏移　张正治　钮骠校注　1964.5　0.10元

金锁阵　中国戏曲学校编　贯涌　钮骠校注　1964.5　0.06元

芦花荡　中国戏曲学校编　姜涛校注　张正治记谱　1964.5　0.06元

请医　中国戏曲学校编　钮骠校注　1964.6　0.09元

2. 评剧表演专业剧目教材

断桥〈评5〉　辽宁省戏曲学校编　刘毅校注　1963.9　0.06元

花园会〈评6〉　辽宁省戏曲学校编　王春霖整理　杨国生校注
　　　　　　　　　　　　　　　　　　　　　　　1963.9　0.11元

小姑贤〈评7〉　辽宁省戏曲学校编　刘毅校注　1963.9　0.09元

描容上路〈评8〉　辽宁省戏曲学校编　王昕校注　1963.9　0.06元

王二姐思夫〈评9〉　辽宁省戏曲学校编　殷野　杨国生校注
　　　　　　　　　　　　　　　　　　　　　　　1963.9　0.07元

王少安赶船〈评10〉　辽宁省戏曲学校编　曹克英　杨国生校注
　　　　　　　　　　　　　　　　　　　　　　　1963.9　0.16元

张彦赶船〈评11〉　辽宁省戏曲学校编　刘毅整理　1963.9　0.10元

秦香莲〈评12〉　辽宁省戏曲学校编　王春霖校注　1963.9　0.23元

打狗劝夫〈评13〉　辽宁省戏曲学校编　王昕校注　1963.9　0.12元

杨二舍化缘〈评14〉　辽宁省戏曲学校编　殷野校注　1963.9　0.10元

穆桂英挂帅〈评15〉　辽宁省戏曲学校编　刘毅校注　1963.9　0.11元

夜宿花亭　辽宁省戏曲学校编　殷野　杨国生校注　1964.5　0.10元

井台会　辽宁省戏曲学校编　刘毅校注　1964.5　0.06元

3. 河北梆子表演专业剧目教材

红逼宫　北京市戏曲学校编　傅玉贤校注　1963.8　0.06元

杜十娘·三上轿《梆1》　河北省戏曲学校编　1963.8　0.23元

辕门斩子·调寇〈梆2〉　河北省戏曲学校编　刘烈邦整理
　　　　　　　　　　　　　　　　　　　　　　　1963.11　0.37元

捡柴〈梆3〉　河北省戏曲学校编　毛达志修订
　　　　　　　　　　　　　张明超记谱　马龙文校谱　1963.8　0.12元

打金枝〈梆4〉　河北省戏曲学校编　高烨整理
　　　　　　　　　　　　　曹鸿昌记谱　侯伶校谱　1963.11　0.32元

黄鹤楼〈梆5〉　河北省戏曲学校编　刘烈邦整理

　　　　　　　　　　　　侯伶记谱　高旭校谱　1963.9　0.12元

杀庙〈梆6〉　河北省戏曲学校编　刘烈邦整理

　　　　　　　　　　　　马龙文记谱　侯伶校谱　1963.8　0.10元

二堂舍子〈梆21〉　河北省戏曲学校编　高烨整理

　　　　　　　　　　　　曹鸿昌记谱　马龙文校谱　1963.8　0.14元

草船借箭〈梆22〉　河北省戏曲学校编　高烨整理

　　　　　　　　　　　　马龙文记谱　曹鸿昌校谱　1963.8　0.10元

捉放曹〈梆23〉　河北省戏曲学校编　高烨整理

　　　　　　　　　　　　曹鸿昌记谱　侯伶校谱　1963.8　0.17元

拾玉镯〈梆25〉　河北省戏曲学校编　毛达志　叶庆璋修订

　　　　　　　　　　　　侯伶记谱曹鸿昌校谱　1963.8　0.10元

作文·教学〈梆41〉　河北省戏曲学校编　1963.8　0.11元

借衣·哭窑·打柴训弟·打周仁·激友回店〈梆101〉　北京市戏曲学校编

傅玉贤　白晓晞　吴增彦校注　1963.12　0.16元

樊江关〈梆102〉　北京市戏曲学校编　吴增彦校注　1963.4　0.11元

金雁桥·收关胜〈梆103〉　北京市戏曲学校编　吴增彦校注

　　　　　　　　　　　　　　　　　　　　　　1963.12　0.08元

取洛阳·通天犀〈梆104〉　北京市戏曲学校编　吴增彦校注

　　　　　　　　　　　　　　　　　　　　　　1963.9　0.13元

火焰驹〈梆105〉　北京市戏曲学校编　吴增彦校注　1963.4　0.08元

杀寺〈梆106〉　北京市戏曲学校编　吴增彦校注　1963.4　0.06元

罗成叫关〈梆107〉　北京市戏曲学校编　刘剑华校注　1963.4　0.05元

柜中缘·铁弓缘〈梆108〉　北京市戏曲学校编　刘剑华　白晓晞校注

　　　　　　　　　　　　　　　　　　　　　　1963.12　0.17元

挖蔓菁〈梆109〉　北京市戏曲学校编　傅玉贤校注　1963.4　0.07无

上天台·封官〈梆110〉　北京市戏曲学校编　傅玉贤　吴增彦校注

　　　　　　　　　　　　　　　　　　　　　　1963.8　0.07元

汲水〈梆111〉 北京市戏曲学校编 傅玉贤 吴增彦校注

1963.8 0.05元

牧羊山〈梆112〉 北京市戏曲学校编 傅玉贤校注 1963.7 0.05元

三击掌〈梆113〉 北京市戏曲学校编 傅玉贤校注 1963.8 0.06元

断后〈梆114〉 北京市戏曲学校编 傅玉贤校注 1963.7 0.06元

斩单通·牧虎关〈梆115〉 北京市戏曲学校编 吴增彦校注

1963.8 0.12元

凤鸣关〈梆117〉 北京市戏曲学校编 吴增彦校注 1963.7 0.08元

李陵碑〈梆118〉 北京市戏曲学校编 傅玉贤校注 1963.8 0.06元

4. 昆曲表演专业剧目教材

写　状　上海市戏曲学校编 1964.5 0.11元

山　门　上海市戏曲学校编 1964.5 0.11元

狗　洞　上海市戏曲学校编 1964.5 0.11元，

花　荡　上海市戏曲学校编 1964.5 0.08元

5. 其它教材

戏曲演员语文课本（初中第一册） 天津市文化局编 1960.6 0.53元

戏曲演员语文课本（初中第二册） 天津市文化局编 1960.7 0.44元

戏曲演员语文课本（初中第三册） 天津市文化局编 1960.10 0.57元

戏曲演员语文课本（初中第四册） 天津市文化局编 1960.9 0.70元

戏曲演员语文课本（高中第一册） 天津市文化局编 1960.10 0，48元

戏曲演员语文课本（高中第三册） 天津市文化局编 1960.10 0.56元

形体训练"基本功"教材 中国戏曲学校编 1963.3 0.58元

唱腔选辑〈京剧表演专业剧目辅助教材〉（第一辑） 中国戏曲学校编

1963.3 0.18元

唱腔选辑〈京剧表演专业剧目辅助教材〉（第二辑） 中国戏曲学校编

1963.3 0.32元

戏曲武功教程 孙兴作 1980.4 1.80元

本书系统地记录、整理了戏曲武功技巧，为戏曲

舞蹈演员学习基本功，编导设计武打、编舞提供参考材料。书中对武打技术理论以及教学和训练，作了初步探索。并附有三百多幅插图。

戏曲表演身段基本功教材　万凤姝　1982.2　0.59元

这是戏曲"做功"的基本功训练教材。它根据从简到繁、从易到难、循序渐进的教学原则，讲述了训练的内容和方法。

戏曲表演毯子功教材　王佩孚　陆建荣编　1982.3　0.79元

本书在中国戏曲学院培训武功师资的讲稿基础上，参照一九六〇年该院的《武功教材》编写而成。其中包括：基础动作、短觔斗、长觔斗、挂梢觔斗、软毯子功、走跷、桌子功、弹板功等技巧训练。

话剧台词艺术教程　郭溥澜　1982.4　0.56元

着重讲述了话剧演员的台词基本功训练和台词的内外部技术，以及如何从分析台词入手，经过怎样的途径和训练，创造具有性格特征的人物语言。

戏曲表演把子功教材　孙盛云　1986.5　2.75元

内容包括：平把子大、小五套，枪把子小五套，单刀小五套，双刀枪大、小五套等三十套武把子。是从初学阶段到高年级阶段按循序渐进训练方法编写的，附一招一式程式图八百五十七幅，并结合武打实践讲述。

五、戏曲音乐

荀慧生唱腔选集　荀令香选辑　万如泉　万凤姝记谱　1982.10　1.10元

　　本书记录整理了著名旦角艺术家荀慧生的《红娘》《钗头凤》《金玉奴》《杜十娘》《荀灌娘》等十七个剧目的一百多个唱段，并附有照片多幅。

范瑞娟唱腔选　连波编　1983.2　1.05元

　　书中收录了著名越剧表演艺术家范瑞娟的《梁山伯与祝英台》《西厢记》《孔雀东南飞》《祥林嫂》等二十六个传统、现代剧目的七十多个唱段。每个唱段后有简明的分析，并附有范瑞娟生活照片多幅。

裘盛戎唱腔选集　方荣翔编选　田富正记谱　1983.10　0.80元

　　本书收录了著名花脸艺术家裘盛戎所演唱过的《姚期》《赤桑镇》《铡美案》等二十八个剧目的八十八段唱腔。其中许多是群众熟悉，流传很广的唱段。

广播京剧唱腔选（一）　北京人民广播电台文艺部编　1985.5　0.64元

　　辑录京剧各个行当老、中、青年优秀演员的著名唱段，既有唱词、曲谱，又有演员介绍、剧情介绍、唱腔分析、唱法讲解等，本辑选有余叔岩、言菊朋、周信芳、马连良、谭富英等老生演员的唱段介绍。

新凤霞唱腔选集　徐文华记录整理　1985.7　1.70元

　　本书汇集了著名评剧表演艺术家新凤霞二十个剧

目近六十个唱腔选段，还附有新凤霞本人写的创腔和演唱经验，以及别人的介绍文章。

六、戏剧·文学

1. 话剧·电视剧

不平坦的道路　蓝澄　1957.1　0.43元

同样是敌人　山西人民话剧团集体创作　郭健　孙伟执笔

　　　　　　　　　　　　　　　　　　1957.1　0.44元

复　活　〔俄〕托尔斯泰原著　田汉改编　1957.2　0.50元

把眼光放远一点　胡丹沸　1957.2　0.24元

地下的春天　颂　扬　1957.3　0.33元

风雪夜归人　吴祖光　1957.5　0.46元

双婚记　柯　夫　1957.5　0.39元

雾重庆　宋之的　1957.5　0.35元

　　　　　　　　　　　1980.11第5次印刷　0.33元

上海屋檐下　夏　衍　1957.5　0.29元

　　　　　　　　　　　　1981.12第二版　0.42元

雷雨　曹禺　1957.6　0.50元　1980.6第二版第2次印刷　0.42元

夜上海　于伶　1957.6　0.40元

洞箫横吹　海默　1957.7　0.42元

明朗的天　曹禺　1957.7　0.38元

巴音敖拉之歌　超克图纳仁　1957.7　0.40元

同甘共苦　岳野　1957.8　0.44元

升官图　陈白尘　1957.8　0.30元　1981.3第3次印刷　0.25元

屈　原　郭沫若　1957.8　0.42元

无名英雄　杜　宣　1957.8　0.32元

万水千山　陈其通　1957.8　0.50元

日出　曹禺　1957.9　0.60元　1980.6第2次印刷　0.53元

虎符　郭沫若　1957.9　0.42元

桃花扇　欧阳予倩　1957.10　0.40元

碧血花　阿英　1957.10　0.34元

布谷鸟又叫了　杨履方　1957.11　0.34元

同志间　陈其通　1957.12　0.42元

阿Q正传　鲁迅原著　田汉改编　1958.1　0.35元　1981.8第二版　0.31元

塔里木风暴　吐尔贡·阿力玛次著　亚丽·莫合买提译　1958.5　0.22元

战斗里成长　胡可改编　1958.5　0.28元

蕴婧姆　祖农　哈迪尔著　尤素夫·赫连耶夫　海平译　1958.5　0.28元

关汉卿　田汉　1958.5　0.38元

炮弹是怎样造成的　陈其通　1958.6　0.38元

骆驼祥子　老舍原著　梅阡改编　1958.6　0.36元

茶馆　老舍　1958.6　0.24元　1980.6第2次印刷　0.22元

青春之歌　刘川　1958.8　0.30元

智取威虎山　赵起扬　夏淳等改编　1958.8　0.34元

红色风暴　金山　1958.10　0.28元

水往高处流　王云　所云平　1958.11　0.30元

把一切献给党　中国青年艺术剧院改编　1958.12　0.29元

烈火红心　刘川　1958.12　0.35元

土专家　李准　王燕飞　1959.2　0.22元

罗昌秀　栗栗等　1959.2　0.30元

红旗处处飘　张圣道等　1959.3　0.26元

五奎桥　洪深　1959.4　0.19元

李秀成之死　阳翰笙　1959.4　0.33元

丽人行　田汉　1959.7　0.37元　1980.11第4次印刷　0.36元

降龙伏虎　段承滨　杜士俊　1959.9　0.36元

蔡文姬　郭沫若　1959.11　0.45元

结婚进行曲　陈白尘　1960.1　精 0.82 元　平 0.37 元

三千里江山　杨朔原著　濮思温改编　1960.2　0.30 元

八一风暴　江西省话剧团　1960.3　0.36 元

比翼齐飞　工人话剧团　1960.3　0.38 元

为了六十一个阶级弟兄　中央戏剧学院实验话剧院　1960.3　0.25 元

英雄人物数今朝　中央戏剧学院师生　1960.4　0.36 元

无名岛　金振家　于村　李章改编　1960.5　0.29 元

在和平的日子里　杜鹏程原著　章烙改编　1960.6　0.28 元

同志，你走错了路　姚仲明　陈波儿等　1960.6　0.40 元

英雄万岁　杜烽　1960.8　0.36 元

幸福桥　总政文工团　1960.9　0.32 元

怒涛　北京人民艺术剧院　1960.10　0.23 元

花开遍地万户香　北京人民艺术剧院　1960.10　0.31 元

反翻把斗争　李之华　1960.12　0.20 元

文成公主　田汉　1961.9　0.30 元

甲午海战　海政文工团话剧团改编　朱祖贻　李恍执笔　1961.12
　　　　　　　　　　　　　　　精 0.58 元　平 0.33 元

赤胆红心　湖南省话剧团　1962.3　0.35 元

钢铁运输兵　黄悌　1962.4　0.34 元

荷珠配　老舍　1962.5　0.19 元

三人行　阳翰笙　1962.6　精 0.64 元　平 0.34 元

记忆犹新　姚仲明原著　姚仲明　金山改编　1962.8　0.32 元

西域行（班超与班昭）《西域行》创作组编剧　凌鹤执笔
　　　　　　　　　　　　　　　1962.8　0.35 元

武则天　郭沫若　1962.9　精 1.35 元　平 0.73 元

星火燎原　赵起扬等编剧　赵起扬执笔　1962.10　0.37 元

胆剑篇　曹禺等编剧　曹禺执笔　1962.10　0.37 元

今朝儿女　刘莲池　1962.12　0.36 元

抓壮丁　四川旅外剧人抗敌演剧队陈　戈等集体创作　吴雪执笔
　　　　　　　　　　　　　　　　　　　　　　　1962.12　0.28元

黑奴恨　欧阳予倩　1962.12　0.38元

卧虎镇　杨克忍等　1963.2　0.40元

七月流火　于伶　1963.3　精0.66元　平0.40元

赫哲人的婚礼　乌·白辛　1963.3　0.49元

神拳　老舍　1963.5　精0.53元　平0.27元

决胜千里外　杜烽　1963.7　0.40元

杜鹃山　王树元　1963.8　0.44元

儿童团　邢野等　1963.9　0.32元

红缨歌　广州军区战士话剧团编导组集体创作　赵寰执笔　1963.9　0.36元

兵临城下　白刃等集体创作　白刃执笔　1963.11　0.46元

年青的鹰　谢力鸣等编剧　谢力鸣整理　1963.12
　　　　　　　　　　　　　　　　　　　精0.69元　平0.46元

小铁脑壳遇险记　程云　1963.12　0.29元

远方青年　武玉笑　1963.12　0.44元

北大荒人　牡丹江农垦局话剧团集体创作　小范执笔　1964.1　0.36元

槐树庄　胡可　1964.2　精0.68元　平0.45元

千万不要忘记　丛深　1964.3　精0.73元　平0.50元

最后一幕　兰光　1964.3　0.39元　1980.1第二版第2次印刷　0.34元

李双双　李准原著　邵力改编　1964.3　0.38元

霓虹灯下的哨兵　沈西蒙等编剧　沈西蒙执笔　1964.4
　　　　　　　　　　　　　　　　　　　精0.96元　平0.45元

红岩　罗广斌　杨益言原著　李岩等改编　1964.6
　　　　　　　　　　　　　　　　　　　精0.69元　平0.42元

岳云　马少波　1964.6　精0.65元　平0.35元

迎春花　翟剑萍　1964.7　0.37元

东进序曲　顾宝璋　所云平　1964.7　精0.64元　平0.36元

南海长成　赵寰　1964.9　精 0.60 元　平 0.36 元

豹子湾战斗　马吉星　1964.11　0.41 元

雷锋　贾六等　1964.12　0.35 元

小足球队　任德耀　1964.12　0.38 元

龙马精神　刘　沙执笔　马开方改编　1964.12　0.37 元

年青的一代　陈耘　章力挥　徐景贤　1964.12　0.40 元

丰收之后　蓝澄　1965.2　0.36 元

箭杆河边　刘厚明　1965.4　0.28 元

南方来信　莎色等　1965.5　0.28 元

赤道战鼓　海政文工团话剧团集体创作　李恍等执笔　1965.6
　　　　　　　　　　　　　　　　　　精 0.87 元　平 0.34 元

女飞行员　冯德英等编剧　冯德英执笔　1965.8　精 0.87 元　平 0.40 元

青松岭　承德专区话剧团集体创作　张仲朋执笔　1965.9　0.36 元

战洪图　河北省话剧院集体讨论　鲁速执笔　1965.10　0.39 元

山村花正红　刘佳　1965.10　0.33 元

南方汽笛　濮思温等　1965.10　精 0.82 元　平 0.33 元

刚果风雷　英若诚　1965.11　精 0.93 元　平 0.36 元

代代红　魏敏等　1965.11　0.35 元

电闪雷鸣　胡书锷等　1965.11　0.31 元

刘胡兰　杨威等编剧　杨威　郭健执笔　1965.12　0.35 元

一千〇一天　上海人民艺术剧院话剧一团改编　1966.4　0.28 元

教育新篇　甘肃省话剧团集体创作　1966.5　0.27 元

朝阳　谢民　1966.5　0.26 元

英雄工兵　万川（执笔）　董晓华　1966.5　0.34 元

独幕剧：

在竞赛中　陈仁友　1957.1　0.16 元

马　王地等　1957.2　0.10 元

名优之死　田汉　1957.10　0.15 元

列车在前进　石家骥　温士奇　1957.11　0.13元

喂！你是哪里？　木生　1957.12　0.14元

海上花园　董晓华　赵寰　1957.12　0.15元

哎呀呀，美国小月亮　陈白尘等　1958.1　0.16元

高等垃圾　刘沧浪　1958.3　0.12元

相亲记　柯岩　1958.6　0.17元

美国奇谈　陈白尘等　1958.6　0.16元

把心交给党　刘沧浪　1958.10　0.13元

穿白衣服的人　方昌期　1958.11　0.10元

凤凰飞上摩天岭　河南省剧目工作委员会　1958.12　0.41元

金龙河水浪滔天　郑州市文化局剧组　1958.12　0.44元

在钢铁战线上　郑州市文化局剧目组　1958.12　0.37元

生活的赞歌　崔德志　1959.12　0.15元

一只马蜂及其它　丁西林　1960.3　0.20元

妇女服务站　中国青年艺术剧院　1960.4　0.10元

万炮齐发轰瘟神　北京人民艺术剧院　1960.6　0.07元

万家春　北京电影演员剧团　1960.6　0.16元

艾森豪威尔独白　郭沫若等　1960.10　0.15元

红光满天（汉语拼音本）　田军　1960.10　0.13元

葵花向阳　段承滨　1963.5　0.07元

戈尔丹大叔　超克图纳仁　1963.11　0.15元

山野新歌　黄悌　1963.11　0.15元

伏虎　上海金星金笔厂文艺组　1963.11　0.15元

青梅　陈其通　1964.4　0.15元

黄花岭　舒慧　1964.4　0.20元

岗旗　李宏林　1964.7　0.20元

好榜样　栾云桂　1964.9　0.17元

杨柳春风　木生　齐特　1964.9　0.18元

柜台　高思国　1964.11　0.18元

母子会　中国人民解放军前锋文工团话剧队集体创作

　　　　　　　　　　　赵家骥执笔　1964.11　0.15元

第一与第二　周一鸣　吴彬　1964.11　0.21元

海鸥　中国青年艺术剧院　1965.4　0.12元

关不住的小老虎　赵全旺　吕翔　1965.4　0.06元

一对红的故事（战士业余演出独幕剧集）　1965.6　0.36元

胜利在望　解放军文艺丛书编辑部编　1965.6　0.19元

消息树　中国儿童艺术剧院小型演出队　1965.6　0.10元

选队长　河北承德地区文化工作队集体创作　刘泽明执笔

　　　　　　　　　　　　　　　　　1966.1　0.09元

刺刀见红　纪小城等　1966.3　0.13元

两个理发员　四川省荣昌县城关业余创作组　1966.5　0.07元

好帮手　四川省达县专区农村文工团　1966.5　0.08元

陈毅出山　丁一三　1980.1　0.29元

东进！东进！　所云平　史　超　1980.2　0.34元

丹心谱　苏叔阳　1980.2　0.32元

报春花　崔德志　1980.6　0.32元

救救她　赵国庆　1980.6　0.32元

未来在召唤　赵梓雄　1980.6　0.30元

权与法　邢益勋　1980.10　0.30元

闯江湖　吴祖光　1980.12　0.39元

十年一觉神州梦　赵寰　1981.2　0.22元

戏剧春秋　夏衍　于伶　宋之的　1981.4　0.46元

陈毅市长　沙叶新　1981.4　0.36元

被遗忘了的事情（独幕剧集）　段承滨等　1981.5　0.37元

带血的谷子　蒋晓勤　韩勇　1981.6　0.27元

阿Q正传　鲁迅原著　许幸之改编　1981.8　0.39元

阿Q正传　鲁迅原著　陈白尘改编　1981.8　0.33元

血，总是热的　宗福先　贺国甫　1981.10　0.28元

左邻右舍　苏叔阳　1981.10　0.30元

耕海播情　周振天　1981.11　0.23元

悟　丛深　1981.11　0.27元

刑警队长（电视剧）　王亚平　程晓　1981.12　0.31元

雷电颂　凌鹤　石慰慈　1982.2　0.32元

唐太宗与魏征　李民生　杨志平　1982.3　0.36元

天山深处　李斌奎　唐栋　1982.3　0.32元

平津决战　刘佳　王颖　胡朋　陈群　1982.3　0.21元

赵钱孙李　栗栗　李佩　庞家声　1982.3　0.28元

金子　田芬　1982.3　0.28元

落凤台　房纯如　杨舒慧　1982.3　0.33元

战犯　王永志　刘汉　单戈　1982.4　0.32元

小山鹰　石慰慈　罗丹　1982.7　0.19元

清明前后　茅盾　1982.7　0.42元

咸亨酒店　梅阡　1982.8　0.32元

张灯结彩　宋凤仪　孟瑾　1982.8　0.31元

连队的春天　马吉星　魏金虎　孔诚　1982.9　0.26元

清官外史　杨村彬　1982.10　0.79元

初春　邹维之　1983.4　0.32元

高粱红了　李杰　1983.4　0.46元

寒丹鸟的秘密　风眠　1983.7　0.26元

谁是强者　梁秉堃　1983.7　0.44元

新岸——从报告文学到电视剧　本社编　1983.8　0.59元

凡人小事——从小说到电视剧　本社编　1983.8　0.45元

詹天佑　濮思温　刘振烝　1983.12　0.34元

孙中山　宋平　王旭　1984.4　0.37元

为了幸福，干杯！　水运宪　1984.4　0.43元

松赞干布　黄志龙（执笔）次仁多吉　洛桑次仁　1984.6　0.35元

南下列车　瞿白音　1984.6　0.38元

彭大将军　王德英　靳洪　1984.11　0.35元

大地深情——从小说到电视剧　本社编　1985.2　1.00元

火热的心　王培公　李东才　刘惦晨　1985.8　0.57元

秦王李世民　颜海平　1985.10　0.98元

2. 歌剧·歌舞剧

小二黑结婚（歌剧）　赵树理原著　中央戏剧学院歌剧系集体改编

田川　杨兰春执笔　马可等作曲　1957.1　0.70元

嘎达梅林（歌剧）　李悦之　1957.1　0.27元

兄妹开荒（秧歌剧）　王大化　李波　路由　1957.12　0.10元

抽梁换柱（小歌剧）　李悦之　1957.12　0.13元

夫妻识字（秧歌剧）　马可　1957.12　0.10元

三大王和老北风（童话歌舞剧）　陈正　1957.12　0.13元

宝山参军（小秧歌剧）　王血波编剧　王辛作曲　1958.4　0.12元

王秀鸾（歌剧）　傅铎　1958.5　0.32元

红霞（歌剧）　石汉　1958.8　0.48元

鲤鱼上山（儿童歌舞剧）　乔羽编剧　梁克祥作曲　1959.9　0.15元

两个女红军（歌剧）　陈其通编剧　时乐濛作曲　1959.10　0.71元

木匠迎亲（歌剧）　王树元　1959.12　0.16元

松竹长青（歌剧）　方昌期编剧　木宇作曲　1959.12　0.21元

鲤鱼妈妈（儿童歌舞剧）　乔羽　1960.5　0.32元

刘三姐（歌剧）　柳州市《刘三姐》创作组创作　广西壮族自治区

《刘三姐》会演大会改编　1961.4　0.50元

洪湖赤卫队（歌剧）　湖北实验歌剧团集体创作

　　　　　　梅少山等执笔　张敬安　欧阳谦叔作曲　1961.6　0.77元

两代人（歌剧）　铁道部乌鲁木齐铁路局文工团集体创作

刘镇　任莫执笔　邵光琛　李中汉作曲　1961.12　0.73元

望夫云（歌剧）　徐嘉瑞编剧　郑律成作曲　1963.3　0.82元

铜锣记（小歌剧）　李骐骥　1963.5　0.06元

杏花二月（小歌剧）　高鹏　歌行　本源　1963.5　0.06元

王二小接闰女（小歌剧）　周永熙　1963.11　0.08元

两块六（小歌剧）　东娃　1963.11　0.09元

友谊船（歌舞剧）　张良苏　1963.11　0.06元

开渠（泽州秧歌）　赵树理　1963.12　0.21元

审椅子（歌舞剧）　李骐骥　1964.2　0.08元

犟媳妇（歌剧）　东娃编剧　赵舜才作曲　1964.9　0.19元

换房（小歌剧）　任红举编剧　龙飞作曲　1965.1　0.14元

江姐（歌剧）　阎肃编剧　羊鸣　姜春阳作曲　1965.2　0.66元

王杰之歌（歌舞剧）　铁道兵政治部文工团歌舞剧团

焦乃积编剧　胡俊成等作曲　1965.11　0.17元

红松店（歌剧）　张永枚编剧　李文学作曲　1966.2　0.20元

同心结（歌剧）　田川　任萍　1982.1　0.26元

第一百个新娘（歌剧）　胡宪廷　徐学达等　1981.4　0.17元

召树屯与婻木婼娜（歌剧）　张作予　付昌扬　1981.4　0.20元

韦拔群（歌剧）　黄奇石　王志敏　黄勇刹　1981.4　0.19元

帕丽扎特（歌剧）　邱祁　井频　1984.6　0.30元

3. 京剧

三打祝家庄　李纶　魏晨旭　任桂林　1957.1　0.60元

三座山　范钧宏　1957.5　0.20元

荒山泪　程砚秋　1957.7　0.18元

白毛女　马少波等改编　1958.9　0.46元

桃花扇　欧阳予倩　1959.3　0.25元

西厢记　元·王实甫原著　田　汉改编　1959.5　0.22元

野猪林　李少春　1961.4　精0.86元　1959.8　平0.21元

响马传　翁偶虹　1959.8　0.26元

赤壁之战　任桂林等　1959.8　0.26元

赵氏孤儿　王雁改编　1959.9　0.19元

摘星楼　马少波　翁偶虹　1959.9　0.22元

倩女离魂　冯玉铮改编　1959.9　0.10元

贵妃醉酒　梅兰芳演出本　1959.10　0.13元

九江口　范钧宏改编　1959.11　0.22元

黑旋风李逵　上海文化局　1959.11　0.16元

生死牌　翁偶虹改编　1959.12　0.21元

双阳公主　尚小云演出本　1959.12　0.12元

猎虎记　范钧宏　1961.12　精0.83元　1960.1　平0.32元

技术革新双跃进　祁野耘　1960.5　0.07元

白蛇传　田汉　1960.6　0.20元

乌龙院　中国戏曲研究院编　1960.10　0.28元

龙女牧羊　范钧宏等　1963.2　0.24元

强项令　范钧宏　吴少岳改编　1963.8　0.17元

芦荡火种　汪曾祺等改编　1964.6　0.43元

洪湖赤卫队　范钧宏　袁韵宜改编　1964.6　0.35元

黛诺　金素秋　鲁凝　吴枫改编　1964.7　0.40元

节振国　唐山市京剧团编剧　于英执笔　1964.8　0.41元

雪岭苍松　佳木斯市京剧团集体创作　1964.10　0.30元

好媳妇　蒋振亚　1964.10　0.15元

革命自有后来人　王洪熙　于绍田　史玉良改编　1964.11　0.35元

红管家　林曾信　1964.11　0.17元

草原小姊妹　赵纪鑫　内蒙古自治区艺术剧院京剧团演出本
　　　　　　　　　　　　　　　　　　1964.12　0.30元

奇袭白虎团　李师斌等　山东省京剧团演出本　1964.12　0.41元

苗岭风雷　贵阳市京剧团创作组编剧　李云飞等执笔　1965.1　0.30元

箭杆河边　刘厚明原著　李岳南　张觉非改编　1965.4　0.40元

红嫂　山东省淄博市京剧团改编　1965.5　0.25元

红灯记　翁偶虹　阿甲改编　中国京剧院演出本　1965.5　0.35元

六号门　陈嘉章　张文轩　李向军改编　1965.9　0.36元

沙家浜　北京京剧团集体改编　汪曾祺　杨毓珉执笔　1965.10　0.41元

三少年　杜萍　王士　沈中文编剧　杜萍执笔
黑龙江省戏曲学校实验京剧团演出本　1965.12　0.18元

让马　陈昊　马太中编剧　哈尔滨市京剧团演出本　1966.1　0.13元

上任　王毅编剧　黑龙江省戏曲学校实验剧团演出本　1966.3　0.16元

一路平安　长春市京剧团改编　1966.8　0.12元

逼上梁山　金紫光整理　1980.1　0.65元

红灯照　阎肃　吕瑞明　1980.1　0.36元

南天柱　单澄平　1981.2　0.20元

巧县官　焦克　孔新垣　刘习中改编　1982.2　0.22元

十三妹　张春孝改编　1982.2　0.20元

东邻女　戈明　1982.8　0.21元

汉宫惊魂　朱秉谦改编　1982.8　0.16元

徐九经升官记　郭大宇　志淦　1982.8　0.56元

4. 其它戏曲

三里湾（评剧）　江风　高琛　薛恩厚改编　1957.8　0.26元

金沙江畔（评剧）　薛恩厚　安西　1959.9　0.29元

野火春风斗古城（评剧）　安西改编　1959.10　0.32元

小女婿（评剧）　东北戏曲研究院集体编剧　1959.12　0.38元

公社花开幸福来（评剧）　中国评剧院集体创作　1960.5　0.06元

艾森豪威尔的烦恼（评剧·洋片）　中国评剧院　1960.6　0.12元

张士珍（评剧）　天津市评剧院艺术室集体创作　1960.8　0.26元

钟离剑（评剧）　中国评剧院集体讨论　安西　高琛执笔　1962.4　0.23元

夺印（评剧）　胡沙改编　1963.11　0.50元

刘巧儿（评剧） 王雁改编 1963.12 0.31元

李双双（评剧） 高琛 郭启宏等集体讨论 高琛执笔 1963.12 0.27元

向阳南店（评剧） 北京评剧团创作组集体创作 胡沙 安西执笔
1964.4 0.28元

会计姑娘（评剧） 胡沙 何孝充执笔 1964.4 0.32元

民警家的贼（评剧） 刘炎 相源臻 周仆 1981.2 0.24元

月难圆（评剧） 张福先 张惠文 1982.6 0.21元

野马（评剧） 薛恩厚 刘敏庚 1982.8 0.28元

梅岭春（评剧） 何孝充 宋英杰 1982.8 0.24元

※ ※ ※ ※ ※

牛皋扯旨（滇剧） 杨明 王旦东 梅雪艳整理 1957.1 0.32元

搜书院（粤剧） 广东粤剧团整理 杨子静 莫汝城 林仙根执笔
1957.1 0.22元

战士在故乡（沪剧） 上海人民沪剧团 1958.10 0.30元

演员日记（沪剧） 上海人民沪剧团 1958.10 0.29元

三换肩（戏曲） 1958.11 0.10元

为了钢（戏曲） 1958.11 0.07元

牧鸭会（戏曲） 1958.11 0.09元

刘介梅（戏曲） 1958.11 0.26元

朝阳沟（戏曲） 1958.11 0.20元

三摆渡（戏曲） 1958.11 0.10元

比比看（戏曲） 1958.11 0.08元

小两口逛庙会（二人转） 1958.11 0.09元

刘介梅（楚剧） 丁邑 崔焉 1958.12 0.28元

朝阳沟（豫剧） 杨兰春 1958.12 0.21元

安源大罢工（萍乡采茶戏） 萍乡地方剧团创作组 1959.1 0.22元

五姑娘（越剧） 顾锡东 1959.3 0.35元

汪顺仙（滑稽剧） 王毅君等 1959.4 0.22元

红色的种子（锡剧） 夏阳等 1959.4 0.28元

金鹰（越剧） 浙江越剧二团改编 1959.4 0.23元

党给了我光明（潮剧） 马飞等 1959.4 0.18元

红松林（赣剧） 抚州市采茶剧团 1959.4 0.19元

栗志恒（皮影戏） 刘犁影 1959.6 0.13元

梁山伯与祝英台（越剧） 袁雪芬 范瑞娟口述 1959.8 0.18元

生死牌（长沙花鼓） 湖南省湘剧团整理 1959.8 0.21元

天仙配（黄梅戏） 胡玉庭口述 1959.8 0.24元

乔老爷奇遇（川剧） 四川川剧剧目委员会
重庆市川剧院剧目组整理 1959.8 0.20元

十五贯（昆曲） 浙江省《十五贯》整理小组整理 1959.8 0.35元

穆桂英挂帅（豫剧） 马金凤 宋词整理 1959.9 0.16元

花木兰（豫剧） 常香玉演出本 1959.9 0.17元

陈三两爬堂（豫剧） 安阳市豫剧院整理 1959.9 0.40元

谭记儿（川剧） 李明璋改编 1959.9 0.19元

芙奴传（川剧） 席明真 李明璋 周裕祥整理 1959.9 0.21元

打金枝（晋剧） 山西省文化局整理 1959.11 0.20元

柳树井（曲剧） 老舍 1959.11 0.12元

抢伞（小戏曲） 胡小孩编剧 何璧作曲 1959.12 0.12元

日照东墙（戏曲） 关山改编 1959.12 0.11元

喜相逢（小戏曲） 河南豫剧院剧目组郑州市人民银行宣传队合编
　　　　　　　　　　　　　　　　1959.12 0.10元

玉簪记（川剧） 周企何等整理 1959.12 0.19元

罗汉钱（沪剧） 上海市文化局编审科 1959.12 0.45元

昭君出塞（祁剧） 邵阳祁剧团整理 1959.12 0.11元

抬玉镯（桂剧） 广西壮族自治区桂剧艺术团整理 1959.12 0.13元

李二嫂改嫁（吕剧） 刘梅村 王昭声等 1959.12 0.38元

宇宙锋（汉剧） 中南区戏曲代表团整理 1959.12 0.14元

刘海砍樵（湖南花鼓戏） 北方整理 1959.12 0.12元

葛麻（楚剧） 武汉市楚剧团改编 1959.12 0.17元

秋江（川剧） 周企何等整理 1959.12 0.12元

借髢髢（武安落子） 孙富琴口述 1960.1 0.16元

柳荫记（川剧） 四川省川剧院整理 1960.1 0.34元

评雪辨踪（川剧） 刘成基 许倩云 马善庆整理 1960.2 0.11元

庵堂认母（越剧） 浙江省越剧团集体改编 1960.2 0.12元

双推磨（常锡剧） 俞介君等整理 1960.2 0.11元

为了六十一个阶级弟兄（戏曲） 陈北鸥 曲六乙 赵光远 董恒山
　　　　　　　　　　　　　　　　　　1960.5 0.22元

白手起家搞工厂（戏曲） 芜湖市文化局编 1960.5 0.11元

街道服务站（戏曲） 李横 1960.5 0.07元

借罗衣（庐剧） 安徽省庐剧团整理 1960.5 0.11元

中山狼（昆曲） 明·康海 1960.7 0.14元

孙安动本（山东柳子戏） 赵剑秋等整理记录 1961.12 0.19元

闹房（吕剧） 山东省济南市吕剧团集体讨论

于廷臣 牟家明执笔整理 1963.5 0.07元

秀才外传（川剧） 徐棻 羽军改编 1963.7 0.22元

春草闯堂（莆仙戏） 江幼宋等改编 陈仁鉴执笔 1963.8 0.32元

两亲家（川剧） 黄宗池 1963.8 0.06元

两兄弟（甬剧） 胡小孩 1963.11 0.22元

夫妻桥（川剧） 李明璋 1963.11 0.32元

金山寺（扬剧） 吴白匋 丁汗稼 王万青改编 1963.12 0.22元

牧羊歌（闽剧） 舒谦 1964.1 0.22元

社长的女儿（豫剧） 张宇瑞 1964.2 0.29元

梅林山下（河北梆子） 鲁 就执笔 1964.4 0.28元

赶花轿（小戏曲） 陕西咸阳周陵公社灵照村俱乐部集体创作 赵西文执笔
　　　　　　　　　　　　　　　　　　1964.5 0.06元

一颗红心（眉户剧） 山西省临猗县眉户剧团创作组 1965.4 0.27元

打铜锣（湖南花鼓戏） 李果仁改编 1965.10 0.07元

游乡（曲剧） 河南省周口专区项城县剧目组编剧 赵淑忍执笔
1965.10 0.06元

借牛（汉剧） 刘高 1965.10 0.07元

补锅（湖南花鼓戏） 唐周 徐叔华 1965.10 0.07元

一袋麦种（广东汉剧） 陈衍 徐清改编 1965.10 0.07元

扒瓜园（河南越调） 河南省安阳专区范县创作组编剧 陈洁执笔
1965.10 0.06元

烘房飘香（湖南花鼓戏） 湖南省戏曲工作室 《烘房飘香》改编小组改编
1965.10 0.09元

三朵小红花（广西彩调） 周民震 1965.10 0.12元

送粮（祁剧） 湖南省戏曲工作室《送粮》改编小组改编
1965.10 0.05元

双教子（楚剧） 湖北省孝感县创作组 1965.11 0.07元

斗书场（越调） 河南省周口专区商水县剧目组编剧 许洪执笔
1965.11 0.10元

彩虹（山歌剧） 夏浓 1965.11 0.08元

山花烂漫（越剧） 顾锡东 1965.11 0.56元

琼花（昆剧） 周兼白改编 1965.11 0.40元

阿霞（粤剧） 侯甸 陈仕元 莫志勤 陈酩改编 1966.3 0.18元

西施泪（婺剧） 双戈 魏峨 方元 1981.4 0.19元

亲事（吕剧） 刘奇英 赵福朋 王毓祥 1981.4 0.19元

四姑娘（川剧） 魏明伦 1981.4 0.21元

谎祸（豫剧） 董新民 杜艳 李殿臣 1981.6 0.21元

隔墙夫妻（川剧） 善生 辛身 1982.4 0.24元

牛多喜坐轿（花鼓戏） 陈芜 1982.5 0.20元

红柳绿柳（莱芜梆子） 张彭 王其德 纪根垠 1982.5 0.21元

阿双（黔剧） 王玉林 1982.5 0.20元

状元与乞丐（莆仙戏） 莆田县编剧小组整理改编 1982.6 0.24元

一个明星的遭遇（沪剧） 马一亭 余雍和 1982.6 0.29元

花打朝（豫剧） 何凌云 1982.7 0.32元

天麻沟传奇（陇剧） 金行健 邓剑秋 谢宠 李诺 1982.8 0.23元

打碗记·喜鹊闹梅·蔡九赔鸭（淮剧·高安采茶戏·汉剧） 姜邦彦 江成孝等 1982.8 0.37元

皇亲国戚（龙江剧） 王毅 1983.4 0.29元

易胆大（川剧） 魏明伦 1983.4 0.32元

六斤县长（花鼓戏） 陈正庆 田制 1985.1 0.33元

丫环传奇（月季花戏剧丛书） 河北省艺术研究所编 1985.11 0.78元

收入《丫环传奇》等三个小戏。

"糊涂盆"砸锅 文化部群众文化局编（首届全国农村业余戏剧创作评奖一等奖作品集） 1985.11 0.76元

收入《"糊涂盆"砸锅》等六个小戏及三篇文章。

5. 外国戏剧

家事 〔波兰〕叶日·柳托甫斯基著 隋怀译 1957 0.35元

青年女教师 〔苏联〕捷尔尼基阿尼著 高文风译 1957 0.33元

和平战士约翰 〔苏联〕克洛特科夫著 冯由礼译 1957 0.29元

个人事件 〔苏联〕斯泰因著 林耘译 1957 0.42元

永远不死的人 〔美国〕倍利·斯戴维思著 陈麟瑞译 1957 0.45元

欧洲纪事 〔苏联〕阿·阿尔布卓夫著 马华译 1957 0.37元

伟大的一天 〔罗马尼亚〕玛丽亚·巴努斯著 奚建瀛译 1957 0.33元

一仆二主 〔意大利〕哥尔多尼著 孙维世译 1957 0.43元

女店主 〔意大利〕哥尔多尼著 孙维世译 1957 0.41元

扇子 〔意大利〕哥尔多尼著 叶君健译 1957 0.36元

涅瓦河畔 〔苏联〕特列尼约夫著 马华译 1957 0.49元

老橡树 〔苏联〕雅科布逊著 魏时译 1957 0.34元

宁可拴着磨石 〔澳大利亚〕摩纳·布兰德著　冯金辛译　1957　0.30元
第一骑兵队 〔苏联〕维什涅夫斯基著　海啸　苗林译　1957　0.38元
小花牛 〔匈牙利〕马·西兹马瑞克　弗·英诺森特著傅维慈译
1957　0.44元
善心的急性人 〔意大利〕哥尔多尼著　聂文杞译　1957　0.24元
渔人之家 〔阿尔巴尼亚〕苏里曼·皮塔尔卡著　杨敏译　1957　0.40元
太平洋上的乐园 〔澳大利亚〕迪·古沙克著　新松译　1957　0.30元
克里姆林宫的钟声 〔苏联〕包戈廷著　春秋译　1957　0.36元
带枪的人 〔苏联〕包戈廷著　葛一虹译　1957　0.36元
别人的孩子 〔苏联〕什克瓦尔金著　汤茀之译　1957　0.28元
黎明的爱 〔苏联〕雅洛斯拉夫·迦兰著　波涛译　1957　0.36元
大臣夫人 〔南斯拉夫〕勃·努希奇著　屠岸译1958　0.28元
蔷薇何处开 〔日本〕真山美保著　陈北鸥译　1958　0.28元
邮局·红夹竹桃 〔印度〕泰戈尔著　冯金辛译　1958　0.60元
春之循环 〔印度〕泰戈尔著　瞿菊农译　1958　0.50元
玛申卡 〔苏联〕阿·阿菲诺盖诺夫著　姜丽　林敏译　1958　0.30元
亲骨肉 〔苏联〕阿菲诺盖诺夫著　乌兰汗　高一杰译　1958　0.30元
堡垒在崩溃 〔罗马尼亚〕霍里亚·罗维奈斯古著　闻时清　裘果芬译
　　　　　　　　　　　　　　　　　　　　1958　0.40元
燃烧的桥 〔苏联〕罗马肃夫著　林耘译　1958　0.42元
天上有星星 〔印尼〕乌·达·孙达尼著　张演译　1958　0.14元
饭店之花 〔印尼〕乌·达·孙达尼著　张演译1958　0.16元
大祸临头 〔苏联〕巴巴扬著　林耘译　1958　0.09元
女婿 〔苏联〕亚洛茨基著　张济民译　1958　0.09元
永恒的源泉 〔苏联〕德·佐林著　林耘译　1959　0.38元
杜尔太太的道德 〔波兰〕加·查波尔斯卡娅著　陈锌　姜历群译
　　　　　　　　　　　　　　　　　　　　1959　0.36元
第一次打击 〔保加利亚〕克·丘里亚夫科夫著　叶明珍　张庆才译

                                          1959   0.40元
异母兄弟 〔伊朗〕哈·姆比扎利   胡·扎姆什吉著   沈立中译
                                          1959   0.36元
朝霞中的城市 〔苏联〕阿·阿尔布卓夫著   林耘译   1959   0.37元
岛 〔日本〕堀田清美著   梦回   陈北鸥译   1959   0.35元
乐观的悲剧 〔苏联〕伏·维希涅夫斯基著   孙维善译   1959   0.31元
星星为什么微笑 〔苏联〕亚·柯涅楚克著   汤茀之译   1959   0.35元
金马车 〔苏联〕列昂尼德·列昂诺夫著   丁宁   杨敏译   1959   0.33元
伊索（狐狸与葡萄）〔巴西〕吉·菲格莱德著   陈颛译   1959   0.29元
                              1980年第3次印刷   0.31元
三座山 〔蒙古〕纳楚克道尔基等著   安柯钦夫译   1959   0.18元
沈清传 〔朝鲜〕金亚夫改编   梅峰译   1959   0.20元
悲壮的颂歌 〔苏联〕尼·包戈廷著   林耘译   1959   0.68元
血的审判（又名《库特诺山的矿工》）〔捷克〕约·狄尔著   王金陵译
                                          1959   0.33元
阿哇尔和美拉 〔印尼〕乌·达·孙达尼著   张演   陈霞如译
                                          1959   0.52元
蚌、蛎、螺、蚬 〔越南〕黄州骥整理   林荫译 1959   0.19元
决裂 〔苏联〕鲍·拉甫列尼约夫著   崔松龄译   1959   0.38元
万尼亚舅舅 〔俄国〕契诃夫著   丽尼译   1960   0.40元
三姊妹 〔俄国〕契诃夫著   曹靖华译   1960   0.44元
一件妙事 〔意大利〕哥尔多尼著   聂文杞译   1960   0.27元
小市民 〔苏联〕高尔基著   林陵译   1960   0.45元
野蛮人 〔苏联〕高尔甚著   芳信译   1960   0.41元
歌颂列宁的戏剧三部曲 〔苏联〕尼·包戈廷著   葛一虹等译   1960   1.80元
              1982第2次印刷   精1.85元   平1.05元
敌人 〔苏联〕高尔基著   林陵译   1960   0.36元
陀斯契加耶夫和别的人 〔苏联〕高尔基著   芳信泽   1960   0.35元

最后一代 〔苏联〕高尔基著 陈冰夷译 1960 0.33元

和大姐 〔越南〕学菲著 王勇译 1960 0.27元

挑战的手套 〔挪威〕比昂逊著 吴世良译 1960 0.32元

宽边帽子 〔苏联〕米哈尔科夫著 杨秀怡译 1960 0.20元

杨·胡斯 〔捷克〕伊拉塞克著 苏杰译 1960 0.46元

底层 〔苏联〕高尔基著 芳信译 1960 0.36元

瓦萨·日列兹诺娃 〔苏联〕高尔基著 汤茀之译 1960 0.21元

耶戈尔布雷乔夫和别的人 〔苏联〕高尔基著 焦菊隐译 1960 0.31元

路 〔蒙古〕乔·敖伊道布著 鲁清译 1960 0.27元

不死鸟 〔朝鲜〕宋影著 金圣哲译 1960 0.20元

瑞卿与周俊 〔越南〕阮洋忍著 林荫 兰江泽 1960 0.23元

中锋在黎明前死去 〔阿根廷〕奥古斯丁·库塞尼著 陈军译 1961
　　　　　　　　　　　　　　　　　　　　　精0.52元 平0.26元

夕鹤 〔日本〕木下顺二著 陈北鸥译 1961 精1.00元 平0.25元

愤怒的回顾（内部发行）〔英国〕奥斯本著 黄雨石译 1962 0.42元

甘蔗田 〔古巴〕巴格·阿尔丰索著 英若诚译 叶君健校
　　　　　　　　　　　　　　　　　　　　　1962 0.33元

美洲的圣胡安娜 〔阿根廷〕安德莱·利萨拉伽著 章仁鉴译
　　　　　　　　　　　　　　　　　　　　　1962 0.34元

我们的土地 〔阿尔巴尼亚〕柯尔·雅柯伐著 乌兰汗译 1962 0.26元

第四名 〔苏联〕西蒙诺夫著 张原译 1962 0.24元

德聂伯河上 〔苏联〕柯涅楚克著 苏虹译 1962 0.31元

接头人 〔美国〕杰克·格尔柏著 石馥译 1962 0.24元

椅子 〔法国〕尤琴·约纳斯戈著 黄雨石译 1962 0.24元

红色宣传员 〔朝鲜〕赵白岭著 张琳译 1962 0.33元

伊尔库茨克故事 〔苏联〕阿尔布卓夫著 裴未如译 1963 0.30元

暴风雪 〔苏联〕列·列昂诺夫著 吴钧燮译 1963 0.31元

爱与美之岛 〔希腊〕阿·巴尔尼斯著 蔡时济译 1963 0.28元

厨娘 〔苏联〕阿·索弗罗诺夫著 孙维善译 1963 0.28元

保护活着的儿子 〔苏联〕阿纳托里·索弗罗诺夫著 徐文译

1963 0.54元

白旗 〔苏联〕K·伊克拉莫夫 B·田德里亚科夫著 沈立中译

1963 0.50元

海洋 〔苏联〕阿·史泰因著 孙维善译 1963 0.65元

费鲁米娜·马尔土拉诺 〔意大利〕爱德·菲力普著 木禾译

1964 0.45元

晚餐之前 〔苏联〕维·罗佐夫著 王金陵译 1964 0.51元

病房 〔苏联〕谢·阿辽申著 蔡时济译 1964 0.43元

两个打秋千的人 〔美国〕威廉·基勃森著 馥芝泽 1964 0.61元

美洛斯来的瘟疫 〔阿根廷〕德腊贡著 林光 徐培吉译 1964 0.26元

约斯蒂娜 〔芬兰〕赫拉·乌奥丽约基著 苏杭译 1964 0.57元

忠诚 〔苏联〕包戈廷著 群力译 1965 0.55元

等待戈多 〔英国〕萨缪尔·贝克特著 施咸荣译 1965 0.68元

暴风雨过后的痕迹 〔保加利亚〕季米特尔·戈诺夫 季米特尔·潘戴利耶夫著 叶明珍译 1965 0.50元

老妇还乡 〔瑞士〕弗里德利希·杜伦马特著 黄雨石译 1965 0.74元

灰姑娘 〔苏联〕塔·加贝著 叶小铿译 1981.5 0.27元

两棵枫树 〔苏联〕叶·施瓦尔茨著 叶小铿译 1981.6 0.22元

饥饿海峡 〔日本〕水上勉著 孙维善译 1981.9 0.42元

童话中的童话 〔苏联〕A·扎克 N·库兹聂佐夫著 叶小铿译

1981.9 0.20元

蒙塞拉 〔法国〕埃·罗布莱斯著 沈大力译 1982.2 0.43元

园丁之犬 〔西班牙〕洛卜·德·维迦著 朱葆光译 1982.3 0.66元

严峻的考验 〔美国〕阿瑟·密勒著 聂振雄译 1982.3 0.58元

朱诺与孔雀 〔爱尔兰〕希恩·奥凯西著 林疑今译 1982.9 0.32元

塞维利亚之星 〔西班牙〕洛卜·德·维迦著 朱葆光译

1982.11　0.47元

丹麦王子哈姆雷的悲剧　〔英国〕莎士比亚著　林同济译

1982.12　0.60元

可敬佩的克来敦　〔英国〕詹·马·巴雷著　余上沅译　1982.12　0.43元

屠夫　〔奥地利〕彼得·普列瑟斯　〔德国〕乌尔利希·贝希尔著　舒　雨等译　舒雨校　1982.12　0.61元

雨果先生　〔美国〕艾·马尔兹著　荒芜译　1983.4　0.40元

惊梦记　〔印度〕跋娑著　韩廷杰译　1983.6　0.21元

古罗马喜剧三种　〔古罗马〕普劳图斯·泰伦提乌斯著　杨宪益等译

1985.5　1.05元

四川一好人　〔德国〕布莱希特著　黄永凡译　1985.8　0.69元

6. 少数民族戏剧

杜朝选（白族吹吹腔）　云南省大理周城俱乐部　云南省大理文化馆编

1960.6　0.11元

宝葫芦（壮剧）　广西壮族自治区德保壮剧团编　莎红　龙平翻译整理

1960.6　0.12元

夫妻竞赛（白族大本曲剧）　杨玉春　罗怀李　1960.6　0.11元

对菱花（满族戏）·慰向袋（蒙族戏）　关润霞改编　布赫　达木林编剧

1960.6　0.16元

千瓣莲花（傣戏）　刀保巨　刀保文　刀禹庭　刀安堂　1960.6　0.10元

珠郎娘美（侗戏）　侗族民间艺人梁少华等作　贵州省文化局　剧协等整理

1960.6　0.25元

红铜鼓（壮剧）　黄登伟编剧　兰鸿恩　侯枫　周游翻译整理

1960.6　0.14元

郎莎（藏戏）　蔡冬华改编　1960.6　0.11元

哈迈（苗剧）　覃桂清　1960.6　0.19元

半夜羊叫（彝戏）　云南省六苴人民公社堂华山耕作区彝剧团

1960.6　0.13元

七、资料·年鉴·工具书

京剧剧目初探　陶君起　1963.3　1.75元

　　　　　　　　　　　　1983第3次印刷　2.10元

本书有一千三百余个京剧剧目的剧情说明，按剧情反映的历史朝代顺序排列。凡剧情与小说、笔记、说唱文学、杂剧、传奇有关者，择要加以说明。对某些剧目的艺术特点、主要角色、表演上的不同流派等也略作阐述，书末附有剧目索引，以便查阅。

夏衍戏剧研究资料（上、下）　会林　绍武编　1980　1.46元

编选了著名剧作家夏衍有关戏剧创作活动的资料。全书分两册，除夏衍自己撰写的创作道路、创作经验及有关戏剧的论述，还包括三十年来评论夏衍剧作的部分文章以及夏衍年表、评论目录索引。

夏衍研究资料（上、下）　1983

　　　　　　精（全一册）4.50元平（上、下册）3.70元

本书包括：一、夏衍传略；二、夏衍谈自己的生平、创作道路与作品的文章；三、著译系年；四、年表；五、选收国内外评论、研究夏衍作品的文章；六、评论目录索引等。

中国古典编剧理论资料汇辑　秦学人　侯作卿编　1984　1.95元

辑录了元、明、清及近代六十八家的古典编剧理论资料，为研究中国古典编剧理论与技巧，提供了系统而丰富的资料。

陈大悲研究资料　韩日新编　1985　1.40元

全书分四大栏目：陈大悲传略和年谱；陈大悲生平与文学活动自述，关于陈大悲的评论；研究资料索引。本书汇集了陈大悲主要戏剧论著和评论文章四十余篇及有关资料多篇。

梨园趣闻轶事　马清福编　1985　3.75元

作者广泛搜集了古今梨园著名艺术家的趣闻逸事，其中有我国传说最早的演员优孟的表演，有汤显祖怎样创作"临川四梦"，有谭鑫培倒仓后在讽刺贬议中创造了谭派艺术等。

欧美戏剧百科全书　（美国部分）〔美〕麦克格罗——希尔出版社　丁正则　祖德译　谢榕津校 1985

精3.30元平2.70元

本书介绍、评述了自美国独立以来到当代的一百多位剧作家的生平及剧作。

中国戏剧年鉴　《中国戏剧年鉴》编辑部编（1981年本）　4.30元

（1982年本）　7.30元

（1983年本）　7.50元

（1984年本）　9.45元

本书为按年编选出版的记载中国戏剧界各方面情况的类书。分设戏剧界情况综述、中外戏剧交流，剧目评论，戏剧活动、文选、文摘、戏剧舞台、戏剧日志、戏剧著作介绍、戏剧院校剧院剧团介绍等栏目，并根据戏剧界大事增设专栏，及时反映戏剧界情况。

京剧剧目词典　曾伯融主编

收入五千三百多条京剧剧目，按历史朝代顺序排列。每个剧目均作简明扼要的内容介绍，并对其源流沿革，编创者、初演者、擅演的艺术家，版本与藏本情况，唱片流行、地方剧种移植情况等，作了必要的考证。

中国戏曲剧种手册 李汉飞编

本书为普及我国戏曲剧种知识的工具书，它对目前活跃在戏剧舞台和尚有据可考的，二百六十七个戏曲剧种的历史源流、兴衰变革、文学艺术、音乐声腔、流行情况和有代表性的剧作家、艺术家等均作了简略的介绍。

川剧词典 胡度　傅则　刘兴明

本书中用数千条目对川剧的历史、文学剧本、音乐声腔、艺术程式、名词术语、历代著名作家，演员和各种艺术家，作了记述和释义。

八、曲艺

社会主义好　1958.11　0.09元

迷路记　1958.11　0.09元

龙王辞职　1958.11　0.10元

五千一　1958.11　0.10元

翻身记　1958.11　0.12元

兄弟擂台（评书）　未艾　1959.12　0.10元

昨天（相声）　赵忠　常宝华　钟艺兵　1959.12　0.11元

理发的故事（道情）　卢俊迈　1959.12　0.11元

强盗出巡记　《曲艺》月刊编辑部编　1960.6　0.12元

怒火腾空　《曲艺》月刊编辑部编　1960.6　0.11元

艾森豪威尔的独白　《曲艺》月刊编辑部编　1960.6　0.22元

民兵英雄谱　《曲艺》月刊编辑部编　1960.10　0.28元

杨桂香　陶钝　1963.9　0.45元

痛打美国强盗　《曲艺》杂志社编　1965.4　0.17元

越南军民得得好　《曲艺》杂志社编　1965.6　0.18元

时刻准备着　中国曲艺工作者协会编　1965.12　0.15元

大寨英雄贾进才　中国曲艺工作协会编　1965.12　0.15元

说唱王杰（第一集）《曲艺》杂志社编　1965.11　0.17元

说唱王杰（第二集）《曲艺》杂志社编　1966.1　0.20元

说唱焦裕禄（第一集）　中国曲艺工作者协会编　1966.2　0.10元

说唱焦裕禄（第二集）　中国曲艺工作者协会编　1966.5　0.14元

说唱麦贤得　中国曲艺工作者协会编　1966.2　0.14元

仇恨的火焰（支援越南抗美斗争文艺节目）　中国曲艺工作者协会

编　1966.3　0.15元

女队长　《曲艺》杂志社编　1966.4　0.20元

学大寨（快板集）《曲艺》杂志社编　1966.5　0.22元

贩马记（故事集）《曲艺》杂志社编　1666.5　0.22元

九、连环画·年画·挂历

连环画：249 种
年画：266 种
挂历：16 种

十、期刊

戏剧报（月刊）《戏剧报》编委会编

19504 创刊《人民戏剧》（月刊），至 1952.1 出至 20 期停刊

1954.1 改版《戏剧报》（一度为半月刊）出全 1966 年（总 207 期）停刊。

1976.3 复刊《人民戏剧》为双月刊，至第三期改为月刊。

1983.1 恢复《戏剧报》名称，至 1986 年底出至总 355 期。

1957 年由人民出版社转为本社出版。

剧本（月刊）《剧本》月刊编委会编

1952.1 创刊，初由文化部艺术局与剧协合编。

1961 起曾一度改为双月刊，1966 年停刊。

1979.1 复刊至 1986 年底出至总 260 期。

1957 年由人民文学出版社转为本社出版。

戏剧论丛（季刊）《戏剧论丛》编委会编

1957.1 创创至 1958 共出 8 期。

1959.2 与《戏曲研究》合并改为《戏剧研究》，由季刊改为双月刊，至 1960.2 出 7 期。1979.10 复刊为《戏剧艺术论丛》，出 4 期后恢复《戏剧论丛》原名。至 1985 年 1 月停刊。

外国戏剧（季刊）《外国戏剧》编委会编

1962 创刊出 17 期为内部发行。1966 年停刊。

1979 复刊仍名为《外国戏剧资料》至 1980 改为《外国戏剧》，至 1986 年底出至总 28 期。

小剧本（月刊）《剧本》月刊编委会编

1958.6 创刊，前身为《〈剧本〉农村版》（1956 创刊），1958 改名《小剧本》出至 49 期停刊。

1981.1 复刊至 1982.1 与《剧本》合刊。出至总 61 期。

戏剧学习（季刊） 中央戏剧学院《戏剧学习》编辑部编

1957.6 创刊，前身为不定期刊《戏剧通迅》（1950.4 创刊）出 4 期。

1957 改《戏剧学习》至 1960 共出 9 期。

1976.9 复刊。至 1982 年改由中国文艺联合出版公司出版。

宝文堂书店书目

· 1949—1986 ·

一、戏曲理论·知识·艺术经验

戏剧化妆常识　封顺　1953.9　0.35元
学胡琴新编　王则武　1954.6
舞台实用唢呐牌谱　吕中　尚可　1954.4　0.57元
京剧基本常识　林亚　1954.5
京剧锣鼓谱简编　中国戏曲研究院　1955.10　1958.8第二版　1959.8第三版
谈《妇女代表》　郭汉城　1956.3
扩大上演剧目的几个问题　张庚　1956.3
怎样保护嗓子　舒模　肖晴　1956.3　0.08元
唱腔改革中的几个问题　马可　1956.3　0.10元
关于现代戏的表演问题　郭亮　1956.3　0.09元
戏曲乐队的改革问题　何为　1956.3　0.10元
戏曲表演问题　张庚　1956.3　0.12元
关于继承表演遗产的几个问题　黄克保　1956.3　0.10元
谈传统戏曲表演艺术的形体锻炼　白云生　1957.2
京剧艺术讲座（第一集）　北京市戏曲编导委员会　1958.9　0.07元
京剧艺术讲座（第二集）　北京市戏曲编导委员会　1958.9　0.07元
京剧艺术讲座（第三集）　北京市戏曲编导委员会　1959.3　0.08元
　　　　　　　　　　　　　　　一~三集1959—1960第二版
戏剧表演的四功五法　程砚秋　1959.3　0.11元
我怎样学会了演京戏　欧阳予倩　1959.4　0.14元　1960.2第二版
谈戏曲的舞蹈艺术　白云生　1959.7　0.08元
生活的真实和戏曲表演艺术的真实　阿甲　1959.11　0.25元
谈神鬼戏　李刚　1959.11　0.14元

谈《蝴蝶杯》里的精华与糟粕　张庚　1959.11　0.15 元

《秦香莲》的人民性　张庚　1959.11　0.10 元

试论《陈三五娘》的两种形象处理　郭亮　1959.11　0.10 元

戏曲艺术讲座（第四集）　北京市戏曲编导委员会　1960.2　0.07 元

戏曲艺术讲座（第五集）　北京市戏曲编导委员会　1960.2　0.08 元

京剧杂谈　徐慕云　1960.3　0.17 元

京剧的行当　景孤血　1960.3　0.25 元

谈如何学艺　程砚秋　1960.3　0.08 元

看戏散笔　马少波　1960.4　0.25 元

表演经验（第一辑）　中国戏曲研究院　1960.7　0.27 元

表演经验（第二辑）　中国戏曲研究院　1960.7　0.28 元

戏曲艺术讲座（第六集）　北京市戏曲编导委员会　1960.8　0.08 元

戏曲艺术讲座（第七集）　北京市戏曲编导委员会　1960.10　0.08 元

二、文化教育

新珠算课本　刘善昌　1950.2

歌颂毛主席小楷帖　张文藻　1950.5

解放小学升学指导　刘振声　1950.6

解放区的歌声帖　律光　1950.7

新珠算课本　刘振声　1950.7

人民小楷帖　刘振声编　张文藻绘　1950.7

简明珠算课本（绘图详解）　1950.7

新算术指导（高小补充课本）　刘振声　1950.8

高小新算术指导　刘振声　1950.8

最新注解标准注音学生国音字汇（全一册）　张树人　1950.8

青年四用字汇（普及本）　汪敏恩　刘振声编　1950.8

青年四用字汇（寸半本）　汪敏恩　刘振声编　1950.8

模范故事文选　刘振声　1950.9

模范儿童文选　刘振声　1950.9

中华人民共和国新华农用阴阳台历全书　赵树理　1950.10

模范新尺牍（工农兵学通用）　律光　1950.11

人民日历　刘振声　1950.12

新看图识字　刘振声　1950.12

模范国音字典　张铭声编辑　1950.12

高小模范作文（国语补充课本）　苗培时　1951.1

妇女自由歌大楷帖　张文藻编写　1951.2

东方红（大楷帖）　张文藻　1951.2

各科补充教材（升学必备）　纪杰　1951.2

学习写信必读（高小适用） 宋北风 1951.2

算术补充题解 律光 1951.2

白话学生新尺牍 刘振声 1951.3

高小各科补充教材问答 纪杰 1951.4

讲三字经 北京文艺社 大众文艺创作研究会 1951.4

新儿童智力测验游戏 宋北风 1951.4

高小算术习题详解 宋秋雨 1951.5

保卫和平歌大楷帖 1951.5

模范国音字典 张铭声 1951.5

抗美援朝大楷帖 张文藻 1951.5

学文化看图识字① 李宏画 苗培时主编 1951.6

学文化看图识字② 李宏画 苗培时主编 1951.6

学文化看图识字③ 李宏画 苗培时主编 1951.7

学文化看图识字④ 李宏画 苗培时主编 1951.7

新农村万事不求人 1951.7

算术的先生（高小算术补充题解） 王作彝 1951.8

算术一千题详解（高小初中补充教材） 律光 1951.8

现代五用辞典 黄泽人 1951.8

高小算术复习题解 纪杰 1951.9

小女婿（速成识字手册） 金受申等 1952.1

农谚杂字 苗培时 1952.3

算术一千题解答 律光 1952.4

笔顺习字帖（上册） 丰子恺 1952.4

注音字母使用法（速成识字启蒙读物） 杨露 1952.5

留神写错 余友三 1952.5

注音符号图解（速成识字法基本读物） 胡君编 卢克绘 1952.6

大众正误字典 常任青 1952.6

怎样速成识字 余土竹等 1952.7

儿童谜语　刘玉铮　1952.8

新农村尺牍　金受申　1952.8　0.20元

阅读手册　佘士行　1952.9　0.11元

四用手册（1）　金受申　1952.9　0.09元

新珠算　刘玉铮　1952.9

一九五三年（癸巳）农用阴阳合历全书　宝文堂书店编辑部　1952.10

诗歌快板集　河北文艺社　1952.11

大众国音字典　杜芳　1952.11

新算术一千题详解　刘志毅　1952.11

新铅笔字（1）（2）　来　文选　1953.2

战士诗选　刘香桂　1953.3

学胡琴　舒勋　1953.4

学写作　杨叶　杨绍英　1953.4

常用字（附常用字音序字表）　石夫等　1953.5

婚姻问题的歌谣（民歌）中国民间文艺研究会　1953.6

一九五四年（甲午）大众农用阴阳合历全书　1953.11

看图识字（第一册）　苗培时　1953.11　1956.2第二版

看图识字（第二册）　苗培时　1953.11

看图识字（第三册）　苗培时　1953.11

看图识字（第四册）　苗培时　1953.11

看图识字（第五册）　苗培时　1953.11

看图识字（第六册）　苗培时　1953.11

大众实用字典　王纪春　1953.12

百家姓　1954.12

一九五五年（乙未）阴阳合历全书　1954.12

新谜语　1955.6　0.05元

二小重逢王秀娃（说唱诗）　张庆田　1955.7

儿童谜语　辛安亭　1955.8　0.05元

农民三字经　高歌　1955.8　0.08元

新春联　1955.11　0.09元

绕口令　陈光尧　1955.12

拼图猜谜　熊大绂　1956.6

三、文学作品

梁山伯与祝英台　张恨水　1954.11　0.32 元

　　　　　　　　　　　　　　　　1956.11 第 6 次印刷

官场现形记（上、下）　李伯元　1954.11　1.55 元

今古奇观（上、下）　抱瓮老人　1955.4　1.04 元

水浒（节本）（上、下）　宋云彬　节编　1955.5　1.56 元

水浒后传　陈忱　1955.11　0.72 元

孽海花　曾朴　1955.6　0.68 元

四、少儿读物

模范儿童新故事　刘振声　1950.7

木板小画片　1950.12

少年学习文选　宋北风编　1951.2

少年儿童小品文选　宋北风编　1951.2

小朋友书信　王作彝编　1951.4

小朋友谜语　王作彝　1951.8

小朋友笑话（第一集）　王作彝　1951.9

小朋友笑话（第二集）　王作彝　1951.9

小朋友诗画　叶　西作　雪竹画　1951.12

儿童故事丛书（第一辑）　夏向模著　高梦虹绘图　1952.3

儿童故事丛书（第二辑）　夏向模著　高梦虹绘图　1952.3

一百十四面旗（连环画）　张大国　1952.8

五、曲艺

小姐俩拾棉花　关学曾　1950

一条棉裤·东北劳模塑像　冯紫笙　1950.2

新式夫妻　刘文玉　1950.5

红花绿叶两相帮　王素稔　1950.5

说唱陈大楞　辛链　1950.5

朝鲜英雄金日成　陶君起　1950.9

迎模范　北京文艺社　大众文艺创作研究会　1950.9

黑姑娘　王亚平　1950.9

爱路模范胡兰英　沈沙　1950.9

捞鱼渡荒　王亚平　王素稔　1950.9

割麦赞　白克文　1950.9

病从口入　北京文艺社　大众文艺创作研究会　1950.9

胡小虎与赵有能　辛大明　1950.9

新宇宙锋　马文沙　1950.9

偷黄瓜　田晴　非萍　1950.9

煤镐尖上论英豪　苗培时　1950.9

火车司机张福林　管桦　1950.9

和和与平平（双改行）　杜彭　1950.12

魏新元学文化（王二闲汉改邪归正）　冯不异　1950.12

如此美国（相声）　辛大明改编　1950.12

爷儿俩逛北京（李大忠识字）　沈彭年　1950.12

王二姐夸夫　秋欣　1950.12

二流子开荒生产　范钧宏　1950.12

渡乌江　李震一　1950.12

香炉回家　景孤血　1950.12

混水摸鱼　张真　1950.12

新灯下劝夫　葛翠林　张品三　1951.3

战济南　苗培时　1951.4

新对口相声（写春联·新岔曲）　侯一尘　1951.4

别迷信　老舍　1951.4

江南使者　苗培时　1951.4

一贯道害人不轻　武春等　1951.5

七个小英雄　兴民　1951.5

姚大娘捉特务（送担架）　大众文艺创作研究会　1951.5

新双簧　大众文艺创作研究会　1951.5

新相声（新药方）　大众文艺创作研究会　1951.5

送劳模　孙秀汶　大众文艺创作研究会　1951.5

劳动模范　苏世溢　1951.5

保家卫国　焦同仁　1951.6

美帝暴行　李春芳　1951.6

检举特务　白秋著　刘毓武校对　1951.6

二房东（新相声）　孙玉奎　1951.6

晋察冀的小姑娘　王尊三　何迟　1951.7

婚姻与迷信（原子弹数来宝）　侯宝林　1951.7

女儿英雄王桂香（上、下）　王尊三　1951.7

血债血还（爱国增产运动别松劲）　关学曾　1951.8

买历书（1）（新相声）　君虹　大众文艺创作研究会　1951.8

买历书（2）（追谣·镇压反革命）　君虹　1951.8

大战大杨湖　苗培时　1951.8

独胆英雄吕松山　万春蛟　1951.8

金喜翻身　老舍　侯一尘　1951.8

小两口儿顶嘴　王尊三　1951.8

爱国公约（新相声普及本）　董凤桐　1951.8

太子河桥英雄赞　沈彭年　1951.9

儿童学（新相声普及本）　席香远　1951.9

水陆空顶嘴　谢纯一　1951.10

对口数来宝（新快板普及本）　孙玉奎　席香远　1951.10

胡全有接闺女（曲艺新唱本）　齐修林　樊春秀　1951.11

友情似海（曲艺新唱本）　李逢春　1951.11

英模配（曲艺新唱本）　季国春　1951.11

好天良　沈彭年　1951.11

新事新办（1）　张景华　1951.11

渡江女英雄孙酒英　曹子戈　1951.11

小两口上冬学　冯再生　1951.12

二万五千里长征（新快板普及本）　李付琇　1951.12

翠花改嫁（快板）　东方果　金庸　1952.3

所谓何来（鼓词）　沈彭年　1952.3

说唱新儿女英雄传　王尊三　1952.3

模范夫妻（鼓词）　辛大明　1952.3

邵秀英（单弦）　侯秀英　1952.3

新相声（一集）　侯宝林等　1952.5

宋江河　王亚平　1952.6

新儿女英雄传　王尊三　1952.7

新相声（二集）　席香远　1952.8

新鼓词　北京大众文艺创作研究会　1952.8

新快板（八月份）　1952.8

冯俊英离婚（鼓词）　王尊三　1952.8

新单弦　北京大众文艺创作研究会　1952.9

歌颂天安门　北京大众文艺创作研究会　1952.10

新快板（中苏友好月） 宝文堂 1952.11

王家庄内修水利 河北文艺社 1952.11

新年（春节）欢唱集（快板·相声） 宝文堂书店 1952.12

河北说唱丛书集（第二本） 河北文艺社等主编 1952.12

新快板（三集） 宝文堂书店通俗读物创研组 1953.1

新相声（四集） 席香远 1953.2

新相声（三集） 宝文堂编辑部 1953.3

咱们工人有了劳保 中央燃料工业部 1953.4

二届慰问团赴朝记（鼓词） 高峰 1953.5

说唱新儿女英雄传（第四本） 王尊三 1953.6

和睦家庭（相声） 沙漠等 1953.6

说普选（快板·相声） 之昂等 1953.7

拥护选举法（相声） 张玉堂等 1953.7

新相声（五集） 席香远 陈致强 1953.7

说唱新儿女英雄传（第三本） 王尊三 1953.8

新快板 梁勇等 1953.8

喜事（相声） 孙玉奎 1953.9

说唱新儿女英雄传（第七本） 王尊三 1953.9

高炉上的花烛之夜 姜旭 1953.9

幸福生活（相声） 高笑林等 1953.10

普选说唱集 北京市文联 1953.10

两匹白马（鼓词·相声） 王耀泉等 1953.11

说唱新儿女英雄传（第八本） 王尊三 1953.11

谁是英雄（山东快书） 丁笑风 1953.11

李三元做饭 王尊三等 1954.1

两情愿 王尊三 1954.1

赵大娘卖粮记（山东快书） 李源实 1954.2

饶毕礼访苏记（鼓词） 朱泗潼 1954.2

三女夸夫（演唱） 陈珊等 1954.3

英雄夫妻（鼓词） 李克 1954.5

曲艺选集（第一集） 中央人民广播电台说唱团 1954.8

曲艺选集（单弦）（第二集）
中央人民广播电台说唱团 1954.9

新曲艺 中国曲艺研究会 1954.10

新曲艺（二本） 中国曲艺研究会 1954.10

新曲艺（三本） 中国曲艺研究会 1954.10

新曲艺（四本） 中国曲艺研究会 1954.11

新曲艺（五本） 中国曲艺研究会 1954.11

新曲艺（六本） 中国曲艺研究会 1954.12

新法接生 席香远 1955.1

考神婆·渔夫恨（新鼓词） 赵树理等 1955.1

更上一层楼（说唱） 思奇 1955.1

侦察英雄齐进霓（说唱） 宋敏 1955.2

红旗插遍台湾岛 谢民恭等 1955.2 0.09元

买猴儿（相声） 何迟等 1955.3 0.08元

双铧犁 王保春 1955.4 0.06元

铁血山 克明 1955.4 0.09元

夜袭金门岛 1955.5

幸福道路 杜彭 1955.6 0.05元

梦狼（评书） 陈士和口述 金受申记 1955.6

接嫂嫂（小演唱） 于志乾 1955.6

程咬金卖柴笆 陈荫荣等 1955.7 0.11元

江边游（说唱） 国涤等 1955.7

草船借箭 安凤鸣等 1955.8 0.07元

相声大观 老舍等 1955.9

李逵夺鱼 白凤鸣等整理 1955.9 0.07元

最后的请求　杜彭等　1955.12　0.09元

说唱第一个五年计划　姜中等　1955.12　0.09元

新相声　宝文堂　1955.12

程玉兰　程锡级等　1956.2　0.05元

文化关（相声剧）（农村戏剧小丛书）　邹济潮　1958.7　0.04元

　　　　　　　　　　　　　　　　　　1959.5第4次印刷

伙食房大跃进（相声剧）（群众演唱剧本）

李振生　1958.12　0.08元

杂谈《空城计》　侯宝林等　1959.12　0.12元

今昔天桥　高德明等　1959.12　0.15元

十大吉祥　席香远等　1960.1　0.13元

一定办好民校　唐耿良等　1960.5　0.12元

六、戏剧文学

1. 京剧

京剧大全（一） 刘振声 1950.12

京剧大全（二） 刘振声 1950.12

京剧大全（三） 刘振声 1950.12

京剧大全（四） 刘振声 1950.12

京剧大全（五 名伶秘本集） 刘振声 1951.4

京剧大全（六 名伶秘本集） 刘振声 1951.4

打渔杀家（新戏剧普及本） 马少波改编 1950.11

四郎探母（修正版） 1951.3

红鬃烈马 刘振声整理 1951.4

甘露寺 刘振声整理 1951.4

钓金龟 黄韦整理 1951.12

借东风（旧剧本） 1951.12

武家坡（新戏剧普及本） 黄韦整理 1951.12

将相和（新戏剧普及本） 苗培时整理 1952.3

四劝（新戏剧普及本） 齐东 1952.6

孔雀东南飞（张玉英演出本） 1952.7

红娘 荀慧生 1952.9 0.12元

旧剧集成（第一集） 潘侠风 1953.1

旧剧集成（第二集） 潘侠风 1953.1

旧剧集成（第三集） 潘侠风 1953.6

《霸王别姬》

旧剧集成（第四集） 潘侠风 1953.6

《击鼓骂曹》《贺后骂殿》

旧剧集成（第五集） 潘侠风 1953.6

《龙凤呈祥》

旧剧集成（第六集） 潘侠风 1953.6

《宇宙锋》《开山府》

旧剧集成（第七集） 潘侠风 1953.6

《打渔杀家》《黄金台》

旧剧集成（第八集） 潘侠风 1953.7

《盗御马》《捉放曹》《斩雄信》

旧剧集成（第九集） 潘侠风 1953.7

《借东风》

旧剧集成（第十集） 潘侠风 1953.7

《三击掌》《别窑》《武家坡》

打龙袍 1953.3

打严嵩 1953.3

梁山伯与祝英台 江上行 1953.6

拾玉镯（附《宇宙锋》） 1953.6

辕门斩子 1953.6

廉吏风 1953.7

萧何月下追韩信 董山整理 1953.7

击鼓骂曹·当锏卖马 1953.7

歼虎双英 龙文玮 李万春 1953.9

龙凤阁（大、探、二） 陈再生整理 1953.9

四进士 范铁铮改编 1953.10

兵符记 范钧宏编 1953.10

梁山伯与祝英台 言慧珠 1953.11 0.13元

将相和 翁偶虹 王颉竹 1953.11 0.39元

范仲禹 晶龙整理 1953.11

翡翠园　王颉竹　1953.11

美人计　徐菊华 1953.12

新花木兰　言慧珠　1953.12

击鼓骂曹　1953.12

百骑劫魏营　范铁铮整理　1954.1

小放牛　李岳南改编　1954.1

蝴蝶杯　关戍改编　1954.1　0.25元

旧剧集成（第十一集）　1954.2

《凤还巢》

孔雀东南飞·三击掌　1954.2

阳平关　1954.2

李逵坐衙　朱慕家　1954.3　0.11元

战濮阳　晶龙　1954.3

贵妃醉酒·桑园会　晶龙　1954.4

旧剧集成（第十二集）　1954.4

《红娘》

苏武牧羊　峻山　1954.5

十两银　何迟　1954.6

武家坡·钓金龟　黄韦整理　1954.7

岳飞　李寿民　1954.8

彩楼记　朱慕家改编　1954.11

反徐州　景孤血整理　1954.12　0.14元

三打祝家庄　魏晨旭　任桂林　李纶　1954.12

打渔杀家　1955.1

岳母刺字　1955.1　0.05元

白兔记　吴少岳等改编　1955.2

打严嵩　1955.2

群英会　1955.3

连升店　1955.3　0.09元

二进宫　1955.3　0.06元

玉堂春（附曲谱）中国戏曲研究院整理　1955.3　0.10元

除三害　1955.3　0.08元

拾玉镯　1955.3　0.06元

萧何月下追韩信　1955.3

铡美案　1955.4

四进士　1955.4

八大锤　1955.4

甘露寺　1955.5　0.12元

定军山　1955.5　0.07元

审头刺汤　1955.5

霸王别姬　1955.5

三击掌　1955.5

周仁献嫂　1955.5

岳家庄　1955.5

樊江关　1955.5

荆州之战　马少波　1955.5

红楼二尤　荀慧生演出本　1955.6　0.15元

五台山　1955.6

奇双会　1955.6

灞桥挑袍　1955.6

抗金兵　1955.6

乌龙院　1955.6

生死恨　1955.6

临江驿　1955.6

凤还巢　1955.6

辕门射戟　1955.6

柳荫记（京剧曲谱） 中国戏曲研究院 1955.6

扫松下书 1955.6

贵妃醉酒 1955.6

鸿门宴 1955.6

猎虎记 范钧宏 1955.6

清风亭 1955.6

彩楼配 1955.7

平贵别窑 1955.7

文昭关 1955.7

借赵云 1955.7

母女会 1955.7

鱼肠剑 1955.7

二堂舍子（京剧曲谱） 中国戏曲研究院 1955.8

击鼓骂曹 1955.8

武松 1955.9

长坂坡 1955.9

贵妃醉酒（京剧曲谱） 1955.9

孔雀东南飞 欧阳予倩 1955.10 0.12元

宇宙锋（京剧曲谱） 中国戏曲研究院 1955.10

雁荡山（京剧曲谱） 中国戏曲研究院 1955.10

人面桃花 欧阳予倩 1955.10

伐东吴 1955.11

三不愿意 赵慧深 1955.11

搜孤救孤 1955.11

过五关 1955.11

审潘洪 1956.1

激权激瑜 1956.1

白蛇传 田汉 1956.1

三顾茅庐　1956.2

战太平　1956.2

罢宴　1956.2

棋盘山　1956.2

玉簪记　范钧宏改编　1956.4

木兰从军　许源来改编　1956.4

打渔杀家　易卢　1956.5

瓦口关　中国戏曲研究院整理　1956.5

敬德装疯　祁野耘　1956.5

杨排风　1956.6

阿里与阿诗玛　吴枫　1956.6

打督邮　祁野耘　吴少岳整理　1957.6　0.10元

　　　　　　　　　　　　　　　　　　1960.6 二版

荒山泪　程砚秋演出本　1957.7　0.18元

　　　　　　　　　　　1958.10 二版　1959.8 三版

鱼藻宫　荀慧生演出本　1957.7　0.15元

　　　　　　　　　　　1958.3 二版

李逵探母　袁世海　翁偶虹　1957.8　0.16元

　　　　　　1958.2 二版　1959.7 三版　1959.12 四版

三娘教子　1957.8　0.07元

　　　　　　1958.2 二版　1959.7 三版　1959.12 四版

捉放曹　1957.8　0.13元

　　1958.2 二版　1958.4 三版　1958.7 四版　1959.5 五版　1959.12 六版

法门寺　1957.8　0.16元

　　　　　　　　　　　1958.4 二版　1960.6 三版

金玉奴　董维贤整理　1957.8　0.15元

　　　　　　　　　　　1958.2 二版　1959.10 三版

文昭关　中国京剧院　中国戏曲研究院整理　1957.8　0.10元

木兰从军　梅兰芳改编　1957.9　0.14元	1958.3 二版　1959.10 三版
审头刺汤　中国戏曲研究院　1957.9　0.11元	1958.3 二版　1960.1 三版
击鼓骂曹·当锏卖马　1957.9　0.13元	1958.2 二版　1959.10 三版
扫松下书　周信芳演出本　1957.9　0.08元	1958.3 二版　1959.10 三版
红楼二尤　荀慧生演出本　1957.9　0.17元	1958.3 二版　1959.10 三版
临江驿　中国京剧院　中国戏曲研究院整理　1957.9　0.17元	1958.3 二版　1959.10 三版
武松　中国戏曲研究院整理　1957.9　0.24元	1958.2 二版　1959.9 三版
定军山　中国戏曲研究院整理　1957.9　0.10元	1958.3 二版　1959.11 三版
审潘洪　中国戏曲研究院整理　1957.9　0.08元	1958.3 二版　1959.7 三版　1959.12 四版
鸿门宴　周信芳改编　1957.9　0.12元	1958.3 二版　1959.10 三版
清风亭　周信芳演出本　1957.9　0.17元	1958.3 二版　1959.10 三版
三击掌　中国戏曲研究院整理　1957.9　0.06元	1958.3 二版　1959.8 三版
王宝钏　1957.9　0.16元	1958.3 二版　1960.1 三版
母女会　中国戏曲研究院整理　1957.9　0.06元	1958.2 二版　1958.11 三版　1960.6 四版

　　　　　　　　　　　　　　　　　　　　1958.3 二次印刷

凤还巢　梅兰芳演出本　1957.9　0.19元
　　　　　　　　　　　1958.2 二版　1959.7 三版　1960.1 四版

生死恨　梅兰芳演出本　1957.9　0.12元
　　　　　　　　　　　　　　　1958.2 二版　1959.10 三版

鱼肠剑　中国戏曲研究院整理　1957.9　0.09元
　　　　　　　　　　　　　　　1958.3 二版　1959.10 三版

乌龙院　1957.9　0.16元
　　　　　　　　　　　　　　　1958.3 二版　1959.9 三版

岳家庄　中国戏曲研究院整理　1957.9　0.08元
　　　　　　　　　1958.3 二版　1958.12 三版　1959.12 四版

玉堂春　中国戏曲研究院整理　1957.9　0.14元
　　　　　1958.2 二版　1958.5 三版　1959.8 四版　1959.12 五版

珠帘寨　1957.9　0.17元

灞桥挑袍　中国京剧院　中国戏曲研究院整理　1957.10　0.09元
　　　　　　　　　　　　　　　1958.3 二版　1959.10 三版

三不愿意　赵慧深改编　1957.10　0.17元
　　　　　　　　　　　　　　　1958.3 二版　1959.9 三版

辕门射戟　叶盛兰整理　1957.10　0.07元
　　　　　　　　　　　　　　　1958.3 二版　1959.10 三版

罢宴　吴少岳整理　1957.10　0.05元
　　　　　　　　　　　　　　　1958.3 二版　1960.1 三版

戚继光斩子　田友文　1957.11　0.19元
　　　　　　　　　　　　　　　1958.7 二版

一箭仇　潘侠风　1957.11　0.13元
　　　　　　　　　　　　　　　1958.7 二版

白蛇传　田汉　1957.11　0.20元
　　　　　　　　　　　　　　　1958.3 二版

定计化缘　中国京剧院演出本　1957.12　0.10元

　　　　　　　　　　　　　　　　1958.9 二版　1960.1 三版

云罗山　翁偶虹　李少春　1957.12　0.26元

　　　　　　　　　　　　　　　　1958.7 二版　1960.1 三版

打灶王　中国京剧院文学组　1957.12　0.11元

　　　　　　　　　　　　　　　　1958.9 二版　1959.10 三版

打砂锅　中国京剧院文学组　1957.12　0.10元

　　　　　　　　　　　　　　　　1958.6 二版　1959.10 三版

一匹布　中国京剧院文学组　1957.12　0.20元

　　　　　　　　　　　　　　　　　　　　　　1960.1 二版

荷珠配　中国京剧院文学组　1957.12　0.18元

　　　　　　　　　　　　　　　　1958.9 二版　1959.8 三版

长乐老　汪笑侬　1957.12　0.08元

锯大缸　景孤血整理　1957.12　0.16元

红娘　荀慧生演出本　1958.3　0.14元

　　　　　　　　　　　　　　　　1959.7 二版　1959.12 三版

甘露寺　中国京剧院　中国戏曲研究院　1958.4　0.17元

　　　　　　　　　　1958.7 二版　1959.7 三版　1959.12 四版

马前泼水　1958.4　0.09元

　　　　　　　　　　　　　　　　　　　　　1959.12 二版

打渔杀家　中国京剧院　中国戏曲研究院整理　1958.4　0.12元

　　　　　　　　　　1958.7 二版　1959.6 三版　1959.12 四版

铡美案　中国京剧院　中国戏曲研究院整理　1958.4　0.07元

　　　　　　　　　　　　　　　　1958.7 二版　1959.8 三版

八大锤　中国京剧院　中国戏曲研究院　1958.4　0.11元

　　　　　　　　　　　　　　　　1958.7 二版　1959.10 三版

二进宫　1958.4　0.06元

　　　　　　　　　　1958.7 二版　1959.6 三版　1959.10 四版

四进士　周信芳整理　1958.4　0.30元
　　　　　　　　　　　　　　　　1958.7 二版　1959.10 三版

打面缸　萧长华　中国戏曲研究院整理　1958.4　0.10元
　　　　　　　　　　　　1958.9 二版　1959.7 三版　1959.12 四版

打花鼓　中国京剧院文学组　1958.4　0.08元
　　　　　　　　　　　　　　　　　　1960.1 二版

群英会　萧长华　中国戏曲研究院整理　1958.4　0.26元
　　　　　　　　　　　　1958.7 二版　1959.6 三版　1959.12 四版

岳母刺字　1958.4　0.06元
　　　　　　　　　　　　　　　1958.6 二版　1960.1 三版

盗御马　郝寿臣　中国戏曲研究院整理　1958.4　0.07元
　　　　　　　　　　　　　　　　1958.9 二版　1959.9 三版

无底洞　景孤血整理　1958.4　0.14元
武家坡　1958.4　0.08元
　　　　　　　　　　　1958.6 二版　1959.7 三版　1959.10 四版

打龙袍　1958.4　0.06元
　　　　　　　　　　　　　　　　　　1958.7 二版

刀劈三关　汪笑侬　1958.4　0.10元
孔雀东南飞　欧阳予倩　1958.4　0.12元
　　　　　　　　　　　　　　　1958.7 二版　1959.7 三版

京剧大观（一）　1958.4　0.55元
京剧大观（二）　1958.4　0.65元
京剧大观（三）　1958.4　0.50元
京剧大观（四）　1958.4　0.48元
窦娥冤　程砚秋演出本　1958.5　0.15元
　　　　　　　　　　　　　　　1960.1 二版　1960.5 三版

红色卫星闹天宫　马少波等　1958.5　0.14元
　　　　　　　　　　　　　　　　　　1958.7 二版

单刀会　白家麟等　1958.5　0.11元

　　　　　　　　　　　　　　　　　　　　　　1960.4 二版
望江亭　范钧宏等改编　1958.6　0.22元

　　　　　　　　　　　　　　　1958.12 二版　1959.12 三版
智斩鲁斋郎　马少波等改编　1958.6　0.20元

　　　　　　　　　　　　　　　　　　　　　　1960.5 二版
五侯宴　马少波等　1958.6　0.16元

　　　　　　　　　　　　　　　1958.12 二版
渡阴平　李洪春藏本　1958.7　0.15元
取南郡　马连良藏本　1958.7　0.26元
串龙珠　马连良藏本　1958.7　0.14元

　　　　　　　　　　　　　　　　　　　　　　1959.10 二版
霍小玉　荀慧生演出本　1958.7　0.16元

　　　　　　　　　　　　　　　　　　　　　　1960.1 二版
绣襦记　荀慧生演出本　1958.7　0.17元

　　　　　　　　　　　　　　　　　　　　　　1960.1 二版
元霄谜　荀慧生演出本　1958.7　0.18元

　　　　　　　　　　　　　　　　　　　　　　1960.1 二版
京剧大观（五）　1958.8　0.60元
京剧大观（六）　1958.8　0.55元
桑园寄子　周信芳　华东戏曲研究院整理　1958.8　0.15元

　　　　　　　　　　　　　　　　　　　　　　1960.1 二版
拾玉镯　中国戏曲研究院整理　1958.9　0.07元

　　　　　　　　　　　　　　　1959.6 二版　1959.12 三版
连环计　中国京剧院　中国戏曲研究院整理　1958.9　0.13元
连升店　中国京剧院　中国戏曲研究院整理　1958.9　0.12元

　　　　　　　　　　　　　　　　　　　　　　1959.7 二版
空城计　谭富英　裘盛戎整理　1958.9　0.11元

　　　　　　　　　　　　　　　　　　　　　　1959.7 二版　1959.12 三版

宇宙锋　中国戏曲研究院整理　1958.10　0.06 元
　　　　　　　　　　　　　　　　　　　　　　　　　　　1959.10 二版

除三害　1958.10　0.10 元
　　　　　　　　　　　　　　　　　　　　　1959.6 二版　1959.12 三版

徐策跑城　周信芳整理　1958.10　0.07 元
　　　　　　　　　　　　　　　　　　　　　　　　　　　1959.10 二版

真假李逵　中国京剧院　中国戏曲研究院整理　1958.10　0.06 元
　　　　　　　　　　　　　　　　　　　　　　　　　　　1960.6 二版

搜孤救孤　中国戏曲研究院整理　1958.10　0.07 元
　　　　　　　　　　　　　　　　　　　　　　　　　　　1959.12 二版

林海雪原　范钧宏改编　1958.11　0.27 元
　　　　　　　　　　　　　　　　　　　　　1959.6 二版　1959.12 三版

黄金台　1958.11　0.09 元
　　　　　　　　　　　　　　　　　　　　　　　　　　　1960.1 二版

秦香莲　中国京剧院演出本　1958.11　0.16 元
　　　　　　　　　　　　　　　　　　　　　　　　　　　1960.1 二版

捉水鬼　范钧宏　1958.12　0.11 元
娃娃店　中国戏曲学校演出本　1958.12　0.11 元
英雄炮兵　范钧宏　张春华　1958.12　0.09 元
杨排风　李金鸿　何异旭整理　1958.12　0.13 元
　　　　　　　　　　　　　　　　　　　　　　　　　　　1959.12 二版

取洛阳　侯喜瑞等整理　1959.1　0.10 元
木兰从军　马少波改编　1959.1　0.12 元
智激美猴王　李少春改编　1959.1　0.14 元
　　　　　　　　　　　　　　　　　　　　　　　　　　　1960.6 二版

黄鹤楼　中国戏曲研究院校订　1959.1　0.08 元
　　　　　　　　　　　　　　　　　　　　　　　　　　　1960.1 二版

双合印 中国京剧院整理 1959.1 0.16元
                                    1960.1 二版
牛皋招亲 袁世海整理 1959.1 0.12元
                                    1960.6 二版
贺后骂殿 程砚秋演出本 1959.1 0.06元
                        1959.12 二版 1960.6 三版
赤桑镇 何异旭改编 1959.2 0.06元

铡包勉 何异旭整理 1959.2 0.08元

打侄上坟 中国京剧院演出本 1959.3 0.10元

汾河湾 中国京剧院整理 1959.3 0.09元

亡蜀鉴 程砚秋演出本 1959.3 0.07元

扈家庄 李金鸿整理 1959.3 0.06元

玉簪记 范钧宏改编 1959.3 0.12元

青梅煮酒论英雄 李盛藻等整理 1959.3 0.12元

打金枝 樊放整理 1959.3 0.12元

二进宫 中国戏曲学校编 1959.4

孔雀东南飞 中国戏曲学校编 1959.4

徐母骂曹 中国戏曲学校编 1959.4

汾河湾 中国戏曲学校编 1959.4

李陵碑 中国戏曲学校编 1959.4

挑滑车 中国戏曲学校编 1959.4

姚期 中国戏曲学校 1959.5

十八勇士大渡河 王振元 1959.6 0.10元

高亮赶水 翁偶虹 1959.6 0.11元

英雄杨春增 英年 1959.6 0.13元

汤怀自刎 中国京剧院文学组整理 1959.7 0.06元

水淹下邳（白门楼） 陈延龄整理 1959.7 0.10元

陵母伏剑 吴少岳改编 1959.7 0.07元

御果园　赵炳啸整理　1959.7　0.06元

桃花村　翁偶虹改编　1959.7　0.22元

柳荫记　马彦祥整理　1959.7　0.17元

界牌关　贺玉钦整理　1959.7　0.06元

哭秦廷　李和曾整理　1959.7　0.09元

桑园会　中国京剧院文学组整理　1959.7　0.08元

大红袍（五彩舆）　马连良　王雁改编　1959.8　0.21元

扫松下书（描容上路）　1959.10　0.08元

赵云截江　李洪春　1959.10　0.10元

卖艺访友　樊放　1959.10　0.13元

敬德装疯　祁野耘改编　1959.10　0.14元

霸王别姬　梅兰芳演出本　1959.10　0.15元

周仁献嫂　中国戏曲研究院整理　1959.10　0.21元

大保国·探皇陵·二进宫　中国京剧院文学组　1959.10　0.18元

铁弓缘　中国京剧院文学组　1959.10　0.18元

华容道　中国京剧院校订　1959.10　0.10元

伐东吴　中国戏曲研究院　1959.10　0.13元

抗金兵　中国戏曲研究院　1959.10　0.17元

棋盘山　中国戏曲研究院　1959.10　0.16元

十三妹　中国戏曲研究院　1959.10　0.21元

滚鼓山　祁野耘　吴少岳改编　1959.10　0.13元

绿原红旗　青海省京剧团　1959.10　0.23元

林则徐　张艾丁编　1959.11　0.09元

梁红玉　尚小云演出本　1959.11　0.14元

淮河营　马连良整理　1959.11　0.11元

牛皋砸御酒　徐慕云　1959.11　0.12元

岳飞出世　徐慕云　1959.11　0.14元

脱靴辨奸　徐慕云　1959.11　0.15元

遇皇后·打龙袍　李金泉等整理　1959.12　0.10元

逍遥津　李和曾整理　1959.12　0.10元

临江会　中国京剧院文学组　1959.12　0.12元

吵家招亲　中国京剧院文学组　1959.12　0.12元

锁五龙　中国京剧院文学组　1960.1　0.05元

春秋配　中国京剧院文学组　1960.1　0.09元

南阳关　中国京剧院文学组校订　1960.1　0.07元

举鼎观画　中国京剧院文学组整理　1960.1　0.07元

法场换子　中国京剧院文学组整理　1960.1　0.06元

伐齐东　袁世海等整理　1960.1　0.12元

斩颜良　中国京剧院校订　1960.1　0.06元

白良关　中国京剧院校订　1960.1　0.07元

杨娥传　吴素秋改编　1960.2　0.18元

郭子仪单骑见回纥　郭玉景　李红　1960.2　0.15元

荀灌娘　荀慧生演出本　1960.2　0.16元

回春记　陆静岩　1960.3　0.24元

别皇后·祭江　中国京剧院文学组　1960.3　0.09元

失子惊疯　尚小云演出本　1960.3　0.09元

红娘（附曲谱和表演说明）　荀慧生演出本　1960.3　0.28元

贵妃醉酒　梅兰芳演出本　1960.3　0.11元

红拂传　程砚秋演出本　1960.3　0.11元

梅妃　程砚秋演出本　1960.3　0.11元

青霜剑　程砚秋演出本　1960.4　0.14元

碧玉簪　程砚秋演出本　1960.4　0.14元

朱痕记　程砚秋演出本　1960.4　0.16元

穆桂英挂帅　陆静岩　袁韵宜改编　1960.4　0.16元

金玉奴　荀慧生改编　1960.5　0.20元

吟音钗会　吴少岳　何异旭　1960.6　0.11元

卓文君　荀慧生演出本　1960.6　0.17元

十一郎　中国京剧院　1960.6　0.13元

打严嵩　周信芳演出本　1960.6　0.13元

斩黄袍　中国京剧院　1960.6　0.16元

战太平　中国京剧院　1960.6　0.12元

牧虎关　中国京剧院　1960.6　0.12元

井台会　中国京剧院　1960.6　0.09元

奇双会　梅兰芳演出本　1960.6　0.17元

蔡文姬　杨毓珉　张胤德改编　1960.7　0.24元

三盗令　吕瑞明　陈延龄改编　1960.9　0.12元

春闺梦　程砚秋演出本　1960.9　0.10元

赠书记　中国京剧院　1960.10　0.21元

将相和　王颉竹　翁偶虹　1961.7　0.30元

2. 评剧

评戏大观（第一集）　刘振声编　1951.3

评戏大观（第二集）　刘振声编　1951.3

评戏大观（第三集）　刘振声编

评戏大观（第四集）　刘振声编　1951.3

评戏大观（第五集）　刘振声编　1951.3

评戏大观（第六集）　刘振声编　1951.5

评戏大观（第七集）　刘振声编

评戏大观（第八集）　刘振声编　1951.3

评戏大观（第九集）　刘振声编　1951.3

评戏大观（第十集）　刘振声编　1951.3

兄妹开荒　集体创作　1951.4

小女婿　曹克英　1951.6

兄妹劝母　朱殿元　菊桂芳　1951.12

柳树井　老舍　1952

文化翻身　张恩书　1952

婉香与紫燕　小白玉霜演出本　1952

廉洁奉公　王雁　1952

锯大缸　齐东　1952

小二黑结婚　曹克英　1952.2

欢天喜地　张梦庚　1952.2

婚姻自由　范钧宏　1952.2

二兰记　苗培时　1952.2

罗汉钱　1952.2

艺海深仇　首都实验评剧团集体创作

新评剧大观（第一集）　北京大众文艺创研会　1952.3

消灭病菌　老舍　邢大安　1952.5

刘巧儿　新凤霞演出本　1952.5

拥军优属　车乃刚　1952.6

梁山伯与祝英台　端木蕻良　1952.7

结婚　王雁　1952.11

借红灯　齐东　1953

别走错了路　申伸　1953.1

未婚夫妻　李乔　1953.2

评剧曲谱（第一集）　韦絮　1953.5

牛郎织女　小白玉霜演出本　范钧宏编剧　1953.6

妇女代表　月楼等编　1953.10

两情愿　苗培时　1953.12

张如莲　张鹤琴　李子均　1954.1

张桂容　程嘉哲　1954.1

崔莺莺　齐东　1954.1

白蛇传　苗培时　1954.1

新路　刘毅光　1954.1

月亮湾　杜德明等　1954.1

珍珠衫　王雁执笔　1954.2

井台会　王雁执笔　1954.2

赚文娟　李凤阳整理　1954.2

绣鞋记　王雁整理　1954.2

和睦家庭　李凤阳等　1954.2

新锯大缸（附思凡·下山）　齐东等　1954.2（增订版）

杜十娘　王雁　1954.2

英杰烈　王雁执笔　1954.2

瑶琴女　张痕　1954.3

小女婿（修订本）　曹克英　1954.3

雨过天晴好前程　向一　1954.3

人往高处走　康宁　1954.4

孔雀东南飞　天津评剧团　1954.4

卓文君　徐汲平　1954.5

苦尽甜来　葛翠琳　1954.5

夫妻之间　纪有诚　1954.6

小过年　成俊修改　1954.6

罗汉钱　李凤阳改编　1954.7

棒打薄情郎　北草改编　1954.7

闺女的心　任怀秋　1954.8

秦香莲　李棽　1954.8

茶瓶计　1955.1

小姑贤　1955.2

井台会　1955.3

杨二舍化缘　1955.3

快嘴李翠莲　徐汲平　1955.3

张羽煮海　王亚平　1955.3

夜宿花亭　刘艳霞　苏宁　1955.4

打狗劝夫　夏青　鑫艳铃　1955.5

李十娘　花翠仙　刘保绵整理　1955.5

韩梅梅　光波　1955.6

书囊记　1955.9

刘伶醉酒　何迟　1955.10

秦香莲　中国评剧院　1955.11

找上门来　苏蓬庐　1955.12

刘莲英　萧常改编　1955.12

黄花岭　袁韵宜改编　1955.12

应征前夕　方泽泉　1955.12

两个心眼　李甡信　1955.12

评剧唱腔选集　北京群众艺术馆　1956.4

小林与秀春　陈桂珍　1956.8

(通俗文艺出版社第一版)

罗汉钱（评剧曲谱）　中国戏曲研究院　1956.10

刘云打母　张筠青整理　1957.7　0.12元

御河桥　高琛整理　1957.8　0.18元

风筝误　安西改编　1957.12　0.20元

货郎担　任桂林改编　1958.4　0.11元

相思树　纪华　1958.5　0.19元

袁天成革命　江风　高琛改编　1958.5　0.12元

五侯宴　任桂林改编　1958.5　0.14元

夫妻双戴花　刘佩亚等　1958.6　0.04元

赵盼儿　刘乃崇　1958.6　0.15元

铡阁老　赵连喜口述　郝增荫整理　1958.7　0.22元

接老师　刘佩亚　1958.8　0.03元

贺兰香　安西　何孝充　1958.8　0.15元

评剧大观（第一集） 中国评剧院 1958.8 0.60元

评剧大观（第二集） 中国评剧院 1958.8 0.70元

评剧大观（第三集） 中国评剧院 1958.8 0.70元

评剧大观（第四集） 中国评剧院 1958.8 0.42元

不能容忍 辛原 1958.9 0.04元

四姊妹夸夫 李梓森 刘佩亚 1958.11 0.04元

坚决支前 梅阡 1958.12 0.13元

苦菜花 薛恩厚 高琛改编 1958.12 0.21元

王婆骂鸡 江风整理 1959.1 0.06元

刘介梅 高琛整理 1959.2 0.19元

包公三勘蝴蝶梦 宁凌改编 1959.3 0.13元

想见毛主席 江风 1959.3 0.06元

灰姑娘 胡沙改编 1959.3 0.17元

王少安赶船 何孝充整理 1959.4 0.12元

杨乃武与小白菜 中国评剧院整理 1959.10 0.27元

爱甩辫子的姑娘 薛恩厚改编 1959.10 0.24元

六十年的变迁 薛恩厚改编 1959.10 0.22元

山村女儿 王昌言 1959.10 0.21元

骆驼样子 肖甲 曾伯融 袁韵宜改编 1959.10 0.30元

战士还乡 安西 时羿 1959.10 0.23元

燕赵儿女 胡沙改编 1959.10 0.15元

翡翠园 高琛改编 1959.10 0.20元

恩与仇 高琛整理 1959.10 0.20元

春香传 庄志改编 1959.10 0.21元

闹严府 舒予颂 席宝昆整理 1959.10 0.21元

春花曲 高琛改编 1959.10 0.21元

桃花庵 1959.12

花园会 李忠整理 1959.12

绯衣梦 高琛改编 1960.1

三看御妹 高琛整理 1960.3 0.19元

无双传 高琛 1960.3 0.22元

家 安西 高琛 1960.3 0.20元

夜宿花亭 刘艳霞 苏宁整理 1960.6 0.13元

新对象 安西 1960.6 0.07元

壮志难移 华犁改编 1960.7 0.26元

降龙伏虎 胡沙改编 1960.8 0.31元

英雄列车 何孝允 庞贵生 1960.10 0.25元

3. 昆曲·地方戏

胖姑学舌（昆曲）白云生 1955.12

林冲夜奔（昆曲）白云生 1957.9

小二黑结婚 张万一 1951

断桥亭 叶明 1951.11

借红灯 齐东改编 1952.6

虎头牌（山西梆子） 翟翼 1952.8

蝶双飞（山西梆子） 郭汉城 1952.9

小媳妇（湖北1953民间艺术会演选集） 袁美成等 1953.6

煮海（山西梆子） 郭汉城 翟翼 1953.6

纠纷（安徽地方戏） 刘庆江 1953.7

梁山伯与祝英台 李乔改编 1953.8

失街亭 季树滋编 1953.8

反徐州（四川梆子） 范光翔改编 1953.8

拳打镇关西（山西梆子） 翟翼 1953.9

劈山救母（秦腔） 樊粹庭改编 1953.9

婚事（秦腔） 田益荣 1953.9

小姑贤（吕剧） 山东省文联编 1953.10

杜十娘（川剧） 1953.11

老牛送水（歌剧·秦腔） 康师亮等 1953.11

西厢记（曲剧） 李乔 1953.12

双蝴蝶（豫剧） 王焕亭 1954.1

招亲斩子（晋剧） 李逸生 1954.1

西厢记（琼剧） 1954.1

刘金定灌药（四股弦） 龚继云整理 1954.2

桃李同春（豫剧） 李刚等 1954.2

卖粮给国家（秦腔剧） 田益荣 1954.2

婆与媳（淮扬戏） 张青平等 1954.3

红花绿叶（沪剧） 马达 1954.3

王二姐思夫 何迟 1954.4

二只鸡（河南梆子） 王焕亭等 1954.4

组长和女婿（豫剧） 姜中 1954.4

粮食印子（河南梆子） 刘毅光 1954.4

不能走那一条路（豫剧） 安澜 1954.5

两弟兄（秦腔） 丁明 张宁 1954.5

宋景诗与武训（豫剧） 樊粹庭 1954.5

李牧之死（河北梆子） 杨景奎 1954.5

川剧选（第一集） 蜀音等 1954.6

梁山伯与祝英台（琼剧） 曹琼荣改编 1954.7

蓝桥会·送京娘 李北辰 1954.8

祭足杀婿（秦腔） 白雨 1954.8

花魁（晋剧） 阎哲成 1954.8

蝴蝶杯（河北梆子） 范钧宏 吕瑞明改编 1954.11

杜十娘（河北梆子） 高琛改编 1954.11

秦香莲（河北梆子） 邱炘改编 1954.11

打金枝（山西梆子） 李北辰 1954.12

秦香莲（河北梆子） 任以双改编 1955.1

葛麻（楚剧） 1955.2

刘海砍樵（湖南花鼓戏） 1955.3

千里送京娘（淮剧） 1955.5

五台会兄（川剧） 1955.5

单骑救主（四川竹琴） 胡度整理 1955.6

借髢髢（丝弦） 1955.7

小放牛（曲子戏） 1955.7

二堂舍子（河北梆子） 1955.7

劝九红（武安梆子） 1955.7

花田写扇（川剧） 1955.7

过巴州（河北梆子） 杨业谦整理 1955.7

断桥（河北梆子） 杨业谦 高烨 桂三宝整理 1955.7

三上轿（河北梆子） 杨业谦整理 1955.7

打差算帐（河北梆子） 刘和山 杨业谦整理 1955.7

秋江（川剧） 1955.7

思凡（湘剧） 1955.8

柳荫记（川剧） 1955.8

柴市节（川剧） 1955.8

翠香记（川剧） 1955.8

赠绨袍（川剧） 1955.8

清风亭（晋剧） 杨丹卿等整理 高烨执笔 1955.8

大堂邑（晋剧） 李星五 1955.8

百日缘（楚剧） 1955.8

拾玉镯（河北梆子） 金凤琴 金丽娟整理 1955.8

打渔杀家（河北梆子） 正平 昌言 庆香整理 1955.8

走雪山（河北梆子） 华粹深整理 1955.9

柜中缘（河北梆子） 冯育坤 1955.9

打焦赞（河北梆子） 天津市河北梆子编导组 1955.9

打花鼓（汉剧） 1955.9

借靴（豫剧） 1955.9

抢伞（桂剧） 1955.9

白毛女（沪剧） 上海市文化局创作研究室 1955.9

华容道（四川竹琴） 胡度 1955.10

吕蒙正坐窑（河北梆子） 杨景奎 1955.10

闯宫（滇剧） 1955.10

宇宙锋（汉剧） 武汉市戏曲改进协会汉剧分会 1955.10

打猎回书（湘剧） 黄慧修等 1955.10

作文章（川剧） 周企何 1955.10

青陵台（川剧胡琴） 赵循伯修改 1955.10

双拜月（川剧高腔） 陈怀卿整理 1955.11

踏伞（川剧高腔） 陈书舫等整理 1955.11

赶脚（河南曲剧） 1955.11

闹花灯（黄梅戏） 王少舫整理 1955.11

情探（川剧） 周慕莲演出本 1955.11

打金枝（河北梆子） 华粹深整理 1955.11

唐知县审诰命（豫剧） 刘正平改编 1955.11

母女俩（地方戏） 詹文耀改编 1955.12

小算盘打不得（地方戏） 李娜 1955.12

扩社的时候（地方戏） 李乔改编 1955.12

春暖花开（地方戏） 李乔改编 1955.12

雪打红石岭（地方戏） 杨润身 1955.12

半截火柴（地方戏） 王昌言 1955.12

一件棉袄（越剧） 闻竹雨改编 1955.12

小白旗的风波（豫剧） 李翎 1955.12

陈姑赶船（赣剧） 江西文化局戏曲改进委员会 1955.12

姐妹告状（豫剧） 阎立品等改编 1955.12

打柴得宝（河北梆子） 昌言改编　1956.1

天仙配（武安平调） 王昌言　1956.4

两狼山（山东梆子·武安平调） 河北省文化局剧目组　1956.4

双锁山（晋剧） 张宝魁口述　1956.5

杜十娘（河北梆子） 刘正平　1956.6

杨八姐闹酒店（豫剧） 李洁整理　1956.12

芦花计（河北梆子） 北京市文化局编委会　1957.5　0.13元

司马茅告状（豫剧） 河南宁陵县人民豫剧团　1957.6　0.10元

耐冬花（川剧） 成都川剧团　吴伯祺执笔　1957.6　0.22元

拉郎配（川剧） 四川川剧鉴定委员会　1957.7　0.19元

休丁香（庐剧） 陈仲整理　1957.8　0.26元

三关排宴·四郎探母（上党梆子）长治专区人民剧团　1957.9　0.26元

赵云拒婚（河北梆子） 齐东　1957.11　0.13元

　　　　　　　　　　　　　　　　　1958.6第2次印刷

张文秀（琼剧） 谭歧采　卢采飞等　1957.11　0.13元

对花枪（豫剧） 王镇南等整理　1957.12　0.15元

百里奚认妻（汉剧）（附潮剧《扫窗会》） 杨启祥整理

　　　　　　　　　　　　　　　　　1957.12　0.09元

闹瓜园　大悟楚剧团整理　1957.12　0.10元

休丁香（庐剧） 伊长仙等　1958.3　0.26元

焚香记（川剧） 周慕莲整理　1958.4　0.13元

智宠谢天香（越剧） 苏雪安改编　1958.5　0.18元

关不住的姑娘（戏曲） 胡小孩　沈祖安　1958.5　0.08元

　　　　　　　　　　　　　　　　　1958.11四版

喜荣归（河北梆子） 苏彩凤口述　张秀莲记录　1958.7　0.07元

佘塘关（河北梆子） 苏彩凤口述　张秀莲记录　1958.7　0.11元

假金牌（秦腔） 王一平等整理　1958.7　0.16元

卷席筒（豫剧） 周海水　蒋金杯口述　1958.7　0.17元

显应桥（锡剧） 俞介君改编 1958.7 0.22元

别母归宋（山西梆子） 李北辰改编 1958.7 0.11元

龙虎斗（绍剧） 顾锡东整理 1958.8 0.19元

韩信拜帅（豫剧） 蒋金杯口述 1958.9 0.08元

十二寡妇征西（豫剧） 艾青整理 1958.11 0.20元

三换肩（戏曲） 1958.11 0.10元

破洪州（河北梆子） 刘玉勤 宁凌整理 1958.11 0.10元

劝导员（闽剧） 林飞 1958.11 0.05元

一日千里（戏曲） 顾锡东 1958.11 0.06元

三里湾（湖南花鼓戏） 许在民改编 1958.11 0.23元

归国（戏曲） 广东汉剧团编剧组 1959.3 0.06元

搬家（小戏曲） 浙江昆苏剧团编 1959.5 0.05元

反五关（青阳腔） 江西都昌县高腔剧团 1959.6 0.12元

三请贤 江西都昌县高腔剧团 1959.6 0.27元

王汉喜借年（小戏曲） 张继德 阳毓庚口述 1959.9 0.13元

打樱桃（二人台） 内蒙文化局剧目工作组 1959.9 0.09元

对花枪（豫剧）王镇南 卢垣 时殁等整理 1959.9 0.15元

闹齐廷（川剧高腔） 赵循伯整理 1959.10 0.23元

人间好（川剧） 席明真 李明璋整理 1959.10 0.11元

拉郎配（川剧） 吴伯祺 1959.10 0.19元

小二姐做梦（戏曲） 河北省文化局剧目组 1959.12 0.08元

月照东墙（戏曲） 1959.12 0.11元

走娘家（戏曲） 陈宝林口述 1959.12 0.10元

急子回国（汉剧） 董振等改编 1959.12 0.18元

拾棉花（戏曲） 完艺舟 李如道改编 1959.12 0.10元

吃汤团（戏曲） 胡泽光 1959.12 0.10元

婆媳修书（戏曲） 丹军等 1960.1 0.10元

包公铡赵王（山西梆子） 蒋伯骥 刘文泉 1960.1 0.17元

算粮（山西梆子） 贾桂林演出本 1960.2 0.10元

双狮洞（小戏曲） 山西大仁县工农剧团 1960.2 0.10元

鸳鸯被（晋剧） 黎亚改编 1960.2 0.21元

访白袍（山西梆子） 山西北路梆子剧团 1960.2 0.09元

大报仇 山西北路梆子剧团 1960.2 0.18元

张翠莲（二人转） 丛培德 丛培明 1960.2 0.09元

杨宗保问路（二人转） 通辽市二人转剧团 1960.2 0.10元

杨金花挂帅印（上党落子） 晋东南人民文工团演出本 1960.2 0.15元

石佛口（山西梆子） 山西人民蒲剧团 1960.3 0.17元

包公铡国舅（淮海剧） 单维礼口述 1960.3 0.24元

玩会跳船（柳子戏） 郑兰亭口述 1960.4 0.14元

张飞闯辕门（柳子戏） 王福润 张春雷口述 1960.4 0.17元

赵美容观灯（柳腔） 山东柳腔剧团演出本 1960.6 0.17元

灯（戏曲） 张庆和 1960.6 0.08元

三拉房（两夹弦） 黄云芝 武斌 1960.9 0.07元

方四姐（二人台） 内蒙文化局剧目室 1962.2 0.19元

打豆腐 武汉楚剧团 1963.4 0.09元

抢伞（小戏曲） 胡小孩 1963.7 0.12元

柳树井（曲剧） 老舍 1964.9 0.18元

宫门挂玉带（十道本）（梆子）

三娘教子（山西梆子）

小放牛·双吊孝（山西梆子）

辕门斩子（梆子）

七、中国古典文学普及丛书

水浒(节本) 施耐庵原著 宋云彬节编 1982.8 1.60元
红楼梦(节本)(上下) 曹雪芹原著 茅盾节编 1982.10 1.91元
三国演义(节本) 罗贯中原著 周振甫节编 1982.10 1.55元
镜花缘(节本) 李汝珍原著 周振甫节编 1983.3 1.05元
              1986.6 第2次印刷
水浒后传(节本) 陈忱著 陈新节编 1983.4 1.35元
              1986.4 第三版
诗经国风译注 邓荃译注 1986.6 2.21元

八、外国文学名著普及丛书

钢铁是怎样炼成的（改写本）
（苏）尼·奥斯特洛夫斯基著　菡　子改写　1982.10　0.32元

撒克逊劫后英雄传（简写本）
（英）司各特著　〔法〕昂·罗亚尔简写　伊　信译　1982.12　0.50元

呼啸山庄（节本）〈英〉艾米莉·勃朗特著　伊夫林·阿特伍德简写　朱沅芷译　1984.11　0.59元

战争与和平（节本）
〔俄〕列·托尔斯泰著〔美〕爱·福勒节译　余航　沈善译
　　　　　　　　　　　　　　　　　　　　1986.8　2.45元

青年近卫军（缩写本）
〔苏〕亚·法捷耶夫著　磊然缩写　1986.9　1.20元

九、中外通俗小说·诗歌

农村短篇小说选（一） 宝文堂编辑部编 1982.6 1.05元
农村短篇小说选（二） 宝文堂编辑部编 1984.6 1.30元
燕子吕三 檀林 1982.6 0.83元
　　　　　　　　　　　　　　1984.8 第2次印刷
沉没的大西洲 陇涤湘 1982.9 0.57元
黄金大盗（报告文学专集） 李宏林 1982.11 0.52元
　　　　　　　　　　　　　　1984.11 第2次印刷
分水岭 （日）森村诚一著 吕立人译 1983.7 1.10元
老人和树 浩然 1983.9 0.37元
真假子爵（《遗产继承人》三部曲之一）（苏）罗·什季利马尔克等著 潘安荣译 1984.4 0.91元
伯纳迪托船长（《遗产继承人》三部曲之二）（苏）罗·什季利马尔克等著 潘安荣译 1984.4 0.91元
太阳岛（《遗产继承人》三部曲之三）（苏）罗·什季利马尔克等著 潘安荣译 1985.4 0.92元
现代中篇小说选（1—4） 刘会军 谢明清等编 1984.5
　　　　　　　　　　1. 精 1.95元 平 1.40元
　　　　　　　　　　2. 精 1.90元 平 1.35元
　　　　　　　　　　3. 精 1.90元 平 1.40元
　　　　　　　　　　4. 精 2.00元 平 1.50元
岷江三爪龙（叙事诗） 吴越 1984.8 0.48元
现代百家诗 白崇义 乐齐编 1984.11 1.35元
倚天屠龙记（1—4） 金庸 1985.6—8

                                    1．2.40 元
                                    2．2.45 元
                                    3．2.50 元
                                    4．2.45 元

鹿鼎记（1—5） 金庸 1985.9—11

                                    1．2.55 元
                                    2．2.55 元
                                    3．2.60 元
                                    4．2.65 元
                                    5．2.70 元

天龙八部（1—5） 金庸 1985.10—11

                                    1．2.60 元
                                    2．2.60 元
                                    3．2.55 元
                                    4．2.55 元
                                    5．2.55 元

石牌坊的传说（叙事诗） 马萧萧 1985.12 0.80 元
珍珠泪 曹建章 1986.6 1.60 元

十、传统戏曲、曲艺研究参考资料丛书

杨家将演义　裴效维校订　1980.12　1.20元

　　　　　　　　　　　　　　　　　　　1985.5 第 2 次印刷

七侠五义（上、下）　林山校订　1980.12　2.70元

英烈传　田藻校点　1981.9　0.90元

施公案（上、中、下）　谢振东校订　1982.2　3.40元

飞龙全传　清·吴　璿著　裴效维校点　1982.11　1.35元

　　　　　　　　　　　　　　　　　　　1984.8 第 2 次印刷

残唐五代史演义传　明·罗贯中著　王述校点　1983.5　0.95元

　　　　　　　　　　　　　　　　　　　1985.5 第 2 次印刷

海公大红袍全传　李春芳编　伍哂之校订　1984.8　1.75元

　　　　　　　　　　　　　　　　　　　1985.7 第 2 次印刷

包公案　冯不异校点　1985.12　2.35元

彭公案（上、中、下）　文平校点　1986.6

　　　　　　　　　　　　　　　　　　　上 3.05 元

　　　　　　　　　　　　　　　　　　　中 3.30 元

　　　　　　　　　　　　　　　　　　　下 2.25 元

四望亭全传（绿牡丹全传）　季路校点　1986.9　1.95元

粉妆楼全传　景春校点　1986.9　2.25元

水浒英雄外传　华积庆编　即将出版

十一、戏剧故事

孙膑与庞涓　李存源播讲　田维贤记录整理　1981.7　0.27 元

十五贯　张友鸾编写　1982.6　0.23 元

赛霸王　张友鸾编写　1982.6　0.17 元

杏花庄　张友鸾编写　1983.9　0.21 元

关汉卿戏曲故事集　赵贤洲　1983.9　0.63 元

陈州粜粮　谢悦编写　1984.3　0.20 元

救风尘　张友鸾编写　1984.4　0.21 元

清风楼　张友鸾编写　1984.4　0.27 元

魔合罗　张友鸾编写　1984.4　0.23 元

鲁斋郎　张友鸾编写　1984.7　0.26 元

十二、连环画

乱世擒魔　艾琳改编　1981.12　0.21元

结婚现场会　菊子改编　1982.5　0.12元

有一个青年　袁媛改编　1982.11　0.17元

铁蛋　晓宇改编　1982.11　0.17元

好兵帅克　〔捷克〕雅·哈谢克原著　约·拉达绘图　杨雁鸣改编
　　　　　　　　　　　　　　　　　　　　　　1983.4　0.23元

景阳岗打虎（《武松》连环画之一）　山东广播电视艺术团供稿
　　　　　　　　　　　　　　　　　　　　　　1983.6　0.18元

兄弟话别情（《武松》连环画之二）　山东广播电视艺术团供稿
　　　　　　　　　　　　　　　　　　　　　　1683.6　0.18元

斗杀西门庆（《武松》连环画之三）　山东广播电视艺术团供稿
　　　　　　　　　　　　　　　　　　　　　　1983.6　0.21元

醉打蒋门神（《武松》连环画之四）　山东广播电视艺术团供稿
　　　　　　　　　　　　　　　　　　　　　　1983.3　0.21元

身暗都监府（《武松》连环画之五）　山东广播电视艺术团供稿
　　　　　　　　　　　　　　　　　　　　　　1983.3　0.18元

血溅鸳鸯楼（《武松》连环画之六）　山东广播电视艺术团供稿
　　　　　　　　　　　　　　　　　　　　　　1983.3　0.21元

二进十字坡（《武松》连环画之七）　山东广播电视艺术团供稿
　　　　　　　　　　　　　　　　　　　　　　1983.6　0.23元

二龙山聚义（《武松》连环画之八）　山东广播电视艺术团供稿
　　　　　　　　　　　　　　　　　　　　　　1983.6　0.21元

少先队员的秘密　赖莫　何发改编　张秀芬　方元摄影

1983.10　0.18元

电视年历卡　中央电视台摄　宝文堂编辑部编　1983

歌画谜（1—8）　吴超编　王建权　王秀琴等绘画　0.30元　1983—1984　1.60元

西门豹斗巫婆　陈文浩编　李木画　1984.12　0.25元

中国戏剧出版社总书目
· 1987—2017 ·

1987 年

于伶剧作集 / 于伶 著
于是之论表演艺术 / 于是之 著
近代英国戏剧 /（英）亨特（Hunt，H.） 等著；李醒 译
当代苏联剧作选 /（苏）佐林（Зoлин，H.） 著；童道明 译
西恩·奥凯西传 /（英）克劳斯（Krause.D） 著；吴文 张榕 译
伊丽莎白·泰勒传 /（美）凯利（Kelley，K.）著；胡思旅 等译
编剧艺术 /（美）埃格里（Egri，L.） 著
晋水咽：七场民族歌舞剧 / 寒声 编剧
世界艺术欣赏：世界戏剧史 /（美）布罗凯特（O.G.Brachell） 著；胡耀恒 译
世界戏剧艺术欣赏：世界戏剧史 /（美）布罗凯特（Brockett，O.G.） 著；胡耀恒 译
戏曲表演知识三讲 / 张卉 编著
外国名剧故事500. 下 / 文美惠 胡湛珍 编
外国名剧故事500. 上 / 文美惠 胡湛珍 编
外国名剧故事500. 中 / 文美惠 胡湛珍 编
梅耶荷德传 /（苏）普德尼茨基（Рудницкий, К）著；童道明 郝一星译
中国戏曲剧种手册 / 李汉飞 编
清宫外史. 第二部，光绪变政记 / 杨村彬 著
台湾剧作选 / 林克欢 编
舞台生活四十年 / 梅兰芳 著
凯瑟琳·赫本传 /（美）海厄姆（Higham，C.） 著；李高强 李华 译
田汉文集. 第十四卷 / 田汉 著
阿兰·德隆传 /（法）罗德（Rode，H.）著；戴明沛 等译

中国少数民族戏剧. 广西卷 / 罗明, 申辰 编
川剧词典 / 胡度 等编
《龙须沟》的舞台艺术 / 蒋瑞 编
《红白喜事》的舞台艺术 / 郭海云 等编
中国戏剧年鉴. 1985年 /《中国戏剧年鉴》编辑部 编

1988 年

论莎士比亚四大悲剧 / 孙家琇 著
评剧唱腔讲座 / 张士魁 著
乱世佳人: 电影文学本 /（美）西德尼·霍华德（Sidnye Howard） 著; 潘耀华 译
戏曲艺术时空论 / 马也 著
外国戏剧理论丛书
文化生活丛书

1989 年

评戏集 / 严肃 著
中学课本剧 / 吴亚芬 等著
20世纪西方舞台设计新貌 / 吴光耀 著
谈戏说影录 / 吴启文 著
当代戏曲作家论 / 安葵 著
莎士比亚引论 / 张泗洋 等著
南词叙录注释 /（明）徐渭 原著; 李复波 熊澄宇 注释
琼·克劳馥传 /（美）托马斯（Thomas, Bob） 著; 刘安义 等译

马龙·白兰度传 /（美）托马斯（B.Thomas） 著；刘安义 等译
现代戏剧的理论与实践. 二 /（英）J.L. 斯泰恩 著；郭健 等译
现代戏剧的理论与实践. 三 /（英）J.L. 斯泰恩 著；象禹 武文 译
京剧剧目辞典 / 曾白融 主编
李杰剧作选 / 李杰 著
李默然论表演艺术 / 李默然 著
沈虹光剧作选 / 沈虹光 著
如此官场，又名，戏迷传 / 漱石氏 著；蝶仙氏 评；张裪 王子鹏 校点
戏剧演出符号学引论 / 胡妙胜 著
尤侗论稿 / 薛若邻 著
金山传 / 许国荣，左莱 编著
山西戏曲折子戏荟萃 / 郭恩德 赵华云 主编
戏剧本质论 / 金登才 著
陈恭敏戏剧论文集 / 陈恭敏 著
京剧选编. 第六集 / 中国戏曲学院 编
湖北京剧剧作选
沈阳优秀剧作家 / 沈阳市剧目创作室 编

1990 年

空的空间 /（英）布鲁克（Peter Brook） 著；邢历 等译
外国名剧故事 500 / 文美惠 胡湛珍 编
表演入门与表演考试 / 马惠田 等著
简明戏曲音乐词典 / 何为 王琴 编
梨园一叶 / 叶盛长叙事；陈绍武 撰文
中国古代戏曲序跋集 / 吴毓华 编著
续小五义 /（清）无名氏撰；吴民 宋文 校点

论《中原音韵》/周维培 著

青楼集笺注/(元)夏庭芝 著;孙崇涛 徐宏图 笺注

精忠报国:五幕话剧/舒湮 著

范钧宏、吕瑞明戏曲选/范钧宏 吕瑞明 著

尚小云唱腔选集/尚小云艺术编辑整理委员会 主编;许俊德 编选记谱;安志强 撰文

三字经简注/齐令辰 注

佐临研究/上海艺术研究所话剧室 编

1991年

大厦迪斯科:淄博戏剧集/傅冠名 刘承杰 主编;淄博市戏剧家协会 编

辘轳·女人和井:剧照、剧本、评论、插曲/厉夏 方金 编

她在白山黑水间寻找:程捷电视艺术作品赏析/向兵 编

京剧音韵知识/杨振淇 著

徐晓钟导演艺术研究/林荫宇 编

西方现代戏剧流派作品选.2/汪义群 编

曹禺研究资料/田本相 胡叔和 编

艺术与心术/何芷 著

复仇与罪恶/(美)谢尔顿(Sheldon,S.) 著;章扬恕 译

外国当代剧作选.2/(英)谢弗 著;刘安义 一匡 译

红旗谱:话剧民族化的探索/阿庚 苗泽芬 编

天鹅宴:第五届全国优秀剧本创作奖获奖作品集,戏曲/陈道贵等 著

巴黎老区的狂乱/(法)马莱(Malet,L.) 著;顾嘉琛 译

彭———文艺战线的焦裕禄/山西省话剧院,中国戏剧出版社编辑部 编

黄梅采茶戏志/黄梅县文化局 编

中国左翼戏剧家联盟史料集/文化部党史资料征集工作委员会 编

首届华北地区话剧节剧本集 / 华北地区话研会　编
沧州戏曲春秋 / 沧州戏曲志编辑部　编

1992 年

张庚阿甲学术讨论文集 / 中国戏剧出版社编辑部　编
久保荣戏剧集 /（日）久保荣　著；孙维善　等译
戏剧节奏 /（美）乔治（George，Kathleen）著；张全全　译
任德耀剧作选 / 任德耀　著；李涵　编
任桂林戏曲文集 / 任桂林　著；任葆琦　编
中国戏法 / 任端科　等编著
悲剧：秋天的神话 /（丹）克尔凯郭尔　等著；程朝翔　傅正明　译
京剧百家谱 / 冯宏来　著
皮九辣子：刘鹏春剧作选 / 刘鹏春　著
千田是也传 /（日）千田是也　著；丛林春　译
篱笆·女人和狗：十二集电视连续剧　剧照、剧本、评论、插曲 / 厉夏　方金　编
杨家将：三十二集电视连续剧 剧照·剧情录·群星谱·评论·插曲 / 古剑　青云　编
情节剧 /（英）史密斯（Smith，James L.）著；武文　译
特殊连队：六集电视连续剧 / 嘉瑾　蓝明　编
外国当代剧作选 .6/（澳）埃森等　著；杨知　邢历　译
外国当代剧作选 .3/（美）威廉斯　著；东秀　等译
日本戏剧研究丛书 / 孙维善　主编；中国艺术研究院话剧研究所　编
西厢记新论：西厢记研究文集 / 寒声　等编
成吉思汗演义 / 尹湛纳希　著；安柯钦夫　朝格柱　译
喜剧：春天的神话：论悲剧与喜剧之二 /（加拿大）弗莱等　著；傅正明　等译

田汉年谱 / 张向华　编

中国戏曲通史 / 张庚　郭汉城　主编

北京电视艺术中心十年回首：1982—1992 / 张永经　主编

张莉莉剧作选 / 张莉莉　著

文艺启示录 / 戴淑娟　编

路漫漫：晏甬戏剧创作 / 晏甬　著

德国表现主义戏剧：托勒尔与凯泽 /（加拿大）本森　著；汪义群　译

沈璟评传 / 朱万曙　著

海州曲论 / 朱秋华　著

上海一家人：二十六集电视连续剧：剧照·剧本·评论·专访·插曲 / 李波　解玺璋　编

李紫贵戏曲表导演艺术论集 / 李紫贵　著；刘乃崇　编

舞台内外 / 李门　著

西方名导演论导演与表演 / 杜定宇　编

现代中国戏剧考察录 /（日）松原刚　著；丛林春　译

荒诞说：从存在主义到荒诞派 /（英）欣奇利夫（Hinchliffe, Arnold P.）著；刘国彬　译

舞台幻灯艺术 / 欧载欣　著

阳翰笙研究资料 / 潘光武　编

纪委书记：十二集电视连续剧：剧照、剧本、评论、插曲 / 王兴东　王浙滨著；蓝明　古井　编

天狼星：实验戏剧三种 / 卫中　著

外国当代剧作选.5 /（苏）盖利曼　著；郭家申　译

石零电视剧作选 / 石零　著

外国当代剧作选.4 /（美）密勒　著；梅绍武　编译

请与我同行：舒柯诗歌歌剧集 / 舒柯　著

许宏盛剧作选 / 许宏盛　著

杨乃武与小白菜：十四集电视连续剧：剧照、剧本选载、评论资料、插曲 / 赵健　编

郑怀兴戏曲选　/ 郑怀兴　著

丑角生涯 / 郭晋秀　著

古今戏曲楹联荟萃 / 金实秋　编

戏曲的体认与超越 / 陈先祥　著

马少波戏剧代表作 / 马少波　著；李慧中　编

净魂：电视连续剧 / 高静　编

戏曲表演研究 / 黄克保　著

汤显祖编年评传 / 黄芝冈　著

京剧流派唱段荟萃，余叔岩孟小冬李少春 / 中国戏剧出版社　编

京剧流派唱段荟萃　杨宝森 / 中国戏剧出版社　编

京剧流派唱段荟萃　周信芳，谭富英 / 中国戏剧出版社　编

中国戏曲研究书目提要 / 中国艺术研究院戏曲研究所资料室　编著

论坛歌台唱剧神：程长庚诞生180周年纪念文集 /《程长庚研究文丛》编辑委员会　编

京剧流派唱段荟萃　小生 / 中国戏剧出版社　编

京剧流派唱段荟萃　程砚秋 / 中国戏剧出版社　编

京剧流派唱段荟萃　梅兰芳 / 中国戏剧出版社　编

京剧流派唱段荟萃　金少山裘盛戎袁世海 / 中国戏剧出版社　编

京剧流派唱段荟萃　言菊朋奚啸伯 / 中国戏剧出版社　编

京剧流派唱段荟萃　老旦 / 中国戏剧出版社　编

江西戏曲剧本集锦　第一辑 / 江西省文化厅　编

1993 年

纵谈传统戏 / 何丽　著

海州宫调牌子曲大成 / 刘增国　主编；连云港市文化局　编
连云港戏曲音乐集成 / 刘增国　主编；连云港市文化局　编
中国有条红水河：七集电视连续剧 剧照·剧本·评论·插曲 / 刘振华　编
李鸣盛艺术生涯 / 刘连仑　赵兵编　著
华而实剧作集 / 华而实　著
古船、女人和网：十二集电视连续剧 剧照、剧本、评论、插曲 / 厉夏　方金编
史林评剧音乐创作集 / 史林　著
施公案.续 / 固亮　校点
孙德民剧作选 / 孙德民　著
续海上繁华梦 / 孙漱石　著
蟫史：新野叟曝言 /（清）屠绅　著
二度梅：古典爱情小说 /（清）惜阴堂主人　撰；白告　校点
江西戏曲剧本集锦．第二辑 / 朱受群　主编；江西省文化厅　编
陈静贝庚金松剧作选 / 李光耀　沈祖安　主编；浙江省戏剧家协会，浙江省艺术研究所　编
阴阳裂变：李庆武蓉剧作选 / 李庆　武蓉　著
剑双飞 / 玉翎燕　著
九扣连环 / 玉翎燕　著
杨兰春编导艺术论 / 王鸿玉　主编
戏剧笔记 / 童道明　著
荆榛剧作选 / 荆榛　著
外来妹：十集电视连续剧 / 葛芸生　编
袁世海的艺术道路 / 蒋健兰　刘乃崇　著
兰陵剧评 / 蒋柏连　著
蒲剧简史 / 行乐贤　李恩泽　著
清代三百年艳史 /（清）费只园　编著；李夏　李丹　校点
东南亚华文戏剧概观 / 赖伯疆　著

汉剧志 / 邓家琪 主编；《中国戏曲志·湖北卷》编辑委员会，武汉市文化局 编

不舍集：郭恩德影视剧作品选 / 郭恩德 著

郭汉城诗文戏曲集 / 郭汉城 著

江苏戏剧小品选 / 金恩渠 主编；江苏省群众艺术馆 编

湖南戏曲研究 / 金汉川 著

当代剧坛沉思录 / 金芝 著

残酷戏剧：戏剧及其重影 /（法）阿尔托（Artaud，Antonin） 著；桂裕芳译

戏曲武功特技选 / 陆建荣 王佩孚 著

颂扬剧作选 / 颂扬 著

黄允电视剧作选 / 黄允 著；夏汉碧 编

亚洲传统戏剧国际研讨会论文集 / 中国戏剧家协会，国际剧协中国中心 编

楚剧志 /《中国戏曲志·湖北卷》编辑委员会，武汉市文化局 编

走上小舞台 / 中国戏剧家协会《剧本》杂志社，中国戏剧电视剧创作函授中心编

红火的山庄戏剧：承德话剧团的艺术道路 / 中国艺术研究院话剧研究所 编

豫剧艺术总汇 /《豫剧艺术总汇》编辑委员会 编

军旅戏剧之花：总政话剧团的创作道路 / 中国艺术研究院话剧研究所 编

王府井大观 / 北京新剧本杂志社 编

风流将军皇帝梦：吴三桂演义 / 佚名 编

1994 年

长安一片月：陕西话剧选粹 / 丁希 雷达主 编；陕西省文化厅 编

侯玉山昆曲谱 / 侯玉山 口传；关德权 侯菊 记录整理

楚剧音乐 / 周淑莲 著

孙毅剧作选 / 孙毅 著

坎坷人生：阎逢春评传 / 崔浩等　著
我看京剧 / 崔长武　周传家　主编；北京艺术研究所　编
京剧唱腔音乐研究 / 庄永平　潘方圣　著
梨园戏古剧新编 / 庄长江　编著
音乐欣赏普及大全 / 张虔　景作人　编写
李啸仓戏曲曲艺研究论集 / 李啸仓　著
小草青青：天津市红桥区文化馆话剧团小品选 / 杨志刚　主编
林语堂传 / 林太乙　著
远方的庭园 / 洪麦恩　著
中外戏剧美学比较简论 / 牛国玲　著
河南戏剧家文库 / 王鸿玉　主编
儿童剧散论 / 程式如　著
翁偶虹剧作选 / 翁偶虹　著
曹禺评传 / 胡叔和 著
陈宪章戏剧艺术论 / 荆桦　等主编；河南省戏剧家协会　编辑
都市七彩虹：贺毅武剧作选 / 贺毅武　著
师友集 / 郭汉城　章诒和　著
金恩渠剧作选 / 金恩渠　著
《马兰花》的舞台艺术 / 黄祖培　郭小梅　编
探索的足迹：北京人艺演剧学派国际学术讨论会论文集 /《探索的足迹》编委会　编
周信芳艺术评论集续 / 周信芳艺术研究会　编

1995 年

《结婚》的舞台艺术 / 余林　编
毗陵曲坛掇录 / 夏芦庆　主编

天一剧作选 / 天一　著

扯去迷雾的画卷：六集电视连续剧 / 崔家欣　郑昌隆　编剧

巾帼集 / 张步虹　著

胡连翠导演艺术 / 毛小雨　编

戏剧演出中的假定性 / 王晓鹰　著

徐渭三辨 / 王长安　著

重庆抗战剧坛纪事：1937年7月—1946年6月 / 石曼　编

中国的戏曲文化 / 陈抱成　著

话剧在北方奠基人之一——张彭春 / 黄殿祺　编

华文粹编 / 黄然伟　编选

明刊闽南戏曲弦管选本三种 / 龙彼得　辑；泉州地方戏曲研究社　编

古今中外论长庚：程长庚与京剧形成研究资料集 /《程长庚研究文丛》编辑委员会　编

剧专十四年 /《剧专十四年》编辑小组　编

1996年

任金义剧作选 / 任金义　著；王鸿玉　主编

中国古典诗词曲谱选释 / 傅雪漪　编著

刘厚生戏曲长短文 / 刘厚生　著

姜朝皋剧作选 / 姜朝皋　著；朱受群　主编；江西省戏剧家协会　编

京剧现状研究 / 崔长武　主编；北京市艺术研究所　编

山东剧本创作选集 / 张云凤　主编；山东省文艺创作研究室，山东齐鲁民族文化艺术交流中心　编

白玉霜小白玉霜母女唱腔选 / 张慧　著

笑佛唐杰忠 / 张永和　著

古今咏海淀诗词选 / 张还吾　主编

张锡荣剧作选 / 张锡荣　著

我们有约：徐新华戏剧小品集 / 徐新华　著

向"表现美学"拓宽的导演艺术 / 徐晓钟　著

雾·海·帆：十二集电视连续剧：剧照·剧本·评论·插曲 / 敖刚　编

风流儒雅写春秋：中国豫剧第一小生王希玲舞台生活四十年 / 朱军等　著

忆江南 / 李紫贵　口述；蒋健兰　整理

戏曲的美学品格 / 沈达人　著

湖北戏曲声腔剧种研究 / 王俊　方光诚　著

锡剧艺术文集 / 王慧芬　主编

乡间音乐 / 王黎明　著

绍剧发展史 / 罗萍　著

郝寿臣传 / 北京市戏曲学校　主编；翁偶虹　等执笔

胡可剧作选 / 胡可　著

塞外梨园谱 / 褚广森　郭淑文　著

情结：许雁剧作选.二 / 许雁　著

豫剧表导演艺术 / 谭静波　著

迈向现代的古老戏剧 / 贾志刚　著

赵寻戏剧文选 / 赵寻　著

悲喜剧引论 / 赵康太　著

郝寿臣脸谱集 / 郝寿臣　著；北京市戏曲学校　主编；吴晓铃　纂辑

铁可戏剧评论自选集 / 铁可　著

陈鹏潮剧唱腔作品选 / 陈鹏　著

生命树：韩志晨电视艺术片解说词 / 韩志晨　著

马少波近作选 / 马少波　著；李慧中　编

中国戏曲剧种史丛书 / 马少波　主编

齐致翔张之雄剧作集 / 齐致翔　张之雄　著

乱弹集 / 龚和德　著

舞台行脚 / 龚啸岚　著

梅韵麒风：梅兰芳周信芳百年诞辰纪念文集 / 梅兰芳周信芳诞辰100周年纪念委员会学术部 主编

1997年

上海越剧志 / 卢时俊 高义龙 主编；《上海文化艺术志》编纂委员会，《上海越剧志》编纂委员会 编
继往开来：天津市青年京剧团"百日集训"经验总结 / 叶厚荣 主编
曹禺戏剧研究论文集 / 吴雪 李汉飞 主编；中国话剧艺术研究会 编
黄文锡剧作选 / 朱受群 主编；江西省戏剧家协会 编
武训传 / 朱鹰 著
儿童戏剧艺术的魅力 / 李涵 著
莎士比亚全集 / （英）莎士比亚（William Shakespeare） 著；朱生豪 等译
程砚秋艺术评论集 / 萧晴 编
董鼎山文集 / 董鼎山 著；张放 编
潮州乐曲三百首 / 蔡树航 主编；汕头市艺术研究室，汕头市潮州音乐研究室 编
翰林之后寄梨园 / 赵荣琛 著
迟宇宙文学作品自选集 / 迟宇宙 著
七彩虹：金泉生幼儿歌舞剧与歌曲选 / 金泉生 著
评剧音乐史 / 陈钧 著
文艺的"复古"与创新 / 霍有明 著
隐蔽战线：电视文学剧本集 / 马中毅 著
厉慧良传 / 魏子晨 厉畅 著
净土：电视文学剧本集 / 鹿说之 理梅 著
泉州优秀剧作选 / 福建省泉州市文化局 编

1998 年

戏剧影视艺术技巧 / 佟德真 著
伊丽莎白·泰勒 / （美）凯蒂·凯利（Kitty Kelley） 著；张桓 译
明镜高悬 / 史航 著
楼梯的故事：西班牙话剧 / （西）安东尼奥·布埃罗·巴耶豪（Antonio Buero Vallejo） 著；（西）赫苏斯（Jesus Castillo） 等译
徐兰沅操琴生活 / 徐兰沅 口述；唐吉 记录整理；北京市戏曲编导委员会 编
蒲剧优秀唱腔选 / 杜运佳 畅元发 编著
戏剧表演艺术简明教程 / 温鉴非 于丽红 编著
周恩来在上海：十六集电视连续剧 / 王朝柱 编剧
华文戏荟 / 田本相 主编
萧幼松剧作选 / 萧幼松 著
田汉代表作 / 董健 屠岸 主编
贾殿彬剧作选 / 贾殿彬 著
琼剧文化论 / 赵康太 著
长庚精神照后人：纪念程长庚诞辰185周年文集 / 金芝 主编；《程长庚研究文丛》编辑委员会 编
钟艺兵艺术评论选 / 钟艺兵 著
郑一标潮剧导演艺术 / 陈名贤 主编
少年徐霞客：陈复观电视剧剧作选.上 / 陈复观 著
陈韩星剧作选 / 陈韩星 著
摇滚歌王—迈克尔·杰克逊 / 韦森 著
程长庚研究文丛 / 金芝 主编
文华奖江苏获奖剧作集 / 江苏省文化厅 编

武夷新剧选 / 福建省武夷剧作社 编

武夷十年剧作选 / 福建省武夷剧作社 编

1999 年

戏曲表演做功十技 / 万凤姝 万如泉 著；中国戏曲学院，中国戏曲学院附中 编

中国京剧史 / 北京市艺术研究所、上海艺术研究所组织 编著

斯巴达克思 / （意）拉法埃洛·乔万尼奥里 著；李彤 译

中国传世画谱，任渭长画传四种 / （清）任熊 著

老两口谈戏：梆子及其它 / 刘乃崇 蒋健兰 著

春华秋实：天津艺术研究所获奖论文选 / 刘梓钰 主编

春柳莺 / [清] 南轩鹖冠史者 编；[清] 石庐拚饮潜夫 评

麟儿报 / （清）无名氏撰 . 最风流

土木之变：影视剧本卷 / 卢耀斐 著

舞论集 / 叶宁 著

领悟：大智慧与心灵的感悟 / 叶朝武 著

关公与貂蝉：吕永安剧作选 / 吕永安 著

四游记 / （明）吴元泰 等著

新时期福建戏剧文学大系 . 5—6，现代剧卷 / 吴凤章 主编；福建省文化厅 编

新时期福建戏剧文学大系 . 7—8，理论批评卷 / 吴凤章 主编；福建省文化厅 编

新时期福建戏剧文学大系 . 3—4，古代剧卷 / 吴凤章 主编；福建省文化厅 编

新时期福建戏剧文学大系 . 1—2，历史剧卷 / 吴凤章 主编；福建省文化厅 编

曾门五兄弟 / 吴樵子编 著

孙毓敏唱腔伴奏曲谱集 / 周志强　编撰

芷兰雅韵：常德丝弦普及本 / 周用金　水运宪 主编

永远平安夜：圣诞故事·音乐经典 / （美）奥纳尔　编；唐薇　译

孙德民剧作选．四 / 孙德民　著

戏剧之旅 / 孙德民　著

优伶考述 / 孙民纪　著

净门师魂：回忆我的父亲孙盛文 / 孙莲珠　著

当代中国戏剧家论谭 / 宁殿弼　著

北京风物佚闻录 / 宋经伦　编著

宋词剧作选 / 宋词　著

上党傩文化与祭祀戏剧 / 寒声　主编

真实的生活：另类知识分子的生活意见 / 布丁　等著

胡伟民研究 / 张余　编；上海话剧艺术中心，上海艺术研究所　主编

当代戏剧家传略 / 张兰阁　田京辉 主编

徐为剧作选 / 徐为　著；李光耀等　主编；浙江省戏剧家协　会编

漫长的童年：方掬芬回忆录 / 方掬芬　著

幕边絮语 / 方洪友　著

方荣翔文集 / 方荣翔　著；方立民　编著

武生泰斗王金璐传 / 朱继彭　著

怪才王少怀 / 李久旺　高海兵　编

难童 / 李发林，秦尤金　著

瓯剧史 / 李子敏　著

谭文说艺 / 李建民　著

范瑞娟越剧艺术影集 / 杜南志　编

杜慧敏创作选集 / 杜慧敏　著

导演档案 / 林荫宇　著

剧海札记 / 柯子铭　著

在曹禺身边 / 梁秉堃　著

戏剧舞台上的日本美学观 /（日）河竹登志夫 著；丛林春 译

贾大山传 / 王志敏 著

王明堂作品选 / 王明堂 著

开国领袖毛泽东：二十三集电视连续剧 / 王朝柱 编剧

王正剧作选 / 王正 著

王锦章新剧作选 / 王锦章 编著

小品十年：1988—1997 / 王长安 主编；安徽省艺术研究所 编

演出造型艺术论 / 田文 著

廿世纪中国戏曲改革启示录 / 石磊 著

纳托诗集 / 纳托 著

罗聪文戏剧集 / 罗聪文 著

漂流的新娘花：罗锐曾剧作选 / 罗锐曾 著；广东省戏剧家协会 编

戏史辨 / 胡忌 主编

中国京剧剧谚选注 / 苏移 编注

中国戏曲演进与变革史 / 蒋中崎 著

脚跟太阳 / 贾平凹 著

风里唢呐 / 贾平凹 著

人草稿 / 贾平凹 著

在商山 / 贾平凹 著

贾平凹散文 / 贾平凹 著

树上的月亮 / 贾平凹 著

菩提与海枣 / 贾平凹 著

戏曲体验论 / 贾志刚 著

赵光政剧本集 / 赵光政 著

三晋大戏考：三晋古今戏文大观 / 赵尚文 编著

生命情怀：孙德民评介 / 赵惠芬 编

酷的一代 / 邱华栋等 著

泉州传统戏曲剧丛书．第二卷，梨园戏·小梨园剧目．下 / 郑国权 主编；

泉州地方戏曲研究社 编

泉州传统戏曲丛书.第十二卷,傀儡戏·落笼簿.中/郑国权 主编;泉州地方戏曲研究社 编

泉州传统戏曲丛书.第十卷,傀儡戏·《目连》全簿/郑国权 主编;泉州地方戏曲研究社 编

泉州传统戏曲丛书.第十三卷,傀儡戏·落笼簿.下/郑国权 主编;泉州地方戏曲研究社 编

泉州传统戏曲丛书.第十一卷,傀儡戏·落笼簿(上)/郑国权 主编;泉州地方戏曲研究社 编

泉州传统戏曲丛书.第一卷,梨园戏·小梨园剧目.上/郑国权 主编;泉州地方戏曲研究社 编

表演创作论/郭溥澜 等编

平原游击队/阿甲等 编剧

陈中秋剧作选/陈中秋 著

潮州音乐人物传略/陈纤 主编;汕头市艺术研究室 编

陈贻亮戏曲文论选/陈贻亮 著

潮剧研究:丛刊.3,潮剧五十年文论选/陈韩星 主编 汕头市艺术研究室 编

陶增义剧作选/陶增义 著

最后的礼花/(苏)尤里·雅科夫列夫 著;苏通文 译

颂扬电视剧作选/颂扬 著

中国京剧史/马少波[等]主编;北京市艺术研究所,上海艺术研究所组织 编著

苏州滑稽戏优秀剧作选/高福民 钱璎 主编;苏州市文化局 编

血沃桑干河/魏丕植 著

祭礼·傩俗与民间戏剧:'98亚洲民间戏剧、民俗艺术观摩与学术研讨会论文集/麻国钧 等主编

98百优小品集:中国曹禺戏剧奖获奖·参评小品小戏选/中国戏剧家协

会艺术发展中心，广东省顺德市文体局　编
潮剧年鉴．1998年卷／汕头市艺术研究室　编
跨入新世纪的思考：第四届中国戏曲音乐学会·上海年会暨学术研讨会论文集／上海戏曲音乐协会　编
欧阳山尊从事文艺工作70年纪念文集／欧阳山尊从事文艺工作70年纪念文集编委会　编
中国舞台美术：1983—1999／中国舞台美术学会　编
中国戏剧艺术院团院校大全／中国戏剧家协会　编
中国舞蹈武功教学／北京舞蹈学院附属中等舞蹈学校　编

2000年

京昆曲牌百首／万凤姝　等编著
京剧音乐百问／万凤姝　等编著
元曲三百首／任讷　卢前　编著
虹／（英）戴维·赫尔伯特·劳伦斯　著；李淮　陈星　译
莎士比亚戏剧赏析／史璠　著
瓯剧史研究／叶大兵　著
20世纪中国问题剧研究／周安华　著
彩霞集：中国京剧优秀青年演员研究生班首届学员毕业文选／周育德　苏移　主编；中国戏曲学院　编
中国传统曲艺唱词丛书／姜昆　主编；中华说唱艺术研究中心　编
哀歌集／（古罗马）普罗佩提乌斯（Properzio）著；王焕生　译
中国话剧50年剧作选：1949—1999／李默然　等主编；中国话剧艺术研究会编
糖／棉棉　著
红鬃烈马：王瑶卿先生剧目精选／王瑶卿　著；周育德　主编

戏曲艺术二度创作论 / 胡芝风　著

枣儿：靖江戏剧小品选 / 苏增耀　主编

痴人说梦 / 鄢烈山　著

舞台影视剧作选 / 金芝　著

20世纪西方戏剧思潮 / 陈世雄，周宁　著

唐槐秋与中国旅行剧团 / 陈樾山　主编

京剧名家李盛斌 / 霍大寿　主编

广东新剧作选 / 广东戏剧家协会　主编

中国戏曲理论研究丛书

广东小品小戏集 / 广东戏剧家协会　主编

南音名曲选：吴世忠李文胜首创电脑工尺谱直译五线谱六十三首湘灵音乐社丁马成新南音作品钢琴伴奏谱十首 / 新加坡湘灵音乐社，泉州地方戏曲研究社　编

2001年

丁以能剧作选 / 丁以能　著

天方剧作选 / 天方　著

杜宣剧作选 / 杜宣　著

杨东标剧作选 / 杨东标　著；顾锡东　钱法成　主编；浙江省戏剧家协会　编

闽剧传统音乐 / 林德冠　等主编；福建省戏剧家协会　等编

闽剧经典传统剧目选 / 林德冠等　主编；福建省戏剧家协会　编

导演入门 / 熊源伟　著

王易风剧作选 / 王易风　著；《戏友》编辑部　编

长征：二十六集电视连续剧 / 王朝柱　编剧

王莉芳戏剧散文集 / 王莉芳　著；谢玉辉　主编

懈寄生/蔡智恒　著

三晋戏剧家丛书/赵华云　主编；《戏友》编辑部　编

板胡入门基础教程/辛修禄　编著

李默然从"初恋"到花甲/阎晓红　编

浙江省当代剧作家丛书/顾锡东　钱法成　主编

2002 年

丁尔纲新时期文论选集/丁尔纲　著

西方演剧史论稿/吴光耀　著

生存/尤凤伟　著

中国越剧发展史/应志良　著

西欧戏剧史/廖可兑　著

中国评剧院名家系列丛书/张宏文　编

霜艺流芳——筱白玉霜/张宏文　编

美艳星后——李忆兰/张宏文　编

俚雅剧作集.三—四，电视剧卷/戴英禄　邹忆青　编著

俚雅剧作集.一—二，戏曲卷/戴英禄　邹忆青　编著

现代戏剧理论与实践.3，表现主义与叙事剧/（英）J.L.斯泰恩（J.L.Styan）著；刘国彬　等译

现代戏剧理论与实践.2，象征主义、超现实主义与荒诞派/（英）J.L.斯泰恩（J.L.Styan）著；刘国彬　等译

现代戏剧理论与实践.1，现实主义与自然主义/（英）J.L.斯泰恩（J.L.Styan）著；刘国彬　等译

英雄/李冯　著

2002百优小品集：中国曹禺戏剧奖获奖·参评小品小戏选/李小青　主编；中国戏剧家协会创作委员会，中国戏剧家协会艺术发展中心　编

邦国剧作选 / 杨邦国　著

上海往事 / 毕飞宇　著

幻世：插图本 / 沧月　著

京剧常识手册 / 涂沛　苏移　等著

演员濮存昕 / 童道明　濮存昕　著

戏剧表演学：论斯氏演剧学说在我国的实践与发展 / 胡导　著

莎士比亚戏剧故事全集 / 郑土生主编；冼宁　肇星　武专　编

中国京剧脸谱艺术 / 邴福全　编绘

王渔洋：电视连续剧文学剧本 / 陈庆爱　著

当代话剧演员画传

影视剧表导演考试指导丛书

阳翰笙百年纪念文集．第一卷，创作 / 中国文学艺术界联合会，四川省宜宾市人民政府　编

阳翰笙百年纪念文集．第二卷，纪实 / 中国文学艺术界联合会，四川省宜宾市人民政府　编

阳翰笙百年纪念文集．第三卷，文论 / 中国文学艺术界联合会，四川省宜宾市人民政府　编

阳翰笙百年纪念文集．第四卷，纪念与研究 / 中国文学艺术界联合会，四川省宜宾市人民政府　编

迈入新世纪的中国文艺：中国文联2001年度文艺评论奖获奖文集 / 中国文联理论研究室　编

2003年

何孝充诗文选 / 何孝充　著；许士坤　编

勾引者手记 /（丹）克尔凯郭尔　著；段婉露　译

五号屠场 /（美）库尔特·冯古内特　著；刘欣　译

苦闷者的理想与期待：曹禺戏剧形态学研究 / 刘家思　著

电视文艺节目策划与创作 / 吴保和　著

孙毓敏艺术研究文集 / 孙毓敏　编著

宋明理学与戏曲 / 季国平　著

李少春唱腔选 / 张梓媛　编

曲海遗踪 / 张秀莲　吴琼　著

戏曲教学系列丛书 / 张逸娟　主编

戏曲旦行身段功 / 张逸娟主　编；王诗英　撰

中国现代文学艺术研究. 上, 中国现代戏剧影视史论 / 彭耀春　著

中国现代文学艺术研究. 下, 台湾当代戏剧论 / 彭耀春　著

梦回三不老 / 徐城北　著

中央戏剧学院教师文库 / 徐翔　廖向红　麻国钧　主编

论戏剧 / 戴振杰　编；中央戏剧学院　编

中国纪录片发展史 / 方方　著

雾里观花：中国戏剧的可能性 /（日）杉山太郎　等著；黎继德　译

论名剧 / 李兵　编；中央戏剧学院　编

梨园谚诀辑要 / 杨非　编著

等到天黑：纽约观剧90天 / 熊源伟　著

梦想从这里起航 / 王丽娜　主编

镇魂诗剧：世界文化遗产——日本古典戏剧"能"概貌 / 王冬兰　著

宋元乐妓与戏剧 / 王宁　著

中国京剧编年史 / 王芷章　著

文化的乡愁：美国华裔文学的文化认同 / 胡勇　著

斛擂：草青剧作选 / 草青　著

表演技巧 /（英）休·莫里森（Hugh Morrison）著；胡博　译

杨宝森唱腔选 / 葛昌权　编

中国戏剧家大辞典 / 路闻捷　石宏图　贾克勤　主编

马路时代曲：广东省中山市小品小戏选 / 郑集思主编；广东省戏剧家协会

等主编

京剧选编.12,断密涧女起解玉堂春阳平关 / 钮骠 陈国卿 主编；中国戏曲学院 编

京剧选编.19,遇皇后打龙袍乌龙院时迁偷鸡女杀四门 / 钮骠 陈国卿 主编；中国戏曲学院 编

京剧选编.18,三娘教子战太平金水桥林冲夜奔小上坟 / 钮骠 陈国卿 主编；中国戏曲学院 编

京剧选编.17,宇宙锋击鼓骂曹岳家庄探阴山汾河湾扈家庄 / 钮骠 陈国卿 主编；中国戏曲学院 编

京剧选编.16,四进士孔雀东南飞恶虎村 / 钮骠 陈国卿 主编；中国戏曲学院 编

京剧选编.11,鱼藻宫姚期金雁桥贵妃醉酒战金山 / 钮骠,陈国卿 主编；中国戏曲学院 编

京剧选编.15,金沙滩射七郎李陵碑告御状审潘洪黑松林悦来店能仁寺 / 钮骠 陈国卿 主编；中国戏曲学院 编

京剧选编.20,雅观楼桑园寄子红楼二尤钓金龟行路训子 / 钮骠 陈国卿 主编；中国戏曲学院 编

京剧选编.14,硃痕记铁笼山捉放曹太君辞朝 / 钮骠 陈国卿 主编；中国戏曲学院 编

京剧选编.13,花田错取金陵问樵闹府打棍出箱辕门射戟 / 钮骠 陈国卿 主编；中国戏曲学院 编

论舞台美术与戏剧管理 / 陈建华 编；中央戏剧学院 编

论声乐、台词、形体 / 陈菊香 编；中央戏剧学院 编

论导演 / 韩学军 编；中央戏剧学院 编

论表演 / 韩学军 编；中央戏剧学院 编

我和艾青的故事 / 高瑛 著

音乐剧概论 / 黄定宇 著

京剧"样板戏"唱段荟萃 / 中国戏剧出版社编辑部 编

中央戏剧学院教学参考丛书
当代剧作家文库

2004 年

戏剧符号学/（法）于贝斯菲尔德　著；宫宝荣　译
老两口谈戏：京剧、昆曲/刘乃崇　蒋健兰　著
中国戏曲观众学/刘景亮　谭静波　著
福建傀儡戏史论/叶明生　著
话剧影视音乐剧声乐教材/周秋雨　编著
论"佐临的风格"与梦想/姜涛　著
锡剧音乐研究/孙中　著
京剧名段100首/孟宪德　编著
中国评剧群星谱/张平，郭民杰　著
张庚自选集/张庚　著
赣南客家采茶戏剧作艺术概论/曾泽昌　曾庆池　著
朱文相戏曲文集.上，剧学四论/朱文相　著
朱文相戏曲文集.下，梨缘四寄/朱文相　著
新时期黑龙江戏剧发展研究/朱雪艳　著
张曼玉画传/李尔葳　著
演艺生涯草皮书/林峰　编
声乐教学与评价/王绍伟　陈淑惠　著
《北京人》导演计划/蔡骧编　著
世界近代悲剧史/谢柏梁　著
戏剧技巧/（美）乔治·贝克　著；余上沅　译
晋剧传统锣鼓通谱/贾炳正　编著
解放军戏剧史/郑邦玉　主编；张志强　郑邦玉，靳希光　执笔

歌舞伎入门 / [日] 郡司正胜 著；李墨 译注
说点您不知道的 / 郭宝昌 著
中国现代话剧教程 / 郭富民 著
郭汉城文集 / 郭汉城 著
剧作法 / （英）威廉·阿契尔 著；吴钧燮 聂文杞 译
中国当代先锋戏剧. 1979—2000/ 陈吉德 著
从我耕耘的岁月走来 / 马德俊 著
舞台技术基础 / 马述智 著
中国民俗影视 / 黄凤兰 著

2005 年

演员创作素质训练 / 关瀛 著
20世纪欧美戏剧 / 冉东平 著
中国戏剧学史稿 / 叶长海 著
二人台、山曲经典 / 周万金 郭源 主编
管理科学发展简史 / 商尔刚 编著
歌德谈话录 /（德）艾克曼（Eckermann）辑录；杨武能 译
孔祥瑜剧作选 / 孔祥瑜 著
创意荧屏：导演的自我塑造 / 张仲年 著
京胡演奏大教本 / 张再峰 著
戏剧导演攻略 / 徐企平 著
经典曲艺荟萃 / 徐先玲 李相状 主编
乔伊斯小说的形式实验 / 戴从容 著
当代舞台设计 /（英）汤尼·戴维斯（Tony Davis） 著；章抗美 等翻译
韩国演剧史 /（韩）李杜铉 著；紫荆 韩英姬 译
广东汉剧发展史 / 李荀华 等著

中国戏曲学院高等艺术教育丛书 / 杜长胜　主编

东北魂 / 杨哲民　鲁煤　撰写

福建文艺方志论集 / 柯子铭　主编

父亲欧阳予倩 / 欧阳敬如　著

西方现代戏剧流派作品选．第1卷，写实主义 / 汪义群　主编

西方现代戏剧流派作品选．第2卷，象征主义 / 汪义群　主编

西方现代戏剧流派作品选．第3卷，表现主义 / 汪义群　主编

西方现代戏剧流派作品选．第4卷，叙事体戏剧 / 汪义群　主编

西方现代戏剧流派作品选．第5卷，荒诞派戏剧及其他 / 汪义群　主编

广东满族史 / 汪宗猷　主编

京剧常识手册 / 涂沛　苏移　等著

北京人艺演剧学派创始人：焦菊隐论导演艺术 / 焦菊隐　著

蒲剧艺术经典录 / 王庚吉　编著

白族情歌选 / 王珏　李晴海　选编整理

永远的戏剧性：新时期戏剧论集 / 王评章　著

旧剧革命的划时期的开端，延安平剧研究院纪念文集 / 简朴　主编；中国京剧院　编

旧剧革命的划时期的开端，延安平剧研究院演出剧本集 / 简朴　主编；中国京剧院　编

中国京剧花脸唱腔大全 / 许俊德　记谱编选；鸣迟　撰文

二十世纪五十年代云南民族社会历史纪录片脚本汇编 / 谭碧波　著

京剧作曲技法 / 费玉平　著

戏剧空间美的创造：赵英勉设计文论集 / 赵英勉　著

爱的抉择：邱凤英戏剧曲艺作品集 / 邱凤英　著

斯坦尼斯拉夫斯基论导演与表演 / 郑雪来　选编

阿甲戏剧论集 / 李春熹　选编

编剧理论与技法：从小型戏剧的文本写作切入 / 陆军　著

梦想与追求：表演艺术应试技巧 / 陈兵　著

李鸿章：甲午残梦 / 陈斌 著

近现代潮汕戏剧 / 陈韩星 主编

顾锡东文集．五，文论卷 / 林晓峰 主编；浙江省文学艺术界联合会 [等] 编

顾锡东文集．四，影视文学卷 / 林晓峰 主编；浙江省文学艺术界联合 [等] 编

顾锡东文集．三，现代戏卷 / 林晓峰 主编；浙江省文学艺术界联合会 [等] 编

顾锡东文集．一一二，古装戏卷 / 林晓峰主编；浙江省文学艺术界联合会 [等] 编

东方戏剧国别史丛书 / 麻国均 主编

制片管理全攻略：影视艺术院校专业考试指南 / 黄一峰 编著

近现代潮汕文学艺术简史丛书

中国戏曲学院高等艺术教育丛书．美术卷

2006 年

一个人的合唱团 / 丁子钰 著

近现代潮汕音乐 / 余亦文 王培瑜 陈纤 编著

中国戏曲表演艺术辞典 / 余汉东 著

中西方电视文化比较研究 / 冷淞 著

中国戏曲衣箱——角色穿戴 / 刘月美 著

刘桂成获奖剧作选 / 刘桂成 著

福建古剧场 / 刘闽生 著

回首——我的艺术人生 / 吕恩 著；杨景辉 选编

新时期京剧剧作集 / 吕瑞明 著

王金璐舞台人生 / 吴小如 主编

周玉峰评弹作品选 / 周玉峰（曲艺） 著

戏剧小品剧作教程 / 孙祖平 著

声乐与语言发声 / 崔瑞英 著

音乐剧创作论 / 廖向红 著

廖武剧作选 / 廖武 著

中国戏曲通史 / 张庚，郭汉城 主编

戏剧英语 / 张文萍 车毅 卫莉 编著

京剧唱腔新发展 / 张正治 编著

京剧传统戏辅助腔调结构分析 / 张正治 编著

怀来县戏曲志 [专著] / 张玉生 著

怀来县戏曲志 [地方志] / 张玉生 著

表演片断教程 / 徐卫宏 主编

舞台化妆设计与技术 / 徐家华 著

戏剧导演本科教程 / 李建平 编著

戏梦人生：李振家剧作选 / 李振家 著

中国婺剧史 / 杨鸽声 主编；金华市艺术研究所 编著

梁郁南戏剧作品选 / 梁郁南 著

简明基本乐科 / 汪岷 著

表演理论新概念提纲：作为一个动态系统的表演艺术 / 王崑 著

从假定性到诗化意象 / 王晓鹰 著

影评写作理论与实践 / 王滨 马知遥 主编

福建省艺术科研学术年会论文集 / 王评章 叶明生 马建华 主编

中国四平腔研究论文集 / 王评章 叶明生 主编

闽剧的女儿：林瑛舞台艺术论集 / 王评章 蔡怀玉 主编

新戏剧.第八卷 / 王长安 主编；安徽省艺术研究所《新戏剧》编辑部 编

黄梅戏志 / 王长安 主编

庆阳新剧作 / 窦世荣 主编；庆阳市文联·市剧协 编

苏叔阳剧本集

京剧流派/董维贤 著

京胡教材/蒋莘 编著

红线女粤剧艺术/谢彬筹 谢友良 主编

二十世纪中国现代戏剧教育史稿/贾冀川 著

电视访谈节目语篇研究/赵雪 著

戏迷说戏/邱之辰 著

报考艺术院校快速充电：文艺知识小百科/郑雅玲 主编

井花水：郭启宏散文近作选

导演与编剧艺术/陈加林 著

剧史思辨/陈多 著

怀琛辑影：程派艺术家赵荣琛先生九十诞庆纪念/陈琪 主编

愚比王/阿尔弗雷德·雅里（Alfred Jarry）著；周铭 译

魏积良作品评论集/高阳人 编

北京新时期戏剧史/高音 著

在前沿/鲁煤 著

欲望燃情：齐致翔戏剧文论集/齐致翔 著

京剧的历史、现状与未来："京剧的历史、现状与未来暨京剧学学科建设学术研讨会"论文集/中国戏曲学院 编

中国戏曲学院高等艺术教育丛书，音乐卷

上海戏剧学院霞光文艺研究丛书

德艺馨芳：纪念梅兰芳周信芳诞辰110周年/中国戏剧家协会理论研究室 编

福州闽剧优秀剧本选：1949年—2006年．二/福州市文化局 编

粤剧编剧研究生班毕业作品集/广东文艺职业学院编

田汉研究．第三辑/中国田汉基金会、中国田汉研究会学术活动部 编

2007年

余笑予谈戏 / 龚战　编
戏剧的背影 / 傅翔　著
舞台灯光设计概要 / 冯德仲　著
北方昆曲珍本典故注释曲谱.一 / 刘宇辰 主编　王城保　编著
北方昆曲珍本典故注释曲谱.二 / 刘宇辰 主编　王城保　编著
《蔡文姬》的舞台艺术 / 刘章春　主编
《雷雨》的舞台艺术 / 刘章春　主编
《茶馆》的舞台艺术 / 刘章春　主编
晋察冀革命文化艺术发展史 / 刘谷　主编；晋察冀革命文化史料征集协作组编
在中国话剧一百年的时候：纪念文集 / 单维权　罗恩美　主编；北京市朝阳区图书馆　编
买卖人家：吕厚龙剧本新作选 / 吕厚龙　著
剧诗精华欣赏，明清传奇卷 / 吕厚龙　著
戏剧档案：北京人民艺术剧院舞台美术设计作品（1952—2007）/ 吴穹　主编
戏曲家丛书 / 孙毓敏　主编
20世纪中国先锋性戏剧理论研究 / 季玢　著
马少波师品 / 宋大声　著
异质空间与都市意象：一种对九十年代以来中国电影中"都市空间呈现"的研究 / 张一玮　著
走近辉煌：献给热爱北京人艺的观众 / 张帆　著
2006常州戏剧文学奖获奖作品选 / 张戬炜　主编
京胡圣手：燕守平评传 / 李佩伦　著

一代京剧人：陈国卿评传 / 李鸣春　著

湖北戏曲概览 / 杜建国　主编

湖北省舞台艺术精品典藏：一九四九—二零零七 / 杜建国　主编

京剧司鼓艺术与技巧 / 杨晓辉　著

杨渊戏曲人物画集： / 杨渊（戏曲讲师）　绘　徐幸捷　主编

祁彪佳与《远山堂曲品·剧品》研究 / 杨艳琪　著

于是之 / 梁秉堃　撰文

焦菊隐 / 焦世宏　刘向宏　撰文

一路跋涉一路歌：王清芬的演艺生涯 / 王清芬　著

近代亚洲地缘政治史与当代中国 / 童小溪　著

粤剧电影史 / 罗丽　著

晚明文人的文化传播研究 / 聂付生　著

梨园春秋：李元春、李韵秋评传 / 荆晖　著

菊苑燕侣 / 董绍琦　编著

梅派传人李玉芙 / 钱世明　石维坚　著

福建戏史探考 / 陈翘　著

调性与和声技法探究 / 马东风　著

Wysiwyg Perform 现代灯光设计师专用软件教程 / 马路　周子庆　编著

北京人艺经典文库、经典剧院

2008 年

于汉二胡作品集 / 于汉　著

黎族舞蹈概论 / 亚根　著

从容剧作选 / 从容　著

演员形体教学研究 / 余欣　著

演艺编导教程 / 余汉东　编著

剧场应用术语：规范与详释 / 冯德仲　等著

冷冶夫获奖纪录片解说词集 / 冷冶夫　著

论斯坦尼斯拉夫斯基体系演员的培养 / 刁海明　著

笑忆青春：解放战争三年中的北平剧联和祖国剧团 / 刘乃崇　主编

论戏曲艺术的审美自觉 / 刘俊鸿　著

江苏省十年获奖剧本选：1996年—2005年 / 刘俊鸿　主编

审美发生与美的鉴赏 / 刘强　著

不朽的易卜生：百年易卜生中国国际研讨会论文集 / 刘明厚　主编

周总理与北京人艺 / 刘章春[等]　编著

《伊索》的舞台艺术 / 刘章春　主编

刘管耀剧作选 / 广东省潮剧发展与改革基金会　编

音乐剧演员的培养 / 刘红梅　著

山东影视艺术史论 / 卢少华　著

数字化空间下的当代艺术 / 卢昕昕　主编

集体有意识与集体无意识：中国戏剧电影电视文化行为的精神结构分析 / 厉震林　著

童年方舟：厉震林剧作选 / 厉震林　著

莆仙戏传统剧目丛书 / 吕品　王评章　主编；中国人民政治协商会议莆田市委员会，福建省艺术研究院　编；谢宝燊　编

震前汶川100个经典记忆 / 吴开明　主编；汶川县委宣传部，汶川县文体局编

"用物质写意"及其他：戏剧评论集 / 吴新斌　著

观音本生故事戏论疏 / 周秋良　著

一叶的怀念：唐湜纪念文集 / 周筱云　主编

苏州评话弹词史 / 周良　著

姚溪山剧作选 / 姚溪山　著；龙海与台湾历史文化研究会，龙海市文学艺术界联合会，中共龙海市委宣传部　编

福建音乐史 / 孙星群　著

洒向人间都是情 / 孙毅 著

梨园漫记 / 孙毓敏 著

后现代装帧研究 / 孙波 著

宋大声戏曲电视剧剧作论文选 / 宋大声 著

人说晓光 / 巴越 编

戏曲文化产业论 / 张凡 主编

2007年常州戏剧文学奖获奖作品选 / 张戬炜 主编

设计艺术社会学 / 张梦 著

菊苑耕耘录，中国戏曲基础教育教学专业理论篇 / 张逸娟 主编

清代北京高腔名实关系研究 / 戴和冰 著

方鸿桃剧作选 / 方鸿桃 著；龙海与台湾历史文化研究会，龙海市文学艺术界联合会，中共龙海市委宣传部 编

田汉一家 / 易海云，菡月 著

新千年集：2000—2007 / 易海云 著

两宋俗词研究 / 曲向红 著

《摩诃僧祇律》情态动词研究 / 朱冠明 著

爵士鼓入门教程 / 戴夫·朱布瑞斯基（Dave Zubraski）原著；好好艺术工作室 编译

摇滚爵士鼓技法速成 / 戴夫·朱布瑞斯基（Dave Zubraski）原著；好好艺术工作室 编译

Hip Hop爵士鼓技法速成 / 戴夫·朱布瑞斯基（Dava Zubraski），克里夫·耶那（Clive Jenner）原著；好好艺术工作室 编译

艺术创作意蕴 / 李书邦 李鹏 著

瓯剧艺术概论 / 李子敏 著

李振家广播剧作选 / 李振家 著

中国古典诗歌体裁的理论与实践，体裁概要，居琼诗稿 / 李景新 著

李英群剧作选 / 广东省潮剧发展与改革基金会 编

超越与拓展：新时期、后新时期小说解读 / 杜瑾焕 刘炳辰 著

戏海钩沉 / 杨少雄　著

山东当代文学史 / 杨政　主编

福建戏曲文献研究 / 杨榕　著

集市习俗、街子、城市：云南城市发展的建筑人类学之维 / 杨毅　著

林劭贤·洪潮剧作选 / 广东省潮剧发展与改革基金会　编

艺术革命 / 林君桓　主编

半丁斋剧作集 / 林曼兰　著

河南曲剧唱腔精粹 / 梁献君　编著

铁血华年：辛亥革命那一枪 / 梅毅　著

徐州民间音乐集成 / 殷召义，张仲樵　主编

键盘入门教程.1 / 杰夫·汉姆（Jeff Hammer）原著；好好艺术工作室　编译

Cool Blues 键盘速成 / 杰夫·汉姆（Jeff Hammer）原著；好好艺术工作室　编译

小号每日一练.1 / 布莱恩·汤普森（Brian Thomson）原著；好好艺术工作室　编译

Boogie Woogie 钢琴速成 / 比尔·沃洛（Bill Worrall）原著；好好艺术工作室　编译

摇滚钢琴速成 / 比尔·沃洛（Bill Worrall）原著；好好艺术工作室　编译

彭城歌萃：徐州解放60年歌曲选 / 沈其严　主编

沈湘渠剧作选 / 广东省潮剧发展与改革基金会　编

浙江戏剧理论选集 / 沈祖安　主编；浙江省戏剧家协会理论工作委员会，浙江艺术职业学院　合编

小提琴每日一练 / 莎拉·波普（Sarah Pope）原著；好好艺术工作室　编译

中国彝族支格阿鲁文化研究 / 洛边木果　著

中国天鹅处女型故事研究 / 漆凌云　著

濮本信剧作选 / 濮本信　著

中国扬琴艺术散论 / 王义茹 著

夭折：王兴浦剧作选 / 王兴浦 著

中国少数民族神话散论 / 王宪昭 著

山东琴书演唱作品集 / 王振刚 胡化山 编著

民族器乐系统论 / 王晓红 著

白眉最良：京剧艺术家马最良图传 / 王椿立 马新莲 主编

外国经典戏剧研究 / 王滨 著

二十世纪中国经典戏剧研究 / 王滨 马知遥 著

火烧长沙 / 王笑 胡正奇 著

中国传统艺术论 / 王耀华 主编

王菲剧作选 / 广东省潮剧发展与改革基金会 编

戏剧存在的多维探索：当代戏剧研究论集 / 王露霞 著

小提琴每日一练演奏曲 / 内德·班奈特（Ned Bennett） 原著；好好艺术工作室 编译

吉他入门教程.2 / 乔·班奈特（Joe Bennett） 原著.Book two；好好艺术工作室 编译

长笛每日一练.1 / 内德·班奈特（Ned Bennett） 原著；好好艺术工作室 编译

小号每日一练演奏曲 / 内德·班奈特（Ned Bennett） 原著；好好艺术工作室 编译

次中音萨克斯每日一练演奏曲 / 内德·班奈特（Ned Bennett） 原著；好好艺术工作室 编译

长笛每日一练演奏曲 / 内德·班奈特（Ned Bennett） 原著；好好艺术工作室 编译

次中音萨克斯每日一练.1 / 内德·班奈特（Ned Bennett） 原著；好好艺术工

中音萨克斯每日一练.1 / 内德·班奈特（Ned Bennett） 原著；好好艺术工作室 编译

中音萨克斯每日一练演奏曲 / 内德·班奈特（Ned Bennett） 原著；好好艺术工作室　编译

艺术苦旅：与瓯剧相依的日子 / 章世杰　编著

中国服饰变革史论 / 竺小恩　著

中国艺术史 / 翁振新　主编

采编谈艺 / 翟永桢　著

浙江戏剧史 / 聂付生　著

苏笑神品戏评戏集 / 苏笑神　著

猎色：国外后现代摄影30家 / 萧春雷　著

中国当代戏剧史稿：1949—2000 / 董健　胡星亮　主编

湖南移民表：氏族资料所载湖南移民史料考辑 / 薛政超　著

影视剧本的灵魂 / 袁军　著

红线女电影艺术 / 谢友良　谢彬筹　主编

谢吟剧作选 / 广东省潮剧发展与改革基金会　编

龙海芗剧丛书 / 谢安宁　主编

中国当代作家的城市想象与表述 / 谢廷秋　著

红线女创作·生活 / 谢彬筹　谢友良　著

云雀 / 谭慕　著

爵士鼓每日一练.1 / 克丽丝·贝克（Chris Baker） 原著；好好艺术工作室　编译

婺剧脸谱 / 贾祥龙 绘

与爱同行：赖宝小品精选 / 赖宝　著

唐山曲艺志 / 赵恩舫　主编；《唐山曲艺志》编辑部　编

赵松樵评传 / 赵绪昕　著

Blues吉他速成 / 力奇·路斯比（Rikky Rooksby）原著；好好艺术工作室　编译

主音吉他技法速成 / 力奇·路斯比（Rikky Rooksby）原著；好好艺术工作室　编译

Funk 吉他速成 / 力奇·路斯比（Rikky Rooksby）原著；好好艺术工作室 编译

主音吉他 Solo 速成 / 力奇·路斯比（Rikky Rooksby）原著；好好艺术工作室 编译

吉他入门教程. 1 / 阿瑟·迪克（Arthur Dick）原著. Book one；好好艺术工作室 编译

西方艺术史 / 邱桂香 黄忠杰 主编

邵江海剧作选 / 邵江海 著；龙海与台湾历史文化研究会，龙海市文学艺术界联合会，中共龙海市委宣传部 编

邵魁式剧作选 / 邵魁式 著；龙海与台湾历史文化研究会，龙海市文学艺术界联合会，中共龙海市委宣传部 编

舞蹈基础理论 / 郑八一 张泉君 编著

月旦名流 / 郑新芳 著

上党八音会 / 郭振朝 著

陈名贤·林树棠剧作选 / 广东省潮剧发展与改革基金会 编

国越剧小百花唱腔精选一百曲 / 陈国良 主编；浙江吴越文化艺术策划有限公司，浙江戏曲音乐学会 编

殊途同归：跨学科视野里的文艺评论 / 陈恒汉 著

橙红橘绿：上海戏剧学院公共课教学部论文集 / 陈敏 主编

闽调台腔：闽台歌仔戏音乐研究 / 陈新凤 著

陈梓金剧作选 / 龙海与台湾历史文化研究会，龙海市文学艺术界联合会，中共龙海市委宣传部 编

台州之歌优秀歌曲选 / 陈波 主编

中国现代戏剧史稿：1899—1949 / 陈白尘 董健 主编

陈英飞剧作选 / 广东省潮剧发展与改革基金会 编

潮剧剧作丛书 / 陈韩星 主编

陈鸿辉剧作选 / 广东省潮剧发展与改革基金会 编

从祛魅到复魅：神秘主义在二十世纪中国文学 / 方秀珍 著

经典金属贝司速成 / 菲利·马尔福德（Phil Mulford）原著；好好艺术工作室编译

电贝司入门教程.1 / 菲利·马尔福德（Phil Mulford）原著.Book one；好好艺术工作室 编译

电贝司入门教程.2 / 菲利·马尔福德（Phil Mulford）原著；好好艺术工作室 编译

魏乃聪剧作选 / 龙海与台湾历史文化研究会，龙海市文学艺术界联合会，中共龙海市委宣传部 编

河南越调音乐概论 / 魏天葆 编著

全球化时代的艺术现状与反思 / 黄宗权 主编

福建戏曲音乐概论 / 黄忠钊 主编

黄翼剧作选 / 广东省潮剧发展与改革基金会 编

一生奋斗献京梆：记京梆子代表人物刘玉玲 / 黄金祺 著

浪漫与美丽：重新演绎刻入越剧记忆的"梁山伯与祝英台" / 龚和德，茅威涛主编

龙海芗剧史料 / 龙海与台湾历史文化研究会，龙海市文学艺术界联合会，中共龙海市委宣传部 编

中国舞台美术百人作品精选 / 中央戏剧学院，中国舞台美术学会 编

尹小芳艺术人生

潮剧艺术论著丛书

上海戏剧学院戏剧教育丛书

2009 年

烛照历史穿越古今：新时期戏曲历史剧创作学术研讨会论文集 / 于平 薛若琳 主编

明清时期粤剧的起源、形成和发展 / 余勇 著

影像之舞：中国当代电影文化批评 / 俞学雷　著

保山香童戏研究 / 倪开升　著

黄越剧作选 / 黄越　著

实证音乐学：目标方法展望 /（英）埃里克·克拉克（Eric Clarke），（英）尼古拉斯·库克（Nicholas Cook）等著；郭小利　仲立斌　何丽丽　译

历史旮记 / 关学曾　遗著；关少曾　主编；郑忠立　编写；崔维克　整理

冯所庆剧作集 / 冯所庆　著

戏曲表导演创作基础教程 / 刘小军　王永庆　李小琴　编著

形体 / 刘岳　著

《窝头会馆》的舞台艺术 / 刘章春　主编

锦云剧作集 / 刘锦云　著

霞飞蝶舞 / 卢振江　著

洪深年谱长编 / 古今　杨春忠　编著

中国古戏台研究与保护 / 吴开英　等著

明堂·灵光：周正平舞台灯光设计作品集 / 周正平　主编

渝西民间歌谣研究 / 夏明宇　著

罗伯·格里耶研究 / 姚公涛　著

中国戏剧奖理论评论奖获奖论文集 / 孙洁　主编

新时期戏剧创作研究文集 / 孙洁　主编

黄土谣：一个精品剧目的创作历程 / 孟冰　主编

大众文化特征论 / 宋毅　著

中国戏曲简史 / 席永杰　马会　张婧　主编

表演考学教学问答 / 张仁里　著

中国音乐概述 / 张俊　著

简明现代传播学 / 张如良　著

张思聪戏文六卷．/ 张思聪　著

悲剧观念与中国文学 / 张恒学　余三定　著

2008年常州戏剧文学奖获奖作品选 / 张戬炜　主编

从湘西到北京：沈从文早期文学研究 / 张文振　著

春夏秋冬：四幕四场舞台剧 / 张明玉　总编剧

《红楼梦》论纲 / 徐庆东 编著

新时期戏剧艺术研究 / 徐晓钟，谭霈生 主编

中国古代新闻体裁史 / 徐道铃　著

快乐老家 / 戈鲁　著 / 绘图

中国戏曲习俗 / 戴申　著

王士禛笔记小说研究 / 文珍 著

民族音乐学理论 /（美）Ruth M. Stone　著　王东雪　等译

徽州学散论：续集 / 方利山著

剧目教学案例：原创音乐剧《同一个月亮》/ 易介南　主编

造型艺术导论 / 曲春林　等主编

湘剧花鼓戏打击乐教材 / 曹义明　杨展洪　收集整理

跨文化语境中的中国戏曲 / 曹林　于建刚　主编

震中一日：我的…… / 曾智中　主编

中国现代文学作家作品论稿 / 朱庆华　著

决定快活 / 朱新建 著

中国戏曲学院舞台美术系服装设计专业优秀学生作品集 / 李威　刘小庆　主编

南戏故里乡土文化散论 / 李子敏　著

李岗戏画

隋唐之际河汾王氏家族美学研究 / 李海燕　著

长沙湘剧唱腔教材 / 李自然　廖建华　贺小汉　等收集整理

寻找春柳社 / 李龙吟　编著

曲胡演奏技法 / 杜宝群　杜宏亚　杜宏伟　编著

戏曲教育改革新论 / 杜长胜　主编

实用大筒演奏教程 / 杨天福　编著

戏剧表演基础 / 梁伯龙　李月　主编

中国经典歌剧演唱指要 / 梁琼　汪琦　编著

楚剑英剧作选 / 楚剑英　著

乐理基础知识概论 / 段信东　禹海艳　柳爱琴　编著

歌唱艺术研究 / 汪琦　著

民风民俗与古代文学：论主流文学文献、民族民间文学与民俗信仰的互动 / 沙野　著

美国名家诗歌精选 / 艾米莉·狄金森等　著；刘洁岷　马永波　郭燕华　译

卡桑内和蜜翁塞米 / 王光荣　等著

王培伋音乐作品集 / 王培伋　著

从"他者叙述"到"自我建构"：彝学研究的历史转型（1950—2006） / 王菊　著

白良剧作选 / 白良　著

西方复仇悲剧研究 / 程倩　著

罗欣荣剧作选 / 罗欣荣　著

隐匿者 / 胡发云　著

戏剧表演学：论斯氏演剧学说在我国的实践与发展 / 胡导　著

京胡与板鼓. 系列一, 梅兰芳经典剧目伴奏集锦. 上 / 蒋莘　裴永利　编著

奥林匹克 / 蔡禹僧　著

文艺学基本问题研究 / 薛丽君　岳小战　张娟　著

岭南戏剧源流编 / 谢彬筹　著

谭学胜首唱曲目集 / 谭学胜　主编

湖南花鼓戏唱腔教材 / 邓蒲生　欧阳驹里　危文波　收集整理

泉州弦管史话 / 郑国权　编著

郑榕 / 郑榕　著；刘章春　主编

论《聊斋志异》在清代的改编：以戏曲为中心 / 郑秀琴　著

台州市区历代诗词选注 / 郑钦南　郑苍钧　选注

融合·颠覆·重置：媒介产业动态及个案研究 / 郭媛媛　著

在传播中构建社会与文化：媒介产品与生产 / 郭媛媛　著

鄢修民戏剧人物画集 [专著] / 鄢修民　著；刘章春　主编

山东散文选：1978—2008 / 张存金　王展　陈忠　主编

陆辛剧作选 / 陆辛　著

岭东二十世纪诗词述评 / 陈伟　著

陕西戏剧文化作品集，第二届陕西戏剧奖·小戏小品奖获奖作品选 / 陈彦　甄亮　主编；陕西省戏剧家协会　编

陕西戏剧文化作品集，吼出的文化 / 陈彦，甄亮　主编

陕西戏剧文化作品集：首届陕西戏剧奖·农民戏剧奖获奖作品选 / 陈彦，甄亮　主编；陕西省戏剧家协会　编

戏剧形态学：戏剧形态发生论 / 陈珂　著

尼采时代精神解论 / 霍群　著

水书与水族历史研究 / 韦章炳　著

乡韵·乡情·乡音：唢呐作品集 / 韩克俭，谭立才　著

循环经济产业文化 / 韩利琳　陶表红　刘淑华　著

三国演义前传 / 项钢雪　著

历史的寻找：从《风云儿女》主题歌说起 / 马宏业　著

英美文学中的中国文化 / 马庆红　著

传统京剧旦角化妆技法 / 马静　著

红旗歌 / 鲁煤　著

湘剧表演艺术家彭俐侬唱腔研究 / 黎建明　陈飞虹　著

一缄书札藏何事 / 齐玉瑞　李信田　著

乡民、艺人与仪式剧：浏阳民间皮影戏的艺术人类学研究 / 龙开义　著

全球化与戏剧发展 / 中国戏剧家协会，江苏省文化厅　编

阆中春节文化研究 / 四川阆中春节文化研究会　编

2010年

丁建顺电影剧本集 / 丁建顺　著
影视动画音乐基础 / 丁波　主编
河北乱弹研究：以社会历史学民族音乐学民俗学的视角 / 东泽民　刘娜　著
长短集 / 乔嘉瑞　著
平遥弦子书调查与研究 / 乔志亮　著
芳华永驻：梦回1980再聚首 / 乔智　编著
吕剧史论 / 于学剑　著
德奥艺术歌曲探究 / 修雪卿　李永玉　马金玉　编著
业余合唱团的组织与训练 / 刘再峰　刘洋　刘天宇　著
十九世纪俄罗斯文学纵横谈 / 刘国利　郝葵　著
河洛大鼓 / 刘成甲　编著
《推销员之死》的舞台艺术 / 刘章春　主编
欧阳山尊 / 刘章春　著
《茶馆》在世界 / 刘章春　主编
人艺批评：北京人艺戏剧理论集（2002—2007）/ 刘章春　主编
流行声乐新探 / 刘臣　著
浙江婺剧手写孤本剧目集 / 包华升　编著
旧银物语：浙西南民间银饰艺术 / 单震宇　编著
丰县戏曲志 / 史先周　主编；《丰县戏曲志》编辑委员会　编
老司城民间故事集 / 向盛福　著；永顺县民族事务局　主编
莆仙戏传统剧目丛书 / 吕品　王评章　主编；中国人民政治协商会议莆田市委员会、福建省艺术研究院　编；姚清水　校注
美声教学与艺术指导的研究 / 吕志杰　张健　主编
浙西南古民居 / 吴剑梅　李跃亮　编著

喜剧小品入门66问 / 周光　陈孝英 主编

中国戏曲文化 / 周育德　著

经典音乐剧唱段解读·女声部 / 杨佳　周艳霞　主编

经典音乐剧唱段解读·男声部 / 周艳霞　杨佳　主编

似我非我：一个女演员的艺术珍藏 / 周贤珍　著

音阶与琶音每日一练 / 大卫·哈里森（David Harrison）原著；好好艺术工作室　编译

兰园旧梦：我的湘昆艺术生涯与情结 / 唐湘音　著

代理校长：电视文学剧本三十六集电视连续剧 / 子辰　艾侠　著

孟冰剧作选 / 孟冰　著

戏剧导演 / 张仲年　著

荧屏里的评剧故事：《开心双休日》电视栏目记忆 / 张伯苓　著

钢琴音乐教学研究 / 张宇　孙浩然　主编

中国戏曲通论 / 张庚　郭汉城　主编

2009年常州戏剧文学奖获奖作品选 / 张戡炜　主编

中国传统图形与品牌视觉形象设计 / 张晓东　著

我的舞美创作历程 / 张耀卿　著

潇湘夜雨：二十四集电视连续剧 / 彭哲思　易海云　著

徐万镒剧作选 / 徐万镒　著

中国民族动漫美学 / 徐群晖　徐文杰　著

四川曲艺表演入门 / 成尧肇　著

音乐剧表演概论 / 文硕　彭媛娣　杨佳著

方肇瑞影视文学剧本选．影视卷 / 方肇瑞　著

戏里灰阑戏外大千 / 曾新　著

12小节Blues钢琴速成 /（英）杰克·朗（Jack Long）原著；好好艺术工作室　编译

吕剧音乐探 / 李善昌　著

傅庚辰音乐创作 / 李萍　殷莹　著

达斡尔族民歌及演唱研究 / 杨古侠　李晓燕　著

近现代潮汕工艺美术 / 杨坚平　编著

河北梆子新编唱腔选 / 杨广金　主编

乐谱制作基础教程 / 杨秀娟　刘兰　杨继欣　主编

杨穆剧作选 / 杨穆　著

洛水神女：新编历史剧 / 林志方　著

半丁斋剧作集. 二 / 林曼兰　著

珠绣魂牵：林韩璋剧作选 / 林韩璋　著

群众舞蹈知识解析 / 梁宇　著

山东吕剧优秀唱段选集 / 段雨强　张玉珍　主编

Real blues 键盘技法速成 / 杰夫·汉姆（Jeff Hammer）原著；好好艺术工作室　编译

昆曲《牡丹亭》全本：简谱版 /（明）汤显祖　著；关德权　整理、译谱

牡丹亭 /（明）汤显祖　著；吴凤雏　评注

南柯记 /（明）汤显祖　著；黄建荣　评注

邯郸记 /（明）汤显祖　著；邹自振　评注

紫钗记 /（明）汤显祖　著；万斌生　评注

周信芳传 / 沈鸿鑫　著

新时期戏曲导演论 / 熊姝　著

当代戏曲导演论 / 熊姝　著

王国维论剧 / 王国维　著

中国戏曲艺术大系·史论卷 / 周育德　总主编；苏移史论卷　主编

潮汕传统弦诗 500 首 / 王培瑜　陈纤　余亦文　编著

繁复与感性的呼唤：当代极繁主义风格平面设计 / 王柯　陈晨　著

京剧老生流派崛起的社会心理研究 / 王萍　著

中音萨克斯每日一练. 2 / 内德·班奈特（Ned Bennett）原著；好好艺术工作室　编译

单簧管每日一练演奏曲 / 内德·班奈特（Ned Bennett）原著；好好艺术

工作室　编译

单簧管每日一练.1-2：合订本 / 内德·班奈特（Ned Bennett）原著；好好艺术工作室　编译

长笛每日一练.2 / 内德·班奈特（Ned Bennett）原著；好好艺术工作室　编译

Blues吉他即兴演奏速成 / 安迪·琼斯（Andy Jones）原著；好好艺术工作室　编译

Jazz吉他即兴演奏速成 / 安迪·琼斯（Andy Jones）原著；好好艺术工作室　编译

曹禺 / 田本相　著

音乐教育的世纪变迁：历史视域下的英国中学音乐当代实践 /（英）斯蒂芬妮·皮茨　著；郭小利　译

女少年 / 秋微　著

热爱命运 / 程海　著

现代主义与后现代主义经典重读 / 罗明洲　周吉国　著

我的"百老汇"我的"旧金山" / 翁治方　著

兴国山歌复兴之路 / 肖远明　主编

中国现代戏剧论集 / 胡星亮　著

《被爱情遗忘的角落》外景地拍摄散记 / 芦献平　著

金山《上海屋檐下》导演艺术 / 蔡体良　著

唐代试律研究 / 薛亚军　著

薛殿杰舞台设计作品集 / 中国舞台美术学会　编

薛莉莎获奖剧作选 / 薛莉莎　著

云南文山州民族民间舞蹈探源 / 袁蓉　著

王安忆小说主题研究 / 裴艳艳　著

华枝春满：秦皇岛剧作选 / 解诚诚　主编

马林巴演奏技术 / 孙中炜　著

越苑风华：杭州越剧名家艺术人生 / 谭均华　来洪云主编；杭州越剧艺术

研究会，杭州市戏剧家协会，杭州越剧院　合编

海外华侨华人民间文学 / 谭达先　著

郭祖荣室内乐研究 / 赖登明　著

灵魂的救赎：昆剧《公孙子都》创作评论集 / 赵和平　周育德　主编

评剧生角翘楚李福安 / 赵德明　著

评剧一代名伶莲小君传 / 赵德明　著

指弹吉他技术速成 / 力奇·路斯比（Rikky Rooksby）原著；好好艺术工作室　编译

推弦技法速成 / 力奇·路斯比（Rikky Rooksby）原著；好好艺术工作室　编译

荔镜记荔枝记四种．第一种，明代嘉靖刊本《荔镜记》书影及校订本又附"新增勾栏" / 郑国权　主编；泉州市文化局，泉州地方戏曲研究社　编

荔镜记荔枝记四种．第二种，清代顺治刊本《荔枝记》书影及校订本 / 郑国权　主编；泉州市文化局，泉州地方戏曲研究　社编

荔镜记荔枝记四种．第三种，清代道光刊本《荔枝记》书影及校订本 / 郑国权　主编；泉州市文化局，泉州地方戏曲研究社　编

荔镜记荔枝记四种．第四种，清代光绪刊本《荔枝记》书影及校订本 / 郑国权　主编；泉州市文化局，泉州地方戏曲研究　社编

正字戏潮剧剧本唱腔研究 / 郑守治　著

潮乐文论集 / 郑志伟　著

郑怀兴剧作集 / 郑怀兴　著

近现代潮汕文学．国内篇 / 郑明标　编著

闽台民间舞蹈研究 / 郑玉玲　著

开拓篇——郜大琨舞蹈文集 / 郜大琨　著

铁凝与新时期文学 / 闫红　著

当你爱得太深时 /（美）史蒂芬·亚特本（Stephen Arterburn）著；刘颖　译

钢琴即兴伴奏入门 / 陈劲松　著

潮剧潮乐在海外的流播与影响 / 陈学希　等编著

背景与感悟：品读三位美国人道主义文学作者 / 陈棠　著

潮汕民歌 / 陈纤　余亦文　王培瑜　编著

四手联弹中外钢琴曲选集 / 韩文英　编

重金属贝司风格速成 / 菲利·马尔福德（Phil Mulford）原著；好好艺术工作室　编译

山东梆子研究 / 马永　著

光影与乐音：中外影视名作品读 / 高如　著

钢琴教学工程论 / 魏丽霞　崔雪花　著

"花儿与少年"狂想曲 / 鲁剑　著

南阳大调曲子：黄天锡三弦伴奏艺术 / 黄天锡　编著

诗歌创作与接受审美学 / 黄春龙　著

弘一大师踪迹：敬献弘一大师诞辰一百三十周年 / 黄松光　主编；温州市瓯海区纪念弘一大师联谊会，温州市瓯海区佛教协会　编

键盘复调 / 黄洛华　编著

说侯喜瑞 / 中国戏剧出版社　编

说杨小楼 / 中国戏剧出版社　编

欧阳予倩诞辰120周年纪念文集 / 中国戏剧家协会理论研究室　编

标榜之春：《标榜校报》美文精选 / 四川国际标榜职业学院宣传部　编

说梅兰芳 / 中国戏剧出版社　编

刘杏林舞台设计：中央戏剧学院舞台美术系教师作品集

说谭鑫培 / 中国戏剧出版社　编

加强理论研究推进文艺评论：首届全国文联研究室主任暨文艺评论家协会秘书长研讨班资料汇编 / 中国文联理研室，光明日报文艺部　编著

二胡教学、考级、演奏教程，6-9级 / 中国歌剧舞剧院考级委员会　编

走过十年：江苏省文艺评论家协会成立十周年优秀论文集 / 江苏省文联　主编

钢琴教学、考级、演奏教程，6-9级 / 中国歌剧舞剧院考级委员会　编

笛子教学、考级、演奏教程，6-9级 / 中国歌剧舞剧院考级委员会　编

琵琶教学考级演奏教程，6-9级/中国歌剧舞剧院考级委员会 编
朗诵教学、考级、表演教程/中国歌剧舞剧院考级委员会 编
说马连良/中国戏剧出版社 编
全国文华奖剧目图谱（全集）/文化部艺术服务中心 编
中国舞台艺术产品目录：2009/2010建国60周年版/中国文化报社 编
向海而兴：献给珠海经济特区30周年/《向海而兴》创作组 编著
浙江省30年新农村建设题材地方小戏选/浙江省群众艺术馆 编
青川山歌集/广元市青川县文化体育局 编
说侯喜瑞/中国戏剧出版社 编

2011年

上党戏曲剧目选编/任治平编
凌云戏曲作品选集/何凌云 编著
舞蹈动作与创作思维/何群 著
舞台演出宣传指南/（美）史蒂芬·佩斯曼 （美）尼尔·奥芬 著；马臻 郏 译
个人形象设计/关洁 编著
国际专业照明设备辑要/冯德仲 主编
义成永画店田野调查报告/冯骥才 主编
年画研究.2011秋/冯骥才 主编
"十里红妆"文献溯源/刘中华 著
关注行进中的昆剧：江苏省昆剧研究会2010年论文集/刘俊鸿 主编
刘奎官表演艺术/刘奎官 口述
《银雀山汉墓竹简（壹）》军事用语研究/刘小文 著
追寻心灵之光：孟冰戏剧创作之路/刘平 著
生命·舞台/刘彦君 刘章春 主编

钢铁战士张平画传 / 刘澍　著

"歌仙"刘三姐：黄婉秋画传 / 刘澍　著

《日出》的舞台艺术 / 刘章春　主编

刘良国电视电影剧作选 / 刘良国　著

戏韵春秋 / 刘高汉　著

绍剧脸谱 / 十三龄童　著

梅花奖艺术家画传：宋丽 / 印成　主编

音乐听觉分析 / 史其威　著

诸宫调与中国戏曲形成 / 吕文丽　著

吕明耀剧作选 / 吕明耀　著

牛眼看名家 / 吕桂芬　著

四川竹琴（重庆）曲谱选 / 吴卡亚　张克宪　主编

中韩家庭剧创作比较 / 吴玉杰　著

高校声乐教学创新系统论 / 吴琳　王秀红　著

南音科学技术思想文稿 / 吴鸿雅　著

现代民间文学研究视域下的渝西民间故事 / 夏明宇　著

锡剧论文荟萃：1950—2010 / 孙中　主编

传统审美意象·产业价值：孙丽君博士论文 / 孙丽君　著

2011北京高等院校人物造型设计教学联盟活动汇编 / 孙大庆　主编

情境中的角色互动：后现代表演理论的一种进路 / 孙德成　栗峥　著

演员行动角色 / 孙德成　著

舞蹈基础教学 / 孙玲　沙方方　解淑香　编著

孟冰剧作选.三，政论体话剧专辑 / 孟冰　著

孟冰剧作选.四，英雄人物专辑 / 孟冰　著

赐予我希望吧：圣彼得堡小说选 /（俄罗斯）安德烈耶夫　著；刘宪平　王加兴　陈静　译

浦江乱弹音乐大全 / 张华浦　主编；黄吉士　编著

"群星奖"总集（第十五届）/ 张小平　主编　文化部艺术服务中心　编

VI设计教学与实例 / 张晓东 著

创新思维与艺术设计 / 张晓东 著

我的戏剧情缘 / 张颖 著；以中 编

中国电视娱乐现象研究 / 徐振祥 著

海口琼剧 / 徐涛 主编

2011世界舞台美术专业学生作品 / 徐翔 主编

瓯海演艺影迹 / 徐高发 主编

白银谷 / 成一 著

声乐教学与声乐艺术指导 / 景忠华 马爱佳 迁志勇 编著

敬畏与喧闹：神庙剧场及其演剧研究 / 曹飞 著

寻找索马里海盗 / 曾玉 著

幺弦集：古剧目考释及戏剧史讲义 / 曾金铮 编著

昆剧《十五贯》文集 / 朱为总 主编；浙江昆剧团 编

中国现当代文学散论 / 朱庆华 周林妹 著

《红楼梦》的悲剧世界 / 朱长英 著

京剧大师马连良 / 李佩伦 著

明清戏曲评点研究 / 李克 著

餐厅轶事：李大剑戏剧歌词作品选 / 李大剑 著

国际舞美教育交流论文集 / 李威 马路 冯海荣 主编

走近李渔 / 李彩标 著

绍剧保护与发展工程系列丛书 / 李永鑫 主编

京剧长谈：李洪春口述历史 / 李洪春 刘松岩 口述整理

忆江南：李紫贵口述历史 / 李紫贵 口述；蒋健兰 整理

演剧、仪式与信仰：中国传统例戏剧本辑校 / 李跃忠 辑校

行走镜中——电影文本的细读 / 李镇 著

太行永镌：上党历史名人录 / 杜修勇 著

京剧器乐演奏与教学研究 / 杜凤元 主编

顿河哥萨克研究：1570—1835 / 杨素梅 著

图书馆理论与实务研究 / 林碧英 著
西欧八大著名歌剧作品赏析 / 柳旭辉 编著
河北省舞台美术文集：1949—2010 / 段光杰 郑庆华 主编
段志华剧作选 / 段志华 著
雅俗共赏文化巅峰：从文学作品看宋代道德观 / 汪玉川 著
温州戏曲史料汇编 / 沈不沉 编著
戏剧学新经典译丛 / 沈林 主编
大江东去：沈祖安人物论集. 第三卷，白马楼正集 / 沈祖安 编
大江东去：沈祖安人物论集. 第四卷，白马楼续集 / 沈祖安 编
票友春秋：京都票友史话 / 泠风 著
西欧歌剧演唱研究 / 潘达 著
近代戏曲流派研究 / 熊姝 著
海子评传 / 燎原 著
特佐普罗斯和阿提斯剧院：历史、方法和评价 /（希腊）特佐普罗斯 等著；黄觉 许健 译
三畏斋剧稿 / 王仁杰 著
音乐鉴赏艺术 / 王传庭 范盈 孟巍 编著
史前研究新思路：考古纹饰学的理论与实践 / 王先胜 著
王少楼唱腔集 / 王学栋 主编
莎乐美：法英中文对照本 / 奥斯卡·王尔德著者；阿尔弗雷德·道格拉斯勋爵英 译；夏沁中 译
双钢琴演奏与作品选编 / 王序，王娟 编著
音乐教师专业技能训练与教育实习研究 / 王文仁 石芳 主编
中国古代音乐史导论 / 王旭 著
心的舞动：排舞在丽水 / 王晓津 著
金曲馀韵：著名京剧表演艺术家吴钰璋图传 / 王椿立 编著；吴钰璋 讲述
流行音乐演唱教学与曲目指导 / 王欢 著
王照吉剧作集 / 王照吉（戏剧作家） 著

高甲戏传统曲牌/王金山　编

钢琴教学概论/白左莲　著

凡人品戏，梨园花瓣集/石呈祥　著

中国钢琴艺术系统工程研究/祝惠玲　孟瑜　赵戈菲　著

上党戏曲名家/程伏舜　编著

上党戏曲逸闻趣事/程伏舜　编著

瓯乐/章均立　编著

中国日报社漫画·插图作品集/罗杰[等]著

神话在人间：大足石窟艺术及其文化阐释/肖宇窗　著

老兵心语/胡可　著

雅颂情韵话越剧/舒锦霞　编著

重庆陪都文学研究/苏光文　著

永不凋零的异域玫瑰：欧美著名女作家研究/褚慧敏　刘凤　主编

美国当代犹太作家研究/褚慧敏　刘凤　主编

英美诗歌选译集：英汉对照/解斌　王超　主编

《诗经》里的意思，国风篇/詹船海　著

地方文化的守望/谢有顺，袁敦卫　著

评剧音乐革新的尝试/贺飞　著

给予的力量/（加）艾辛·贾迈勒　（加）哈维·麦金农　著；张静　合译

上党戏曲音乐/赵雪峰　编著

话剧与上海市民社会：1907—1949/赵骥　著

上堂戏王赵清海/赵魁元　卢天堆（执笔）　著

英美文学的人文情怀与文化探索/赵鲲　著

动动就健康：88个让你受益终生的健康小动作/邓琼芳　编著

民族声乐艺术的文化研究/邢延青　著

京胡揿控法探幽/邵新虎　著

荔镜奇缘古今谈/郑国权　编撰

新刻增补全像乡谈荔枝记/郑国权　校订

明万历荔枝记校读新刻增补全像乡谈荔枝记 / 郑国权　校订

中国风格钢琴音乐 / 郝伟智　周蕾　那露莎　编著

导表演艺术论集 / 郦子柏　著

新编越剧戏考 / 金琪军　主编

越剧戏说 / 金琪军　编著

越剧大家唱 / 金琪军　陈萍　杨振宇　主编

说裘盛戎 / 钮骠　主编

说萧长华 / 钮骠　编

婺剧旦行 / 陈雪飞　赵干　著

上党戏曲剧团 / 霍秋法　编著

电影叙事：理论与创作 / 韩君倩　著

昆曲天地：从前世到今生 / 顾侠强　著

一同走过：顾威、严敏求艺术文论集 / 顾威　严敏求　著

山西民间舞蹈教程 / 顾小英　田彩凤　著

滨州明清望族 / 顾峰　主编

音乐教育理论与教法新编 / 马东风　田园　主编

马东风歌曲集 / 马东风　著

武生宗师李兰亭及传人 / 马永祥　马腾　著

翻译中的文化信息重建 / 马莉　著

基本乐理知识 / 鲁宏国　编著

闲堂潮剧集 / 黄光舜　著

姜妙香戏曲艺术论 / 黄定　黄大江　主编

泉州傀儡艺术概述 / 黄少龙　著

侃戏 / 黄森林　著

岭南音乐：粤乐·潮乐·汉乐导论 / 黄颖仪　编著

京剧名伶艺术萃集 / 齐崧　著

说周信芳 / 中国戏剧出版社　编

全国非物质文化遗产保护论文集 / 文化部艺术服务中心　编

说王瑶卿 / 中国戏剧出版社　编
百年辉煌：中国话剧诞辰100周年纪念活动学术研讨会论文集 / 中国戏剧家协会理论研究室　编
说余叔岩 / 中国戏剧出版社　编
芳馨流韵：倪同芳唱腔集 / 江苏省文联　编
绍剧剧目选，传统剧 / 浙江绍剧团　编
曹禺诞辰100周年纪念文集 / 中国戏剧家协会　编
说王瑶卿 / 中国戏剧出版社　编
绍剧剧目选，神话剧、现代剧 / 浙江绍剧团　编
声乐表演基础教程 / 中央戏剧学院表演系声乐教研室　编
绍剧文论选 / 浙江绍剧团　编
汶川记忆：汶川县"5·12"灾后重建文学艺术精品奖获奖集 / 中共汶川县委宣传部，汶川县文学艺术界联合会　编
绍剧剧目选，新编剧、移植改编剧 / 浙江绍剧团　编
越剧音韵选注 / 宁波市鄞州区越剧团　编著
说程砚秋 / 中国戏剧出版社　编

2012年

梨园巨商：牛子厚传奇 / 于仁德　著
数字化音乐基础 / 于春江　李楠　李爽　主编
音乐教学合唱合奏训练方法指南 / 于薇　著
古韵今声：中国民族声乐艺术 / 付翠屏　著
钢琴艺术概论 / 付蕾　隋连杰　迁志勇　著
任君戏文选 / 任君　著
新世纪广西剧作家丛书 / 余益中　刘咏梅　主编
屈原故里研究 / 侯文汉　主编

一句话的事儿：晓喻戏剧作品集 / 俞志清　著

新诗的理论基础与实践验证 / 冬婴　著

国际专业照明设备辑要.2012 / 冯德仲　主编

年画研究.2012秋 / 冯骥才　主编

李福清中国民间年画论集 / 冯骥才　阎国栋　主编

古典吉他演奏会名曲集：珍藏版 / 凌虹　编著

唐代记体文通论 / 刘兴超　著

太康道情戏研究 / 刘厚宇　著

刘厚生文集.3-4，我的心啊在戏曲 / 刘厚生　著

刘厚生文集.1，戏边散札 / 刘厚生　著

刘厚生文集.2，话剧情缘 / 刘厚生　著

歌剧艺术发展史 / 刘庆苏　天啸　著

黑龙江省各民族民歌 / 刘扬　编著

马明捷戏曲文集 / 刘新阳　编

民族音乐改编的中国钢琴作品 / 刘晓峰　曲雁　李晓蕾　主编

中国舞台美术：2000—2010 / 刘杏林　主编；中国舞台美术学会，中央戏剧学院　编

戏剧文学的创作与实践：第六届亚洲戏剧教育研究国际论坛文集 / 刘立滨　主编；亚洲戏剧教育研究中心　编

《北京人》的舞台艺术 / 刘章春　主编

中国当代戏曲人才大典 / 刘长权　主编；文化部文化艺术人才中心　编

当代潮语歌曲集：1990—2010 / 刘雨声　主编

"人生插曲"广播剧集 / 千波　主编

从"花儿"到贝多芬：卜锡文音乐专题讲座文选 / 卜锡文　编著

山东当代影视艺术的地域化特色研究 / 卢少华　房伟　著

中国戏剧艺术的命运 / 杨锦峰　著

戏剧中的文化境界 / 杨锦峰　著

大连舞台艺术老艺术家评传：续编 / 杨锦峰　主编

莆仙戏传统剧目丛书.第十三卷,剧本/吕品　王评章　主编；

莆仙戏传统剧目丛书.第七卷,剧本/吕品　王评章　主编/中国人民政治协商会议莆田市委员会,福建省艺术研究院　编；李志航　校注

莆仙戏传统剧目丛书.第十九卷,锣鼓经/吕品　王评章　主编；中国人民政治协商会议莆田市委员会,福建省艺术研究院　编；郑清和　肖焕栋　编著

莆仙戏传统剧目丛书.第九卷,剧本/吕品　王评章　主编/中国人民政治协商会议莆田市委员会,福建省艺术研究院　编；陈象喜　校注

莆仙戏传统剧目丛书.第十八卷,表演科介/吕品　王评章　主编；中国人民政治协商会议莆田市委员会,福建省艺术研究院　编；姚清水　编著

吕建华剧作选.第2集/吕建华　著

走近乔治·西平的艺术世界/吕钦　著；中国戏曲学院舞台美术系　编

剧本写作元素练习方法/吴丽娜　周倩雯　吕永华　著

坝固苗族情歌/吴庆祥　李继刚　编译

梅兰芳艺事新考/吴开英　著

西方文化政策的理论与实践/吴慧勇　著

通道侗族自治县文化志/吴文志(文史)　主编　通道侗族自治县文化广电新闻出版局　编

漫谈中华声乐艺术美/吴晓丽　著

黑胶唱片圣经收藏图鉴/吴辉舟　编著

越剧语音/周冠均　编著

戏曲美学导论/周爱华　著

高端戏曲人才培养研究/周龙　主编

英秀堂谭：谭门七代画传/和宝堂　编著；北京京剧院　主编

千古一志：纪念陈寿诞辰1780周年·全国征集歌舞情景剧文学剧本汇编/唐维林　主编

奎生戏曲剧作选集/奎生　著

声乐教学概论 / 姜宏　郭云楠　陶源　主编

人艺情怀 / 子叶　著

小提琴演奏教学 / 孙凯卓　王薇　著

塞北梨园．六，弦子腔晋北道情 / 孙大军　杨成万　主编

北京的恭王府——丹麦腓特烈堡之行 / 孙旭光　主编

柳琴戏音乐概论 / 孙柏桦　武爱苹　编著

国际戏剧协会第三十三届世界代表大会文集 / 季国平　主编

新时期戏曲现代戏优秀剧作选．第二辑 / 王安葵　主编；中国戏曲现代戏研究会　编

中国戏曲现代戏研究会成立三十周年纪念文集 / 王安葵　张宏文　主编；中国戏曲现代戏研究会　编

戏里人生 / 宋多健　著

醋溜集：醋溜故事剧本选 / 宋萍　主编

艺术管理实战论：与10位艺术管理大师的对话 / 宗晓军　著

高山戏 / 尹利宝　著

天上恋曲：常剑钧戏剧作品选 / 常剑钧　著

常开起个人作曲集 / 常开起　编著

植根本土的歌曲创作与研究：常士继作品谈 / 常晓菲　著

河北现代戏剧文学史 / 庞彦强　崔志远　编著

廖明仁影视剧作品选 / 廖明仁　著

桂林故事：张仁胜剧作集 / 张仁胜　著

油茶御史：新世纪广西剧作选 / 张名河　等著

张尚全戏剧作品选 / 张尚全　著

《托斯卡》在我们手中 / 张庆山　著；缪文荣　译

张庚自选集 / 张庚　著

小鼓如是说：小鼓理论研究与建构 / 张建强　著

修水宁河戏 / 张待检　编著

电影文学剧本选 / 张德发　著

2013戏剧影视专业考试指南及历年真题解析/张月峰　周玲　编著
中国十大古典幽默滑稽剧/张燕瑾　主编
中国文化的迂回性：汉语迂回表达研究/彭建武　等著
春园秋田/(英)彭斯(Burns, R.)等著；杨苏安　译
金先彬钢琴调律理论与实践/彭洪林　编著
我的操琴生活：徐兰沅口述历史/徐兰沅　口述；唐吉　记录整理
2012世界舞台美术专业学生作品/徐翔　主编
菊苑耕耘录：史若虚尚长春阎宝泉诞辰纪念文集/徐超　主编
北狮运动的文化传承与发展/徐运君　著
导演艺术讲话/(俄罗斯)尼·戈尔恰科夫　著；夏立民　译
我的艺术人生——戏剧文化之旅/房子　著
刘忠河画传：豫剧布衣皇帝从艺实录/方俊涛　王建增　著
剧场管理手册/(美)理查德·E.施奈德，(美)玛丽·朱·福德　著；房草馨　译
彩云飘过皖东南：晶夫音乐作品选集/晶夫　著
戏曲教育改革与实践/曹林　主编
临江仙品琴：曾凡忠古琴学术研究文选/曾凡忠　著
马连良艺事年谱/李世强　编著
影视文化的性别批评/李东著
中国戏曲发展史/李啸仓　著
李大任剧作选/李大任　著
国际舞台服装、化妆教学论坛论文集/李威　等主编
国际舞台服装、化妆教学论坛图册：学生作品集/李威　等主编
馨香的山茶花：阳新采茶戏国家级"非遗"传承人李家高唱腔选集/李家高　著；黄中骏　主编
山西省戏剧研究所六十年：1952—2012/李岗　主编
梅花访谈录，山西卷/李岗　主编
李渔四百年：首届李渔国际学术研讨会论文集/李彩标　主编

梅华琴香姜凤山 / 李恩杰　舒展　主编

永不落幕 / 李畅　著

灯·戏·人：中国灯戏·南充论坛论文集 / 杜建华　白云　主编；四川省川剧艺术研究院，南充市文化体育局　编

说说性情中人 / 杨小光　著

梨园三人行：杨建伟韦浙雍杨忠剧作集 / 杨建伟　韦浙雍　杨忠　著

粉墨丹青：杨小青导演艺术 / 杨建新　主编

大儒还乡：杨戈平剧作集 / 杨戈平　著

贵州彝族传统美术文化研究 / 杨洪文　编著

新时期西部作家散文创作论 / 杨若虹　著

清末宫廷承应戏 / 杨连启　著

精忠庙带戏档考略 / 杨连启　著

韩世昌昆曲表演艺术 / 林萍　王卫民　编著

浙江历代状元研究 / 梁宁森　著

印象·刘三姐：梅帅元剧作集 / 梅帅元　著

纱巾记：武仲平剧作选 / 武仲平　著

廊坊戏剧史料及历史文化名人 / 段光杰　主编；廊坊市艺术研究所　编

文化艺术与文化产业研究论集 / 江红辉　主编

笮山放歌[专著]：盐边歌曲一百首 / 沙陇　主编；盐边县文化馆　编

戏剧制作 /（美）唐纳德·C.法伯　著；肖玫钰　译

昆曲《长生殿》全本：简谱版 /（清）洪昇著；关德权　侯菊　译谱、整理

昌黎地秧歌 / 滕运涛　田国安　主编

戏剧中的一方沃土：大连戏剧艺术的发展历程 / 牛萌　刘晓丹　编著

岁月留痕：上海戏剧学院话剧演出节目单集锦（1946—2001）/ 王伯男　主编

共和国不会忘记：伯男剧作选 / 王伯男（戏剧）　著

从文学到舞台与镜像的路径：戏剧与影视叙事技巧的本体概述 / 王伯男　著

锦城剧话 / 王定欧　著

蔚县秧歌 / 王志军　田永翔　编著

地方剧种概说 / 王志军　田永翔　编著

王志刚舞台艺术作品集 / 王志刚　著

宋人论唐诗资料汇编 / 王红丽　编

中国地方戏曲发展论坛文集 / 王绍军　主编

艺术与经营的奇迹：浅利庆太和他的四季剧团 / 王翔浅　著

拜伦、普希金诗歌作品审美心理描述 / 王雷霞　著

小二黑结婚：五场歌剧 / 田川　杨兰春　执笔；马可 [等] 作曲

濡水涵韵：避暑山庄文化中的承德清音会 / 白晓颖　著

粉墨春秋：盖叫天口述历史 / 盖叫天　口述；何慢　龚义江　整理

石磊文集：戏曲新古典主义的理论与实践．第三卷，新古典主义戏曲剧作集 / 石磊　著

河南宛梆 / 程建坤　编著

章抗美舞台设计：中央戏剧学院舞台美术系教师作品集 / 章抗美　著

归来呦哥哥：符又仁剧作集 / 符又仁　著

菲茨杰拉德小说叙事研究 / 胡国威　著

山歌牵出月亮来：胡红一剧作集 / 胡红一　著

殿堂回归录：苏位东戏曲理论与实践 / 苏位东　编著

中国新文学发展史研究 / 苏光文　著

中国新新人类的日本留学 / 范玉梅　著

葛一虹文集．第二卷，抗战的红缨枪：剧本创作戏剧理论选 / 葛一虹　著；王文章　主编

葛一虹文集．第一卷，带枪的人：苏联剧本译著选 / 葛一虹　著；王文章　主编

葛一虹文集．第三卷，迎接新时代黎明：译著选 / 葛一虹　著；王文章　主编

葛一虹文集．第四卷，飞鸿踏雪泥：建国后著述 / 葛一虹　著；王文

章　主编

中国现代戏剧总目提要 / 董光军　著；董健　主编

WM 档案 / 蔡体良　著

大同传统文化与民间文学研究 / 薛文礼　著

桃源戏剧集成 / 覃光明　王兆元　主编；桃源县湖湘文化交流协会、桃源县戏剧家协会　编

京剧花脸唱腔百年品鉴 / 许俊德记谱　选编；鸣迟　撰文

走进动画：世界动画艺术比较论 / 许淑芳　何坦野　著

小号：日常练习和舞台演奏训练法 / 谭金龙　著

创腔经验谈 / 费玉平　著

当代戏曲导演艺术论文集 / 贾志刚　主编

中国民族器乐赏析 / 赫威　孟璐　任伟家　主编

中国现代海外文学生成论 / 赵亮　著

当代影视剧叙事十讲 / 赵亮　著

高山戏论文集 / 赵元鹏　主编

河南西坪民歌初探 / 赵军　著

永远的微笑：中山市小戏小品剧作集 / 赵幼云　主编

边缘者说：20世纪俄罗斯作家三人论 / 赵建常　著

中国现代非主流戏剧研究 / 赵建新　著

白药传奇 / 赵建新　著

秘书眼中的邓颖超 / 赵炜　高振普　摄影 / 撰文

温州民间音乐考 / 赵雷　著

桃园斋戏剧文论 / 赵黛明　著

戏剧中的历史天空：历史剧探微 / 邱伟　著

瘦孕：献给天下女人的饮食心经 / 邱锦伶　著

戏曲编剧理论与实践 / 郑怀兴　著

声乐艺术与声乐艺术指导 / 郝伟智　李金柱　薛瑾　编著

郭克柱剧作选 / 郭克柱　著

上党二黄 / 郭振朝　著

寂寞的公主 /（日）金子美铃　著；阎先会　译

天堂里的妈妈 /（日）金子美铃　著；阎先会　译

美丽的城堡 /（日）金子美铃　著；阎先会　译

上海戏剧学院编剧学丛书 / 陆军　主编

媒介产业与文化传播研究 / 陆彦明　郑文明　主编

中外乐器赏析 / 陈大炜　郭旭　宋梦书　著

陈宏亮文集 / 上海昆曲研习社　主编

对中国问题剧传统的反思 / 陈敏　著

磐安县非物质文化遗产代表作之民间文学 / 陈永岗　主编

磐安非物质文化遗产代表作之非遗集萃 / 陈永岗　著

声乐艺术概论 / 陈绚　杨延宁　著

古筝流派研究 / 陈萍　著

戏迷眼中的张爱珍 / 陈衡英　著

沉浸性体验：1908—2008中国百年电影声音研究 / 陈越红　董立娟　高明慧　著

敦煌曲子戏.第2集 / 陈钰　著

鞠文业剧作选

精品咖啡学.上，浅焙、单品、庄园豆，第三波精品咖啡大百科 / 韩怀宗　著

精品咖啡学.下，杯测、风味轮、金杯准则，咖啡老饕的入门天书 / 韩怀宗　著

"麦西热甫"中的戏剧文化初探 / 韩芸霞　著

北路梆子唱腔精选 / 顾小英　王九筛　主编

李兰亭与天华景武生三春 / 马永祥　马腾　编著

中国重庆阳戏（傩戏）国际学术研讨会论文集 / 麻国钧　段明　主编；中国傩戏学研究会　编

天空之镜 / 黎坚惠　编著

张庚诞辰100周年纪念文集/中国戏剧家协会 编

费文治纪念文集/国家京剧院,中国京剧艺术基金会,中国戏曲音乐学会 主编

纪念沈从文先生诞辰110周年专辑：从文学刊第六辑/吉首大学《从文学刊》编辑部 编

鲁豫有约,80后中国：说出你的故事

2013年

戏曲导演漫谈/丁素华 著

习志淦剧作选/习志淦 著

管理与艺术/（美）威廉·J·伯恩斯 著；杨晓茁 译

社会语言学视角下的翻译研究/何晖主 编

何长高谈京剧/何长高 著

难忘的岁月：板胡协奏曲总谱/侯法明 李立山 曲

一个世纪的开放历程：首都图书馆建馆一百周年/倪晓建 肖维平 主编；首都图书馆 编

曹禺研究.第十辑/傅海棠 主编；《曹禺研究》编委会 编

表意主义戏剧影视研究/冉常建 著

年画研究.2013秋/冯骥才 主编

幸福在敲门：电影剧本集/刘先畅 著

山西北路梆子研究/刘兴利 著

声乐艺术概论/刘博 著

俄罗斯文学新论/刘国利,王雷霞 著

中国民间文化艺术之乡全集·专文：2011—2013/刘波（文化） 主编；文化部艺术发展中心 编

中外管弦乐赏析/刘畅 刘洋 主编

经典剧目的当代演出与戏剧教育：第八届亚洲戏剧教育研究国际论坛文集 / 刘立滨　主编；亚洲戏剧教育研究中心　编

《李白》的舞台艺术 / 刘章春　主编

闽剧舞台美术 / 刘闽生　著

演艺科技优秀文集 / 劳伟杰　熊英　主编；北京《演艺科技》杂志社　编

江南卞家班：杭嘉湖水路京班史乘 / 卞堃铭　著

音乐艺术与教学创新 / 史玉秀　著

诺苏 / 吉克曲日　主编

莆仙戏传统剧目丛书. 第二十二卷，舞台美术 / 吕品　王评章　主编；中国人民政治协商会议莆田市委员会，福建省艺术研究院　编；吕品　薛国平　编

莆仙戏传统剧目丛书. 第一卷，剧本 / 吕品　王评章　主编；中国人民政治协商会议莆田市委员会，福建省艺术研究院编；吕品　蔡维希　池国和　校注

莆仙戏传统剧目丛书. 第四卷，剧本 / 吕品　王评章　主编；中国人民政治协商会议莆田市委员会，福建省艺术研究院编；吕品　李志航　池国和　校注

莆仙戏传统剧目丛书. 第八卷，剧本 / 吕品，王评章　主编；中国人民政治协商会议莆田市委员会，福建省艺术研究院　编；杨榕　校注

莆仙戏传统剧目丛书. 第二十三卷，史料集 / 吕品　王评章　主编；中国人民政治协商会议莆田市委员会，福建省艺术研究院　编；杨榕　编

怕：柯军多元艺术探索 / 吕林　罗拉拉　著

周作君剧作选 / 周作君　著

地方文学生产：泛媒介场域与江苏文学生态 / 周根红　著

鲁西北吹腔研究 / 周爱华　著

清代鲁西北吹腔剧本集 / 周爱华　搜集整理

雏燕新声：国戏戏文10届剧本习作集 / 周龙　主编

多系部联合实践管理创新研究 / 周龙　主编

梅兰霓裳：创作文集 / 周龙　主编

钢琴演奏的声音艺术 / 唐平　著

悄悄话：夏文兰倪明相声作品集 / 夏文兰　倪明　著

出门在外：夏文兰倪明随笔作品集 / 夏文兰　倪明　著

新媒体艺术概论 / 姜申　著

李少春传 / 孙世维　著

塞北梨园．七，阳高二人台 / 孙大军　杨成万　主编

耍孩儿新创剧目集．1 / 孙大军　主编

学前声乐理论与训练 / 孙晓红　著

2013北京高等院校人物造型设计教学联盟活动汇编 / 孙达庆　主编

萨克斯管教学法 / 孙鹏　著

梅花谱 / 季国平　主编；中国戏剧家协会　编

中国戏曲声腔文化海盐腔 / 宋乐明（地方文化）　主编

太原秧歌 / 宋萍　主编；太原市艺术研究院　编著

宋西庭剧作选 / 宋西庭　著

追寻历史幽深处的点点星光：浅析中国前现代性文学中的女性形象 / 尚静宏　高芳艳　常云秀　著

铿锵戏曲绎人生 / 尤春成　著

斯坦尼斯拉夫斯基表演体系与北京人民艺术剧院 / 崔宁　刘章春　主编

钢琴中级教程注解 / 崔海月　孙浩然　主编

汤显祖传奇 / 左一兵　著

中国玉石璧的音乐性能研究 / 幸晓峰　韩宝强　沈博　著

中国彝族声乐实用基础教程 / 康伟　巩斯茂　俄木沙马　主编

永不消逝的笑声：常州滑稽戏研究 / 张丽芬　著

襄汾戏剧志 / 张优良　陈玉广　主编

册亨布依戏 / 张合胤　主编；册亨县非物质文化遗产保护工作领导小组办公室　编

合唱音乐教学与钢琴艺术创新 / 张宁　丁岩　李晓红　著

奇葩隽永：赣南采茶戏传统曲牌、唱腔艺术特色 / 张宇俊　著

群舞编导基础理论与技术技法教程 / 张守和　李玲琰　著

现代舞技术训练教学法 / 张守和　李玲琰　著

中国城市形象的传播策略 / 张恒军　著

民俗文化与中国现代文学 / 张敏　周淑贞　著

引导视觉：张武舞台美术设计教学与实践：2002—2012 / 张武（舞台设计）著

声乐基础知识概论 / 张渊春　马金玉　编著

民族器乐概论 / 张维　张青　黄燕　编著

痴墨轩剧稿 / 张芳颂　著

铁民自选集，戏文卷：1959—2012 / 张铁民　著

铁民自选集，散文·韵文卷1959—2012 / 张铁民　著

铁民自选集，影视·文学卷：1959—2012 / 张铁民　著

皖东地方戏曲与文化遗产保护 / 彭钰　著

明杂剧通论 / 徐子方　著

西方古典主义音乐与浪漫主义音乐的比较研究 / 徐欣　李思囡　柳笛　编著

多元文化背景下的新疆曲子研究 / 徐玉梅　著

汉末文人与文学影响研究 / 戴干明　著

河南大弦戏音乐 / 戴建平　姚继春　戴红军　编著

戏曲摭谈 / 扬宗珙　编著

刘忠河实录 / 方俊涛　著

戏里长平：上党梆子《千秋长平》创作评论集 / 曲润海　闫锦锈　主编

高等戏曲教育管理创新研究 / 曹林　张文振　耿光印　主编

南音"谱"的曲调研究 / 曾宪林　著

音乐教学与多媒体 / 权永胜　主编

国立剧专史料集成 / 李乃忱　编

中国锯琴艺术论 / 李元庆　著

声乐演唱实践与训练探究 / 李华东 著

李名觉2011舞台美术回顾展作品集 / (美) 李名觉 著，韩生 主编；王履玮 主编

影视概论 / 李扬 著

抗战时期英美文学翻译 / 李萍 著

小品人生 / 李角向 著

合唱指挥艺术基础学 / 李金波 著

戏苑史海鉴赏录 / 李金海 著

班长的婚礼：李飞宙戏剧小品创作及其它 / 李飞宙 著

万福戏台：佛山戏剧作品选 / 杨凡周 主编

意大利语歌唱语音速成 / 杨娟娟 编著

新理念琵琶实用基础教材 / 杨广武 杨承鑫 著

清万寿庆典戏曲档案考 / 杨连启 著

苏州的骄傲：吴门画派主要成员活动年表 / 林家治 编注

福建省民营剧团生存状态调查研究 / 林瑞武 主编

在艺术的精神殿堂前：辽宁人民艺术剧院的现实主义道路 / 桂亚林 黄莉莉 郑永为 等著

学校音乐教育基本理论与实践 / 梁娜 著

梅光辉音乐作品集 / 梅光辉 著

广东舞台艺术叙略：2006—2011 / 梅晓 主编

溯源戏曲 / 汪丽娅 著

沈虹光剧作选 / 沈虹光 著

昆坛周传瑛 / 潘伟民 著

西方后现代主义戏剧文本研究 / 潘薇 著

艺术美学 / 潘驰宇 主编

平阳是中国戏曲形成的摇篮：蒲剧是中国最古老的剧种 / 狐玉林 著

茶壶里的风暴：王亚娜戏剧诗歌选集 / 王亚娜 著

他山之石：东北小品与长三角滑稽戏的喜剧地域化对比研究 / 王伯男 著

南方习俗文化与现代审美意识视听 / 王光荣 著

西方钢琴音乐艺术史 / 王序 邢锐 主编

青春迹 / 王彤 著

闽剧传统剧目考论 / 王晓珊 著

奎洁鸣春：著名京剧表演艺术家于鸣奎传 / 王椿立 著

声乐艺术与表演技巧 / 王汉君 杨若芳 付金艳 主编

管弦乐欣赏：带你步入管弦乐殿堂 / 王狄 邱新宇 申佳添 编著

舞蹈服饰 / 王莹 许文超 吴迪 主编

器乐欣赏教材 / 王莹 编著

11福建艺术研究论集 / 王评章 杨榕 主编

福建杂剧、南戏论集 / 王评章 杨榕 主编

12福建艺术研究论集 / 王评章 杨榕 主编

09福建艺术研究论集 / 王评章 杨榕 主编

闽剧史论 / 王评章 主编

10福建艺术研究论集 / 王评章 杨榕 主编

水西之声：王达志音乐作品选 / 王达志 编著 瑞云 著

民族声乐的语言艺术 / 田雷 孔鞠 高南男 编著

草褂情：小戏小品曲艺作品选 / 白付平 著

第七届常州市戏剧文学奖获奖作品选 / 程广荣 主编

首届"多彩贵州"小品大赛优秀作品选 / 罗舒 主编

射箭提阳戏 / 罗虹 俞天鹏 著

北方左联研究 / 范伟 著

北国红豆 / 茹忠富 著

让我们制作一台演出吧！：从筹措资金到招徕观众 / （美）斯图尔特·F.莱恩 著；林金姬 译

尤金·奥尼尔戏剧象征艺术研究 / 詹虎 赵学斌 于立得 著

湖北人与京剧：谢鲁谈京剧文选 / 谢鲁 著

感动的回声：贾振鑫曲艺作品选 / 贾振鑫 著

在白云的故乡歌唱:新西兰后殖民文学研究 / 赵友斌 著

中国古代文人音乐 / 赵少英 编著

艺术设计概论 / 赵擂 编著

民族民间音乐与管弦乐器 / 邹俊杰 王狄 申嘉添 编著

柳琴情韵:枣庄柳琴戏精品剧目及经典唱腔集 / 郝艺 主编

儿童舞蹈创编理论与实践 / 郭婷婷 著

幼儿园音乐活动设计与指导汇编 / 郭宝宁 主编

畲语山歌 / 钟维禄 主编;《三条变》 选编

舞蹈基础训练理论与实践 / 钱正喜 著

月有阴晴圆缺:大型电影文学剧本 / 陈东平 著

新世纪后先锋文学编年史 / 陈亚平 王晓华 主编

回望戏曲最高学府 / 陈培仲 著

汪曾祺小说诗化叙事美学研究 / 陈德才 著

中国民族音乐的古今融合 / 陈新风 著

福建省地方文化产业研究 / 陈燕 著

山西民歌的文化地理透视 / 陈甜 著

莲花民歌 / 陈移新 编

泰顺畲族民歌选集 / 雷凤远 主编

湖北艺术创作研究丛书 / 雷文洁 主编

动画制作基础与案例分析 / 霍洪田编 著

边地文化视野与文学焦虑 / 韦茂斌 著

传媒、表演高考之声乐训练与指导 / 马嘉 马彦兴 王佳 编著

作曲技术理论探索与研究 / 马恒辉 著

戏曲集萃 / 马永庆 著

我和相声:青少年相声教学与表演艺术论 / 马贵荣 著

岭南传统音乐文化地图:乐象大埔 / 马达 陈雅先 屠金梅 主编

声乐艺术论 / 马金玉 马爱佳 崔佳玲 著

沂南文学史 / 高军 著

当代文学思潮与创作模式研究 / 高芳艳　沈恒娟　朱吉亮　著
凤阳花鼓的文化人类学探索 / 高静　编著
舞台上的新中国：中国当代剧场研究 / 高音　著
黑铁时代：对水浒世界的另类解读 / 鱼龙　著
歌曲美学概论 / 麦琼　著
苗族文化产业发展 / 麻勇斌　主编
英美文学的人文情怀 / 龙星源　著
湖北中青年编剧剧作选 / 湖北省艺术研究所　选编
纪念曹禺诞辰一百周年国际学术研讨会论文集 / 北京人艺戏剧博物馆　编

2014 年

世界历史视野中的俄罗斯 / 何宛昱　著
春之声新概念钢琴起点教程 / 何虑　主编
幸福串串香：电影剧本集 / 刘先畅　著
声乐心理学研究 / 刘喜梅　编著
梅兰芳传 / 刘彦君　著
《哗变》的舞台艺术 / 刘章春主编
人艺批评：北京人艺戏剧理论集.2：2008—2012 / 刘章春　主编
说李多奎 / 娄悦　主编
孙毓敏随笔集锦 / 孙毓敏　编著
中国剧本创作白皮书 / 季国平　主编；中国戏剧家协　会编
在那遥远的地方：儿童京剧《藏羚羊》创作演出集 / 建平　潇霖　主编
音乐隐士：环境音乐 / 张建国　著
城市品牌形象导视系统设计：国际联合设计工作坊案例解读 / 张晓东　著
廊坊市非物质文化遗产图典 / 张玉忠（文化遗产）　主编
戏剧为上演而设 / 张福海　著

鲁迅与新闻杂谈/徐人仲 著
表演片断教程，风格体裁感训练/徐卫宏 主编
男旦：中国戏曲特殊现象研究/徐蔚 著
原创音乐剧概论/文硕 著
大商无算：李书圣作品集/李书圣 著
涪陵历代诗文选校注/李胜 著
昌黎皮影戏/滕运涛 燕小锟主 编
辰河高腔/熊晓辉 余继平 著
声乐艺术/王世飞 著
北路梆子音乐研究/王泽民 编著
贵州省创作剧本丛书：现实题材/王红光 主编
中国京剧编年史/王芷章 著
戏曲旦行身段功/王诗英 著
评剧打击乐演奏与应用/白国全 编著
尧熬尔文史/白文信 著
二十世纪美国经典小说研究/程建锋 杜家怡 张玉鹏 主编
礼仪形体训练/罗红编 著
荀慧生文集/和宝堂 主编
艺考文艺知识小百科：快速充电/赵中凯 耿莹莹 编著
泉州弦管曲词总汇/郑国权 主编
姚雪垠：电视文学剧本/郭书云 编剧
瞬间不是永远：郭晨子剧作集/郭晨子 著
左贞观音乐活动研究/郭萌 陶亚兵 著
尧熬尔河/Y.C.铁穆尔 著
上戏编剧学建设年度文选.2013，教师卷/陆军 主编
倒春寒/陆军 主编
2013年暑期社会实践报告/陆军 主编
第二届中国（抚州）汤显祖艺术节学术论坛论文集/陈伟铭 主编

东瓯明珠楠溪江/陈光友 著

湖南省文化产业地域差异和空间布局研究/陈国生 杨凤鸣 黄鑫 著

西洋器乐欣赏/韩冰 王博 高杨 编著

忻州"武家班"吹戏/顾小英 武先喜 编著

打造成功的剧院/(美)丽莎·马尔卡西 著;田甜 译

音乐教育理论与实践研究/马达 著

狂歌走天涯:三亚千古情创作全纪录/黄巧灵 编著

曲式与作品分析 /王世飞 于秋阳 著

2015 年

钢琴教学艺术/于亚菲 著

山东古典剧作赏析/于学剑 著

元杂剧五大家作品赏析/于学剑 著

新旧戏曲之研究/佟晶心 著

曲艺论丛/傅惜华 著

经典之美:1945—1949 中国影片的美学风格/刘华 著

北京会馆纪事/刘征 著

中国第三届舞台美术展作品集/中国舞台美术学会 编 刘杏林(舞台美术) 主编

中国第三届舞台美术展论文集/中国舞台美术学会 编 刘杏林(舞台美术) 主编

高山景行一"岱"宗师:大型原创话剧《宗岱的世界》创作谈/刘海玲 主编

刘磊剧作集/刘磊 著

原创音乐剧《伪君子》:中央戏剧学院首部/刘立滨 主编

亚洲戏剧与戏剧教育:第一届世界戏剧教育大会文集/刘立滨 主编;亚

洲戏剧教育研究中心 编

《小井胡同》的舞台艺术 / 刘章春 主编

北京人民艺术剧院戏剧博物馆 / 刘章春 主编

焦菊隐戏剧散论 / 刘章春 主编

《我们的荆轲》的舞台艺术 / 刘章春 主编

戏曲丛谭 / 华连圃 著

曲艺论丛 / 傅惜华 著

曲韵举隅 / 卢前 著

宋元明讲唱文学 / 叶德均 著

钢琴演奏艺术 / 吴姝 著

梅兰芳祖籍考 / 吴开英 著

曲学通论 顾曲麈谈 / 吴梅 著

元剧研究 ABC 曲选 / 吴梅 著

南北词简谱 / 吴梅 编订

元明乐府套数举略《都门纪略》中之戏曲史料 / 周明泰 著

《都门纪略》中之戏曲史料 / 周明泰 著

艺语·光境：周正平舞台灯光设计作品集 / 周正平 著

小上剧作选.2 / 商中有 著

一代律学宗师王邦直 / 小上 宗睿 培玺 著

皇城相府 / 姚宝瑄 周宗奇 著

传统与现代的跨越：楚剧《大别山人》暨李道国音乐作品研讨会论文集 / 姚欣 朱维英 主编

中国艺术歌曲的发展 / 姜涛 著

我与他：创造角色纪实 / 娄际成 著

孙悦遐戏剧作品选辑 / 孙悦遐 著

寻找多数：社会文化语境中的戏剧批评 / 孙柏 著

杖头木偶制作技艺与传承研究 / 封保义 著

美声唱法对民族声乐的影响 / 尹茂源 王天颖 著

中国京剧装扮艺术 / 常立胜　著
中国戏曲文物图谱 / 廖奔　赵建新著
音乐教育概论 / 张琳琳　著
国剧韵典 / 张笑侠 编
音乐教学概论 / 张舒然　刘巍巍　著
台州乱弹常用音乐研究 / 张谦编　著
皮黄文学研究 / 徐凌霄　著
金元戏曲方言考 / 徐嘉瑞　著
小镇：徐新华剧作选 / 徐新华　著
修竹庐剧话 / 朱瘦竹　著
李利宏导演思维 / 李利宏　著
宋元伎艺杂考 / 李啸仓　著
南北戏曲源流考 /（日）青木正儿　著；江侠庵　译
李宝群剧作集 / 李宝群　著
为盘护正名 / 杨仁里　曾凡忠　刘雄伟　著
元明散曲小史 / 梁乙真　著
梦园：梅晓剧作选 / 梅晓　著
《红楼梦》的秘密：钱谦益的石头记 / 李旭　著
梨园外史 / 潘镜芙　陈墨香　著
上海话剧百年图志：1907—2007 / 王伯男　主编；上海戏剧博物馆　编
孤本元明杂剧提要 / 王季烈　著．
宋元明讲唱文学 / 叶德均　著
当代教育中少数民族音乐文化的传承 / 王宏宇　著
如果还有昨天 / 王彤　著
2014年度广东省群众文艺作品评选获奖作品选集 / 王惠君　广东省文化厅公共文化处　主编；广东省文化馆　编撰
平谷汉代文化 / 王振国（文化）　主编　北京市平谷区文物保护协会　主编
占领剧院：外国偶戏儿童剧译作集 / 王晓鑫　译

元词斠律 / 王玉章　著；吴梅　校阅

文化视域下民族音乐的传承与发展 / 王纵林　王艺萌　著

西方古典主义音乐与浪漫主义音乐的比较研究 / 王纵林　著

设计心理学研究 / 王茜　著

红楼新梦空谷幽兰：昆剧《红楼梦》评论集 / 王蕴明　杨凤一　主编

田浩儿童戏剧作品选 / 田浩　著

梅派传人李玉芙 / 石维坚　著

如何组建你自己的戏剧公司 /（美）雷金纳德·纳尔森　著；方颖　译

中文通识写作实验教程 / 罗茵　房艳红　编著

元剧联套述例 / 蔡莹　著

金元戏曲方言考 / 徐嘉瑞　著

常剑钧剧作评论集 / 裴志勇　主编

戏曲源流　曲律易知 / 许之衡　著

曲律易知 / 许之衡　著

赵德明剧作评论选 / 赵旭　编

我的艺术人生 / 邢韶瑛　著

二黄寻声谱 / 郑剑西　编著

泉州弦管指谱大全 / 郑国权，苏统谋　编校

近代皮黄剧韵 / 郭文生　著

曲氏井 / 金玮　霍忠钦　霍莉钦　著

木痴偶德 / 钱时信　著

音乐教育 / 闫丽娜　著

弦上的秋色：陆柏兴自选文集．2008—2014 / 陆柏兴　著

夏衍传 / 陈坚，陈奇佳　著

活人大戏 / 陈墨香　著

可见的左翼：夏衍与中国1930年代反法西斯文化研究文集 / 陈奇佳　主编

一代婺剧人的情怀方允均 / 陈岳钦　著

婺剧音乐家、书法家诸葛智生 / 陈岳钦　著

底层再现：中国当代电影中的城市游民 / 陈涛 著

文化精神与电影诗意 / 陈阳 著

多声思维音感的视唱与创编 / 陈雅先 江雪 主编

南北戏曲源流考 /（日）青木正儿 著；江侠庵 译

曲韵探骊 / 项衡方 著

鲁煤文艺评论集 / 鲁煤 著；蒋安全 李汉 整理

古海盐腔传奇遗存考论 / 黄振林 高赟 著

从秧歌到地方戏 / 黄芝冈 著

多样性对话与话语建构：孟昭毅先生七十寿辰纪念文集 / 黎跃进，亢西民 主编

国剧浅释 / 齐如山 著

中国杂技金菊奖理论作品奖获奖论文集 / 中国杂技家协会 编

昭代箫韶 / 北京朝阳京剧文化艺术中心，北京京剧院 编

山西地方戏曲剧本选萃．第一辑．6，上党梆子 / 山西省戏剧研究所搜集整理

山西地方戏曲剧本选萃．第一辑．1，蒲州梆子 / 山西省戏剧研究所搜集整理

山西地方戏曲剧本选萃．第一辑．5，北路梆子 / 山西省戏剧研究所搜集整理

山西地方戏曲剧本选萃．第一辑．2-4，中路梆子 / 山西省戏剧研究所搜集整理

创新探索：荣获第十届中国艺术节文华大奖剧目京剧《瑞蚨祥》/ 山东省京剧院 编

2016 年

戏剧教学中的游戏：第九届亚洲戏剧教育研究国际论坛文集 / 刘立滨 主编

北京人艺老戏单 / 刘章春　主编

多彩宋丽 / 印成　编

中国剧场史：外二种 / 周贻白　著

荀慧生艺术评论集 / 丛书总主编：周育德；和宝堂　主编

郝寿臣脸谱集 / 原北京市戏曲学校主编；和宝堂　修订

于连泉花旦表演艺术 / 丛书总主编：周育德　和宝堂　主编

我的根在丽江 / 和振华　著

我苦涩的艺术梦 / 孙利君　著

寒窗集 / 季国平　著

邂逅康铎 / 克利史托弗·密克拉谢夫斯基　著；黄觉　译

古韵今声 / 尚观　著

宋元戏曲文物与民俗 / 廖奔　著

现代舞技术训练教学法 / 张守和　李玲琰　著

群舞编导基础理论与技术技法教程 / 张守和　李玲琰　著

表演艺术120节戏剧活动课：执教手册 / 张晓华　主编

唯求一乐：张福生剧作选 / 张福生　著

京剧名段曲谱集：手稿免翻本 / 彭子柱　编著

绍剧名伶录 / 徐之澜　主编；严新民　陈顺泰　编著

戏剧空间的奥秘：斯沃博达回忆录 / （捷）约瑟夫·斯沃博达　著；刘杏林　译

刘忠河实录 / 方俊涛　著

从梦想到现实：李宝群戏剧随想集 / 李宝群　著

凤头猪肚豹尾：影视剧本与小说创作入门 / 李建军　著

朱旭 / 李鸣春　著

李默然文集 / 李默然　著

神池道情，史料研究 / 杨俊峰　主编

神池道情，剧目精粹 / 杨俊峰　主编

神池道情，音乐集成 / 杨俊峰　主编

雪乡情韵 / 杨增适 著

传统二人转的表演艺术 / 杨朴 杨旸 著

清升平署戏曲人物扮相谱 / 杨连启 编著

从《父亲》到《长夜》：李宝群剧作评论集 / 樊国宾 主编

9 年 9 剧场 / 樊欣颖 主编

从"寻根"到"先锋"：中国当代文学观察 / 熊修雨 著

王宏剧作选 / 王宏 著

戒日王戏剧论 / 王彤 著

青春藏在老地方 / 王晓革 著

上党神庙剧场研究 / 王潞伟 著

清代伶官传 / 丛书总 主编：周育德 王芷章 著

地域传承与心灵碰撞：郭沫若苏轼比较论 / 申东城 著

波兰戏剧史 / （波）达里乌什·考钦斯基 著；仲仁 译

中国京剧史：1970—1949 / 苏移 主编

小留香馆日记 / 荀慧生 著

《杨门女将》的舞台艺术 / 金桐 编著

钟鸣剧作集 / 钟鸣 著

神荼郁垒 / 锦云 著

专与钻：戏剧与文学论集 / 陈军 著

答案之书 / 轩弦 编著

颐和集 / 季国平 著

2017 年

傀儡的边界——舞台美术研究文集 / 章抗美 著

姚欣戏剧评论影视剧本选集（上下）当代中国戏剧家丛书（第二辑）/ 姚欣 著

含泪的喜剧 当代中国戏剧家丛书（第二辑）/ 陆伦章 著

菊坛一甲子 / 范继信 口述 彭剑飙 整理

寻找香巴拉，丽江千古情 / 黄巧灵 编著

范珍美淮海戏演唱艺术 / 范玉邦 编著

暮鼓集——刘厚生文集之七 / 刘厚生 著

九龙山茶歌——赣南采茶戏曲牌新唱 / 魏美玉 编著

记忆并未远去——老照片中的北京人艺 / 刘章春 著

北京人艺口述历史1——岁月谈往录 / 刘琳 主编

一个王朝的故事，宋城千古情 / 黄巧灵编 著

拜山人，九寨千古情 / 黄巧灵编 著

鸿燕留痕"当代中国戏剧家丛书" / 郭启宏 著

月儿弯弯照九州——齐致翔剧作集续编 花雅曲目十二种 / 齐致翔 著

迈克尔·契诃夫方法训练教程 / 何雁 主编

迈克尔·契诃夫方法论文集 / 何雁 主编

迈克尔·契诃夫方法访谈录 / 何雁 主编

纸舟：戏剧人类学指南 / 尤金尼奥·巴尔巴著，连幼平译

薛殿杰——中国当代舞美设计大师的艺术人生 / 张华翔 著

兴来独往——末之读书随笔 / 末之 著

叙事者的舞台 / 汤逸佩 著

历史与记忆——论南京大屠杀和舞剧《南京1937》/ 车骁 著

西欧戏剧史（上下）（重印3版7次）/ 廖可兑 著

光影图书馆 / 沈娟编 著

竖译南音指·谱·曲 / 李寄萍 张光宇著

戏曲知识普及读本（小学版）/《戏曲知识普及读本》编委会编

戏曲知识普及读本（高中版）/《戏曲知识普及读本》编委会编

周口戏剧回眸 / 徐程 李宁 主编

孟冰剧作选（五、六）/ 孟冰 著

今生散记——戏曲艺事见闻录 / 迟金声 著

子午梦寒——大型剧作选　余晖作品集 5/ 余晖 著

梦恋铜都——大型歌舞小戏小品选

滇黔锁钥——文论选

沙林谍影——影视剧本小型剧作选

大浪淘沙——歌词诗词选

人生有戏——黄士元作品集（上下）/ 黄士元 著

菊苑耕耘录——中国戏曲学院辉煌六十年专家研讨会暨戏曲艺术中等教育校长论坛集 / 徐超 主编

中国现当代戏剧研究 / 于晔 著

豫东调研究 / 吉莉 著

荀艺长荣——宋长荣京剧表演艺术研究 / 蒋山 著

冀中戏曲哈哈腔 / 裴印昌 编著

胡耀辉戏剧灯光艺术 / 胡耀辉 著

李啸仓刘保绵戏曲曲艺论集 / 李啸仓 刘保绵 著

儿女传奇九种曲 / 包朝赞 著

自由的戏曲舞台——李威舞台设计作品集 / 李威 著

中央戏剧学院教师文集（第三辑）（上下）/ 中央戏剧学院戏剧艺术研究所 编

舞台化装造型艺术 / 江霞 著

刘桂成获奖剧作集（一、二、三）/ 刘桂成 著

京剧名段伴奏曲谱 / 刘玺印 编著

舞蹈训练与欣赏教学 / 王晓玲、于丹、王珂 编著

中国歌剧的历史回眸 / 黄敏姣 著

张晓阳剧本集 / 张晓阳 著

为布莱希特辩护 /［德］曼弗雷德·韦克维尔特 著　焦仲平 译

中国戏剧出版社
地址：北京市西城区天宁寺前街 2 号国家音乐产业基地中唱园区 L 座
邮编：100055

联系出版：010-63387050　　　150293483@qq.com
　　　　　　　　　　　　　　2637566989@qq.com
　　　　　　　　　　　　　　1938858860@qq.com

王松林　010-63383910　　　QQ:470317752
　　　　传真：010-63383910

李鹏　010-63381180　　　QQ:417556920
　　　负责片区：北京

王玲玲　010-63387610　　　QQ:373995267
　　　　负责片区：网站

任　航　010-63381560　　　QQ:470317752
　　　　负责片区：江、浙、沪、鄂、湘、豫、晋、云、贵、川、渝、津

孙宏伟　010-63383910　　　QQ:327049536
　　　　负责片区：陕、甘、宁、青、新、赣、闽、皖、冀、藏、琼、粤、桂、黑、吉、辽、蒙、鲁

退货地址：北京市房山区阎村镇焦庄村西南物流房山区阎村物流园 3 号库。
　　　　　中国戏剧出版社有限公司　　电话：52878521、52878653

网　址：www.theatrebook.cn

微信公众号：zgxjcbs